THOMAS VESZELITS **DIE ROBIN-HOOD-FALLE**

THOMAS VESZELITS

DIE ROBIN-HOOD-FALLE

»MISTER KARSTADT« NICOLAS BERGGRUEN
EINE BIOGRAPHIE

ROTBUCH VERLAG

FÜR LIANE

ISBN 978-3-86789-175-2

1. Auflage

Umschlaggestaltung: fuxbux, Berlin
Umschlagabbildung: ddp images/dapd
Druck und Bindung: CPI Moravia Books GmbH

Ein Verlagsverzeichnis schicken wir Ihnen gern:
Rotbuch Verlag
Alexanderstraße 1
10178 Berlin
Tel. 01805/30 99 99
(0,14 Euro/Min., Mobil max. 0,42 Euro/Min.)

www.rotbuch.de

INHALT

VORWORT

WARUM »MISTER KARSTADT« KEINE BIOGRAPHIE WILL

»Politik ist die Kunst, das eigene Umfeld zu kontrollieren.«

HUNTER S. THOMPSON

Sein Terminkalender ist prall gefüllt. Er ist immer unterwegs. Heute in New York, morgen in Berlin fliegt er übermorgen nach Mumbai und am nächsten Tag schon wieder zurück in die USA. Wer wie Nicolas Berggruen in der Welt etwas bewegen will, darf nicht müde werden, Dinge anzuschieben. Einen »heimatlosen Milliardär« nennt sich Berggruen deshalb gern. Eine Idee, welche die zweitauflagenstärkste Wirtschaftszeitung nach dem *Wall Street Journal*, die indische *Economic Times* (vom 13. Januar 2013), in ihrer Serie über Milliardäre und ihre verrücktesten Ideen zu Berggruens exzentrischster Eigenheit erklärte. Berggruen hat nämlich keinen festen Wohnsitz. Stattdessen fliegt er mit seinem Privatjet von einem Fünf-Sterne-Hotel zum anderen. Mit dieser Eigentümlichkeit erinnert er die indischen Nachrichtenmacher an Howard Hughes. Der Texaner galt als Inbegriff eines spleenigen Milliardärs. Er verlegte sein Büro in ein Flugzeug und sperrte sich gegen Ende seines Lebens in einem Hotel in Las Vegas ein, weigerte sich zu duschen oder Haare und Fingernägel zu schneiden. Am 5. April 1976 starb er in seinem Flugzeug über Dallas kreisend. So ähnlich stellt sich der indische Journalist Yusuf Begg auch das Finale von Nicolas Berggruen vor: der Tod über den Wolken – willkommen im Nirwana!

Der Vergleich mit Howard Hughes mag auf den ersten Blick amüsant erscheinen, gewisse Ähnlichkeiten, zumindest im Ansatz, sind allerdings nicht von der Hand zu weisen. Was man über Nicolas Berggruen zu wissen glaubt, stammt überwiegend aus dem Internet. Über hundert Clips mit ihm sind auf *YouTube* abrufbar. Als Präsident bei den Konferenzen seiner Denkfabrik, dem Berggruen Institute on Governance, als Podiumsgast bei öffentlichen Veranstaltungen des Public Policy Institute of California (PPIC) oder als Referent bei Oxford Union, einem weltweit renommierten Debattierclub, sieht man ihn mit leiser, monotoner Stimme über sein Lieblingsthema referieren: »die Herausforderung und die Notwendigkeit, Verantwortung zu übernehmen und sich der Herausforderung zu stellen«. Seine Botschaft lautet stets: »Die Herausforderungen werden immer größer, und sie werden immer schneller auf uns zukommen. Wir haben nicht mehr viel Zeit.«

Mit etwas Glück kann man ihm in einem der drei Luxushotels begegnen, in denen er als Stammgast logiert: im *Peninsula* in Los Angeles, im *Carlyle* in New York und im *Claridge's* in London. Die meiste Zeit aber ist er unterwegs, sitzt in seinem Privatjet und fliegt über den Wolken. Dort fühlt er sich am wohlsten, denn, wie er sagt, die ganze Welt sei sein Zuhause.

Dennoch schlagen in Nicolas Berggruens Brust zwei Seelen: »Die New Yorker und die Berliner«, sagt er. Inzwischen weiß mindestens die Hälfte aller Deutschen, wenn sein Name erwähnt wird, dass es sich bei ihm um »Mister Karstadt« handelt. Seit September 2010 besitzt Nicolas Berggruen diese deutsche Handelsikone, die 1881 gegründet wurde und die er für einen symbolischen Euro übernommen hat, um deren Untergang vorerst zu verhindern. Mit diesem Investment wurde der relativ unbekannte Sohn des ehemaligen Galeristen und »Picasso-Freunds« Heinz Berggruen zum Medienobjekt. Seither nimmt das Interesse an seiner Person unvermindert zu, was nicht zuletzt an der Prominenz aus Politik, Kunst und Wirtschaft liegen dürfte, die Nicolas Berggruen um sich schart. Sie alle scheinen sich von diesem dynamischen Macher wie von einem Messias unwiderstehlich angezogen zu fühlen. Sich selbst zu verkaufen, kann Berggruen wie kein anderer. Diese Fähigkeit hat er von seinem Vater geerbt. Seine Medienvorherrschaft als Investor ist mit virtuellen Webauftritten gesichert und mit exzellentem Videomaterial unterfüttert. Die virtuelle Macht der Bilder übertüncht seine wenig aussagekräftigen Botschaften, die ihn mitunter wie eine flüchtige Illusion erscheinen lassen. Handelte sein Vater Heinz Berggruen einst mit Kunstwerken von Picasso, Klee und Matisse, so hat sich sein Sohn selbst zu einem kuriosen Phänomen hochstilisiert.

EIN MESSIAS FÜR DAS 21. JAHRHUNDERT

Was treibt Nicolas Berggruen an? Was sind seine Beweggründe? So einfach es auch klingen mag, die Antwort lautet schlicht: Er ist begabt! Er gehört zu den »Talenten« der Investmentbranche, nach denen schon der Ex-Chef der Deutschen Bank, Josef Ackermann, immer Ausschau gehalten hat. Nicolas Berggruen hätte es in jeder Bank an die Spitze gebracht, ob in London, Frankfurt am Main, Paris oder New York. Allerdings ist er wie sein Vater: Ein Nomade, der durch die Welt des Geldes und der Kunst zieht. Mit einem nicht zu bändigenden Unabhängigkeitswillen geboren, versteht er es, für seine Absichten die anderen zielstrebig zu überzeugen. Mit seinen Erfolgen reift in ihm die Überzeugung, über allem zu stehen und alles zu erreichen.

Hinzukommt, dass sich ihm großartige Chancen bieten. Denn die Welt ist gar nicht so groß, wie sie auf den ersten Blick erscheint. Sie wird von etwa 5000 Menschen beherrscht. Dieses Verhältnis muss man sich vergegenwärtigen: Sieben Milliarden Menschen hängen vom Willen von 5000 Einzelpersonen ab. Das ist nicht einmal ein Prozent der Gesamtbevölkerung. Von diesem wiederum gehört nur knapp zwei Drittel der Gruppe der Milliardäre an. Weltweit, ermittelte die Hurun Global Rich List, gibt es 1453 Megareiche. Einer von diesen ist Nicolas Berggruen. Natürlich gibt es noch eine Dunkelziffer, die sich auf keiner Liste findet und über welche die Schätzungen weit auseinander liegen: Der Reichenforscher Hans Jürgen Krysmanski spricht von 3000 Milliardären weltweit, von denen nicht einmal die Hälfte namentlich publik ist. Nicolas Berggruen ist in der weltweiten Öffentlichkeit bereits bekannt, was dazu führt, dass es ein Interesse vonseiten der Ratingagenturen gibt, ihn zu beobachten und seine Vermögensverhältnisse zu bewerten. Zwar ist er 2013 aus den Top 500 der reichsten Personen der Welt herausgefallen – er befindet sich »nur« noch auf Platz 736 –, aber er kann immer noch rund zwei Milliarden Dollar sein Eigen nennen.

Während sich bei Multimilliardär Warren Buffett eine klare Front zwischen Befürwortern und Gegnern ausmachen lässt, ist bei Nicolas Berggruen vorläufig weit und breit kein erklärter Feind ausfindig zu machen. Vielleicht weil er noch nicht das Stadium erreicht hat, das seinen Konkurrenten gefährlich werden könnte. In den amerikanischen Medien wird Nicolas Berggruen bislang eher wie ein Kuriosum betrachtet, auch ist er dort fast nur Experten bekannt. Darüber hinaus hält er sich brav im Hintergrund. Ins allgemeine amerikanische Bewusstsein ist er deshalb noch nicht vorgedrungen. Bis dato ist Berggruen außerhalb der Insiderkreise von New York und Los Angeles ein »Mister No Name«.

KEIN INTERESSE AN EINER ZUSAMMENARBEIT

Dass man so wenig über ihn weiß, liegt gewiss auch daran, dass es in seinem verschworenen Mitarbeiterkreis, der auf einem versiegelten Gebiet agiert, bislang noch niemanden gab, der über ihn und seine Methoden ausgepackt hat. Einige Insider glauben den Grund zu wissen: Außer Berggruen selbst würde sich in seinem undurchschaubaren Firmenlabyrinth niemand wirklich auskennen. Das war schon bei seinem Vater so. Die Biographie, die dessen Vorgehensweise aufzeigte, erschien erst nach seinem Tod. Zwar gingen Nicolas Berggruen und sein Bruder Olivier Berggruen nicht gegen die Autorin Vivien Stein juristisch vor – weder ließen sie eine einstweilige Verfügung erwirken, noch strittige Passagen schwärzen –, aber noch ein Buch über Berggruen, so vernimmt man aus seinem unmittelbaren Umfeld, soll es so schnell nicht mehr geben.

Auch ein Buch über ihn selbst lehnt Nicolas Berggruen ab. Er wird zwar nicht müde, sich bei seinen zahlreichen Medienauftritten für Transparenz in der Politik stark zu machen, aber diese gilt nicht, sobald es um seine Person geht. Als Privatmensch will er ein Unbekannter bleiben. Ein Phantom, von Mysterien umwoben. Das gehört zu seinem Geschäftsprinzip. Je weniger man über ihn weiß, desto erfolgreicher kann er agieren. Deshalb geht er auch nicht direkt in die Politik, denn dann müsste er sich zur Wahl stellen. Als Kandidat müsste er es sich gefallen lassen, dass sein Leben von allen Seiten durchleuchtet würde. Vom Aktienbesitz über die Steuererklärung bis hinein ins Schlafzimmer – Amerika ist für seine Schlammschlachten berüchtigt. Also kandidiert er nicht. Schließlich kann man sich dem Weltgeschehen auch ohne Wählermandat widmen, wie er mit seiner Denkfabrik beweist. »Politik«, so sagt er, »ist für mich eine Berufung.«

Die Frage, ob er an dieser Biographie mitgewirkt hat, beantwortet sich damit von selbst. Nicolas Berggruen war weder zu einem Gespräch noch zu Auskünften über sein Firmenimperium bereit. Statt Transparenz zu schaffen, machte er die Schotten dicht. Keiner von seinen Mitarbeitern wollte etwas sagen, weder seine Geschäftsführer noch seine Berater, weder seine Wirtschaftsanwälte noch seine Partner. Alle fürchteten das offene Wort. Meine Recherchen gestalteten sich denkbar schwierig. Um den Druck auf mich zu erhöhen, schaltete Nicolas Berggruen zudem einen Anwalt ein.

POST VON BERGGRUENS ANWALT

Christian Schertz, ein Topkaliber der Jurisprudenz, ist bekannt aus dem Fernsehen. Gern und oft sieht man ihn bei Maybrit Illner & Co. debattieren. Die unberührbaren Persönlichkeitsrechte der Prominenten sind sein Spezialgebiet. Dies betont er auch immer wieder und verweist auf seiner Homepage auf das internationale Nachschlagewerk *The Legal 500 Series*. Dort werde er als *»absolutely superb«* und *»very well connected«* für den Bereich *»press and entertainment law«* genannt. Das Handbuch gibt als Referenzen auch einige seiner Mandanten an: »Daimler, Pfizer, Morgan Stanley, Ufa Cinema, sowie bekannte Persönlichkeiten wie Thomas Gottschalk, Nadja Auermann und Lukas Podolski.«

Recherchiert man weiter, stößt man noch auf viele andere höchst prominente Namen: Theo Zwanziger, Oliver Bierhoff, Hannelore Elsner, Maria Furtwängler, Sabine Christiansen, Oliver Pocher, Cosma Shiva Hagen, Dieter Wedel und sogar der »Talker der Nation« Günther Jauch. Offenbar sind solche Referenzen hilfreich, wenn es darum geht, neue milliardenschwere Klienten hinzuzugewinnen.

Der »guten Ordnung halber« hat Christian Schertz mich und den Rotbuch Verlag in einem Schreiben vom 9. Januar 2013 darauf hingewiesen, »dass unser Klient [Nicolas Berggruen, Anm. des Autors] sich selbstverständlich bezüglich des von Ihnen bereits angekündigten Buches sämtliche presse- und persönlichkeitsrechtlichen Ansprüche vorbehält. Wir gehen davon aus, dass Sie die Persönlichkeitsrechte unseres Klienten in jeder Hinsicht und unbedingt beachten. Insbesondere eine Verbreitung von Unwahrheiten würde unverzüglich die Geltendmachung von Unterlassungs- und weiteren Ansprüchen nach sich ziehen.«

Wenn man das liest, ist man zunächst sprachlos. Ein unheimliches Unbehagen nistet sich in der Bauchgrube ein. Die erste schlaflose Nacht folgt. Fortan die Gefahr, befürchten zu müssen, von einem Milliardär verklagt zu werden. So etwas kannte ich bislang nur aus Hollywood-Filmen.

In seinem Schreiben weist der Anwalt von Nicolas Berggruen außerdem darauf hin, »dass wir [die Kanzlei in der Sozietät mit Simon Bergmann, Anm. des Autors] auch den Bruder unseres Klienten und postmortal über die Brüder die Interessen ihres Vaters vertreten und auch bei der Verletzung von Persönlichkeitsrechten der anderen benannten Personen presserechtliche Schritte einzuleiten wären.«

Weiter heißt es: »Im Zusammenhang mit der bereits angekündigten Biographie über unseren Klienten, ›Die Robin-Hood-Falle‹, hatte sich der Autor des Buches mehrfach an das Büro unseres Klienten gewandt und unlängst sogar einen verschlossenen Umschlag offenbar mit einem Kapitel aus dem Buch an unseren Klienten übersandt. Wir haben diesen Umschlag ungeöffnet zurückgesandt im Namen unseres Klienten.« Dass ich mich postalisch an Nicolas Berggruen gewandt habe, entspricht der Wahrheit. Die bürgerliche Freiheit, sich an jemanden mit einer Presseanfrage zu wenden, löste bei Berggruens Rechtsschützern allerdings gleich mehrfach Alarm aus: »Heute erreichte ein weiterer Brief das Büro unseres Klienten. Auch diesen Brief habe ich direkt an Herrn Veszelits zurückgeschickt«, lautete der Schlusssatz des Anwaltschreibens.

Mein Ansinnen, Nicolas Berggruen einen Brief zu schicken, war spontan durch Picasso ausgelöst worden. Der Umschlag enthielt zwei Fotos, die ich in Valencia aufgenommen hatte. Dort hatte ich ein Graffiti mit dem Konterfei des Malers entdeckt, aufgesprüht auf einer Wand eines eingestürzten Hinterhofes, der mit Stacheldraht verbarrikadiert war. Der Stacheldraht als Symbol der Abwehr, Abschottung und Angst in einer Welt, in der nur noch Picasso einen festen Wert darstellt. Spontan griff ich zur Kamera und machte zwei Fotos davon, ließ sie entwickeln und schickte die beiden Abzüge an Nicolas Berggruen. Mag sein, dass meine Annahme, er würde sich für meine kuriosen Schnappschüsse interessieren, naiv war. Aber schließlich, dachte ich, interessiert er sich für Fotografie und sammelt – wie einst sein Vater – Kunst. Auf der Art Basel in Miami Anfang Dezember 2012 stand er etwas abseits mit dem Fotografen Todd Eberle. Das war das Signal für mich. Der deutsch-amerikanische Lichtkünstler gilt als Meister der Kontraste. Picasso und Stacheldraht – das hätte auch ein Eberle-Motiv sein können. Aber eigentlich lag es auf der Hand, dass man mit einem selbsternannten Philanthrop wie Nicolas Berggruen keinen bürgernahen Kontakt pflegen kann. Es ist auch nicht bekannt, dass er neue Künstler fördert und entdeckt. Stattdessen hält er sich an bereits etablierte Stars der Szene, um von deren Rampenlicht einige Strahlen abzubekommen. Ihm einfach in einem Umschlag zwei Fotos zu schicken, war ein Trugschluss. Wer wie ich einen solchen Versuch unternimmt, tappt nur in seine Robin-Hood-Falle.

DAS RECHT AUF INFORMATION

Doch es geht nicht um Nettigkeiten. Sich an Nicolas Berggruen wegen Erstellung einer Biographie zu wenden, ist allgemeines Presserecht. Und Presserecht ist Bürgerrecht verankert im Grundgesetz. Nicolas Berggruens Wirken ist nicht privat, sondern öffentlich. Die Auskunft über die Hintergründe seiner Handlungen zu verwehren, rechtfertigt den Verdacht, dass hier ein Investor – der nach wie vor über 22 500 Arbeitsplätze entscheidet, in Berlin Immobilien wie Lego-Steine sammelt und jahrzehntelangen Mietern kündigen lässt – versucht, das Grundrecht der Öffentlichkeit auf eine transparente Biographie über seiner Person zu verhindern. Dieses Buch will seine vielen Facetten aufzeigen und veranschaulichen, welche Ziele er unter anderen mit seinem Karstadt-Engagement und seiner Denkfabrik verfolgt. So soll die Transparenz geschaffen werden, die der Öffentlichkeit zusteht.

KAPITEL I

DER ÜBERVATER

»Er war ohnehin ein ungewöhnlicher Mensch. Er war für uns Kinder nie der Vater mit dem Zeigefinger. Er war kein Lehrer, der uns lange Vorträge gehalten hat. Zwei Dinge fürs Leben hat er mir vermittelt, die für meinen Berufsweg wichtig waren. Erstens: Wenn du etwas kaufst, dann achte auf Qualität. Und zweitens: Lerne, dich zu konzentrieren. Wer zu viel will, kann am Ende mit leeren Händen dastehen.«

NICOLAS BERGGRUEN

Um den Werdegang von Nicolas Berggruen nachzuvollziehen und zu verstehen, ist es notwendig, zunächst einen Blick auf das Leben seines Vaters, den »legendären« Kunstsammler und »Picasso-Freund« Heinz Berggruen, zu werfen. Vieles von dem, was Berggruen ausmacht und wofür er steht, erklärt sich erst aus dessen Biographie. Es sind nicht nur die graublauen Augen, die Nicolas Berggruen von seinem Vater geerbt hat, sondern viel entscheidender: bestimmte Gaben und Talente, die seinen Erfolg erst möglich machten. Ohne seinen Vater wäre Nicolas Berggruen als Investor, »Karstadt-Retter«, Politikberater und selbsternannter »heimatloser Milliardär« nicht denkbar.

Berlin, 1914–1932 Heinz Berggruen wird 1914 in Berlin-Wilmersdorf geboren. Als Einzelkind ist er der Stolz seiner Eltern. Ludwig Berggruen und Antonie Zadek stammen aus dem Großherzogtum Posen, welches zwischen 1815 und 1918 als Provinz von Preußen verwaltet wurde, und gehörten dort der jüdischen Minderheit an. Ende des 19. Jahrhunderts versuchten sie ihr Glück in der deutschen Hauptstadt. Sie zogen mit ambitionierten Plänen nach Berlin und eröffneten ein Papier- und Schreibwarengeschäft in der Nähe des Olivaer Platzes. Das Geschäft lief gut. In seinen Erinnerungen schreibt Heinz Berggruen: »Meine Eltern waren weder Großbürger noch Kleinbürger, sondern irgendwo dazwischen einzuordnen.« Über den Nachbarsjungen, den Sohn des Stummfilmproduzenten Adolf Lantz, lernt er viele Schauspieler und Stars der damaligen Zeit kennen, darunter auch Alexander Moissi, dessen uneheliche Tochter Bettina Moissi er später einmal heiraten wird. Aber davon ahnt er in diesen Jahren noch nichts. Berggruen genießt die Nähe der Stars. In dieser Hinsicht ähnelt er seinem Sohn, der sich wie einst sein Vater gern mit bekannten Persönlichkeiten umgibt.

IRRUNGEN UND WIRRUNGEN

Berlin – Grenoble – Toulouse – Paris – Berlin, 1932–1936 Es beginnt eine Zeit der Orientierungslosigkeit: Der 19-jährige Heinz Berggruen schreibt sich zunächst an der Humboldt-Universität für Literaturwissenschaft und Kunstgeschichte ein, bricht das Studium jedoch nach einem Semester ab und geht nach Grenoble. Dort fängt er ein Germanistikstudium an, bricht dieses erneut ab und entscheidet sich für Toulouse. Das Studium dort bringt er zwar zu Ende, aber mit dem Abschluss in der Tasche zieht es ihn weiter nach Paris. Auf dem Weg dorthin lernt er seine erste große Liebe kennen – eine Geigerin aus Deutschland. Er zieht in ihre Wohnung in Paris ein und lässt sich treiben. Es ist letztlich seine Mutter, die ihren Heinz aus dem Sündenpfuhl Paris zurück nach Berlin holt. Ähnliches wird Nicolas nach dem Abitur widerfahren, bei ihm wird es allerdings der Vater sein, der ihn auf den rechten Weg zurückbringen wird.

Berlin, 1936 In Berlin ist der Reichstag abgebrannt, und Hakenkreuzfahnen wehen über dem Brandenburger Tor. Trotz aller Warnsignale ist den Berggruens der Gedanke an eine Flucht fremd. Sie begreifen sich als Juden, aber auch als Deutsche. Sie gehören zu den jüdischen Deutschen, die es nicht glauben wollen, dass man sie in ihrer Heimat vernichten will. Die Berggruens sind politisch ahnungslos und blind. Zurück in Berlin beschließt Heinz Berggruen, Journalist zu werden, die Eltern unterstützen ihn in seinem Wunsch. Er schreibt über Berlin, seine Artikel und Essays veröffentlicht die *Frankfurter Zeitung*. Das »Tausendjährige Reich« nimmt er noch nicht zur Kenntnis, »es schien sich woanders abzuspielen«, erinnert er sich später.

Auf die Nationalsozialisten reagiert er erst, als er bemerkt, wie viele Menschen von Bedeutung der Reihe nach Deutschland verlassen haben oder im Begriff sind, dies zu tun. Auch die Lantzs vom dritten Stock – er wohnt noch immer bei den Eltern – sind bereits ausgewandert. Doch Deutschland zu verlassen, ist nicht mehr so einfach. Zur Ausreise braucht man ein Visum, die Bestimmungen für Amerika sind streng. Eine Möglichkeit aus Deutschland noch rechtzeitig herauszukommen, stellt ein Studium im Ausland dar. Für die USA benötigt man jedoch ein Stipendium. Heinz Berggruen gelingt es, ein solches Stipendium zu ergattern: Er erhält einen Studienplatz an der Berkeley University in San Francisco.

NEUE WELT, NEUE MÖGLICHKEITEN

Kopenhagen – Le Havre – New York – Los Angeles, 1937 Wann Heinz Berggruen genau Deutschland verlassen hat, ist nicht bekannt. Anhand eines Artikels, den die jüdische *Central/Vereins-Zeitung* im April 1937 veröffentlichte, lässt sich aber beweisen, dass er zu diesem Zeitpunkt in Kopenhagen gewesen sein muss. Dort wartet er auf ein Visum für Amerika. Im Mai reist er nach Le Havre und tritt an Bord des Ozeanliners *Île de France* die Schiffsreise nach New York an. Von dort aus geht es weiter nach San Francisco. In seinen Erinnerungen heißt es dazu: »Von dort [New York. Anm. des Autors] drei Tage später über Havanna durch den Panamakanal nach San Francisco. Das Schiff [...] war von noch größerer Eleganz als die ›Île de France‹, eine Art schwimmendes Luxushotel.«

Der junge Heinz Berggruen flaniert an Bord, geschniegelt wie ein Lord. Es gibt ein Foto davon, sodass man sich eine Vorstellung davon machen kann, wie er auf dem Promenadendeck unter den betuchten Passagieren Ausschau nach passender Gesellschaft gehalten hat. Auf der Überfahrt lernt er die Tochter des rumänisch-jüdischen Schauspielers Edward G. Robinson kennen, der in Hollywood ein gefeierter Star ist. Berggruen kommt zunächst in dessen Villa unter und beginnt mit dem Studium. »Mein Jahresstipendium«, schreibt er in seinen Memoiren, »betrug insgesamt 600 Dollar, das waren 50 Dollar im Monat. Obwohl damals, im Jahre 1937, alles sehr viel weniger kostete als heute, haben 50 Dollar bei weitem nicht ausgereicht, auch nur die nötigsten Kosten zu decken.« Die Statistik von damals besagt allerdings, dass zwei Dollar für die tägliche Verpflegung vollkommen ausreichend gewesen sein mussten. Schließlich braucht Berggruen keine Studiengebühren zu zahlen, das Lehrmaterial wird ihm umsonst zur Verfügung gestellt, und den Rest der anfallenden Kosten übernimmt eine jüdische Stiftung. Die Kasse bessert sich Heinz Berggruen zudem mit Deutschunterricht auf, er erhält drei Dollar die Stunde. Nebenbei kellnert er in der Studentenkantine, wie er in der *CV-Zeitung* (vom 26. August 1937) berichtet. Obwohl er selbst sein Englisch als nicht besonders gut bezeichnet, verdient er sich als Feuilletonist bei der Tageszeitung *San Francisco Chronicle* noch ein paar Dollar dazu. Auch das macht er geschickt, er findet immer einen Kollegen, der seine Manuskripte redigiert, bevor er sie in der Redaktion abgibt.

San Francisco, 1937–1944 Noch im selben Jahr lernt Heinz Berggruen seine erste Ehefrau, die Millionärstochter Lilian Zellerbach, kennen. Die Zellerbachs haben es mit dem Verkauf von Papier, Heften, Kreide, Stiften, Radiergummis und Füllfederhaltern zu einigem Reichtum gebracht. Das junge Paar heiratet im August 1939 im Spielerparadies Reno. Wenig später fängt er beim Museum of Art in San Francisco an. Das 1935 entstandene Museum ist das einzige an der Westküste der USA, das ausschließlich auf die Kunst des 20. Jahrhunderts ausgerichtet ist. Dass Heinz Berggruen mit 24 Jahren dort Fuß fassen kann, liegt an der Gründungsdirektorin Grace L. McCann Morley, der ersten führenden Frau in der männerdominierten Kunstbranche Amerikas. Als ihr von einem Journalisten vom *San Francisco Chronicle* der fließend französisch sprechende Heinz Berggruen empfohlen wird, gefällt ihr dieser neugierige Alleskönner auf Anhieb. Er bekommt seine Chance und darf Texte für die Museumskataloge übersetzen. In dieser Zeit steckt er sich mit dem Kunst-Virus an, sein Interesse gilt zunächst Henri Matisse, dessen Bilder den Grundstock des Museums bilden.

FRIDA KAHLO – EINE UNGLAUBLICHE AFFÄRE

San Francisco – New York, 1939 Es kommt zu einer Begegnung, die Heinz Berggruen in immer neuen Varianten erzählen und seinen Ruhm als Galerist nachhaltig beeinflussen wird. Zur Weltausstellung 1939 wird der gefeierte mexikanische Künstler Diego Rivera beauftragt, in der Halle des Museums das größte Wandgemälde Amerikas anzufertigen. Als der Künstler in San Francisco eintrifft, gibt es Verständigungsschwierigkeiten. Der robuste Mexikaner spricht kein Englisch, dafür aber ein ziemlich passables Französisch. Miss Morley findet eine Lösung: Heinz Berggruen soll als Dolmetscher fungieren und Rivera auf Schritt und Tritt begleiten. Ebenso seine Frau: Frida Kahlo, die ebenfalls Hilfe benötigt, weil sie aufgrund eines Unfalls unter einer Gehbehinderung leidet und in einer Spezialklinik in San Francisco erneut operiert werden soll. Heinz Berggruen wird sie »als Mädchen für alles« betreuen. Nach der Operation steht er schweigend und wie angewurzelt vor Frida Kahlos Krankenbett und verliebt sich auf der Stelle in sie, genau so, wie es ihm Rivera bei einem ihrer Gespräche vorausgesagt hatte. »Die Banalität des Alltags«, schreibt Berggruen, »war mit einem Schlag beseitigt, es gab nur noch Frida und mich – Tristan und Isolde im kargen Krankenzimmer eines amerikanischen Hospitals.«

Während sich Heinz Berggruen mit Frida Kahlo vergnügt, wartet seine Frau Lilian in der elterlichen Villa hoch über San Francisco auf ihn. Dass er zu diesem Zeitpunkt verheiratet ist, findet in seinen Erinnerungen keine Erwähnung. Das Familienleben, das wird man bei der Lektüre seiner autobiographischen Rückblicke noch öfter feststellen, passt einfach nicht zu ihm. Er ist nicht zum braven Ehemann geboren, er trägt Maßanzüge, schätzt den Luxus und giert nach einem Leben voller Abenteuer.

In San Francisco fängt er an, sich als Lebemann zu stilisieren. Die Affäre mit Frida Kahlo macht er zu seiner Legende. »Über unsere spontane, intensive Liebe zueinander, über meine ›Flucht‹ mit ihr nach New York, über unser wildes Leben in Manhattan, habe ich oft geschrieben, wurde auch danach gefragt«, unterstreicht er. Einen ganzen Monat soll das Feuer der Leidenschaft gelodert haben. Im Hotel *Barbizon Plaza*, südlich vom Central Park, wohnte das Hals über Kopf verliebte Paar angeblich. Dann endet die Affäre, die mehr nach Literatur als nach Wirklichkeit klingt, abrupt. Frida Kahlo lässt ihn sitzen. Kaltschnäuzig, als wäre nie etwas geschehen. Stimmt die Geschichte oder stimmt sie nicht? In ihrer Biographie entlarvt Vivien Stein eine Ungereimtheit nach der anderen. Gefragt, ob er ein Erinnerungsstück von ihr [Frida Kahlo, Anm. des Autors] besitze, findet Stein heraus, musste er stets verneinen.

Es entbehrt nicht einer gewissen Tragikomik, wie der Weltenwanderer Berggruen versucht, seinen Erzählungen Glaubwürdigkeit zu verleihen, es ihm aber einfach nicht gelingen will. Denn nach einer angeblich so stürmischen Liebe kein einziges Bild von einer Künstlerin geschenkt bekommen zu haben, von der bekannt ist, dass sie ihre Freunde immer wieder mit kleinen Zeichnungen und sogar großen Gemälden beschenkte, lässt endgültig an Heinz Berggruens Version zweifeln.

San Francisco – Seattle, 1942 Was auch immer Heinz Berggruen in New York mit Frida Kahlo erlebt hat, Fakt ist: Er war plötzlich verschwunden, weg von seiner Frau, weg von ihrer Familie, die ihm nicht länger behagte. Später wird er sich erinnern: »Ich wurde von Tag zu Tag unglücklicher.«

Mitten in dieser angeblich fortschreitenden Verzweiflung wird er im Juni 1942 eingezogen. Auf einmal fühlt er sich erlöst, er hofft, wie er berichtet, mit der US-Army bald nach Europa zurückkehren zu können. Amerika befindet sich seit dem 7. Dezember 1941 im Krieg. Heinz Berggruen wird an den Luftwaffenstützpunkt in Seattle berufen. Die ersten zwei Jahre verbringt er am Schreibtisch. Angeblich hat sein Schwiegervater beim kalifornischen Generalstab interveniert. Lilian, mit der er immer noch verheiratet ist, ist schwanger.

John Henry, Nicolas' Halbbruder, wird im Juni 1943 geboren. Bereits Ende 1944 erhält Heinz Berggruen den Marschbefehl nach Europa. Dass seine Frau erneut schwanger ist, kann nichts daran ändern. Interessant ist, dass Heinz Berggruen noch vor der Einschiffung nach Übersee die Scheidung einreicht. Er ist bereits in Paris, als seine Tochter Helen geboren wird. Nach Kriegsende wird seine Ehe von einem amerikanischen Gericht in Berggruens Abwesenheit aufgelöst.

DIE AKTE JOHN UND HELEN BERGGRUEN

Wie üblich sind Kinder die Opfer von Scheidungen. John Berggruen berichtete in einem Interview: »Ich habe meinen Vater zum ersten Mal erst mit zwölf gesehen. Mit meiner Mutter und meiner Schwester sind wir nach Paris gereist, um meinen Vater in Paris in seiner Galerie zu besuchen.« Die Freude sei zwar groß gewesen, der weitere Kontakt blieb aber schwierig.

Inzwischen ist John Berggruen selbst Galerist. Das erste deutsche Interview mit ihm führt die Journalistin Gunda Wöbken-Ekert im Juni 2004 in San Francisco. Sie spricht mit ihm in seiner Galerie an der Grant Avenue. Sein Vater Heinz Berggruen ist zu diesem Zeitpunkt bereits zum Ehrenbürger Berlins ernannt worden und in der deutschen Hauptstadt bereitet man gerade das nächste große Fest vor, die Umbenennung seiner Sammlung im Stülerbau zum Berggruen Museum, der größte Triumph seines Lebens.

Alles, was seine Person betrifft, ist in diesem Moment für die Presse interessant. Die Familiengeschichte wird neu durchleuchtet. Was dabei herauskommt, muss auch für Heinz Berggruen überraschend gewesen sein. Am 24. Juli 2004 druckt die *Berliner Zeitung* das Interview mit seinem Sohn. Auf die Frage, ob er nach diesen vielen Jahren verstanden habe, warum sein Vater gegangen sei, antwortet John Berggruen: »Nein, ich habe diese Frage noch nicht wirklich gelöst. Ich weiß, dass mein Vater ging, weil es eine schwierige Ehe war. Meine Mutter war psychisch schwer krank. Sie hat viel Zeit in Sanatorien für Geisteskranke und anderen Hospitälern verbracht. Ihr Leben war eine Tragödie.«

Plötzlich stehen die Berggruens im Mittelpunkt des öffentlichen Interesses. Nach dem Interview versucht der *San Francisco Chronicle*, seinen Vater in Berlin zu erreichen, aber Heinz Berggruen ist bereits nach Zürich ins *Baur au Lac* abgereist, wo er sich eine Dauersuite gemietet hat. Dieses Grandhotel ist gewissermaßen Berggruens Hauptquartier. Wer ihn in den Nullerjahren bis kurz vor seinem Tod 2007 kontaktieren wollte, musste sich hier nur in die Lobby setzen und auf ihn warten. Der *San Francisco Chronicle* erreicht Berggruen schließlich in Zürich. Anlass des Gesprächs ist die aktuelle Ausstellung in der John Berggruen Galerie. Rund 26 erotische Zeichnungen von Picasso werden dabei zu sehen sein, einige stammen aus der privaten Sammlung von Heinz Berggruen. Jesse Hamlin vom *San Francisco Chronicle* erkundigt sich nach dem Verhältnis zwischen Vater und Sohn. Der inzwischen 90-jährige Berggruen versichert am Telefon: *»He's my boy, he's my son. I love John.«* Dass er ihm Skizzen von Picasso für eine Ausstellung zur Verfügung gestellt hat, sei selbstverständlich gewesen: *»He kept asking me and I gave in«* – er fragte mich, also gab ich sie ihm. Aus der *Berliner Zeitung* erfährt der Leser hingegen, wie John darüber klagt, dass seine Galerie in San Francisco für einen Ableger der europäischen Berggruen-Sammlung gehalten wird. Das störe ihn sehr. Auch der Reichtum der Zellerbachs, die Familie seiner Mutter, sei ihm nicht zum Vorteil gereicht. Er hätte, obwohl er als Lieblingsenkel seines Großvaters galt, lediglich 2.500 Dollar geerbt. Sein Großvater, und das erwähnt John, als könne er dessen Geiz nicht verstehen, sei ein Millionär und stadtbekannter Philanthrop. Auch von seinem Vater Heinz Berggruen bekam er keinen Cent. Seine Galerie hatte er 1970 gegen den Rat seines Vaters eröffnet, der ihn sogar davor gewarnt hätte: »Es ist ein hartes Geschäft [...] Mach etwas anderes.« Heinz Berggruen korrigierte später diese Aussage: »Es war ein gut gemeinter Rat ...« John Berggruen hat es trotz der Unkenrufe geschafft. Heute zählt seine Galerie zu den Top-Adressen in San Francisco, was seinen Stolz noch mehr steigert: »Ich war immer auf mich allein gestellt. So wie mein Vater. Er war der Meinung, dass ich meine Erfahrungen über Erfolg und Misserfolg selbst machen müsse.«

Das Lied kommt einem bekannt vor. »Schon der alte Berggruen hat gern gejammert«, merkt die Biographin Vivien Stein an. Die Bestätigung liefert Heinz Berggruen in seinen Memoiren. San Francisco bezeichnet er als »Stadt des Unglücks«. Ähnliches kennt man auch von Nicolas Berggruen. Von seinem Vater habe er nur 2.500 Dollar als Startkapital bekommen, verrät er in einem Interview. Auf sich allein gestellt, musste er sich alles selbst aufbauen.

Johns jüngere Schwester, Helen Berggruen, lebt als Malerin in einem alten Haus in Napa Valley, dem kalifornischen Winzerparadies. Von den Landschaftsporträts und Stillleben, die sie dort malt, war ihr Vater Heinz Berggruen tief beeindruckt. Zu ihrem zweiten Wohnsitz hat Helen Berggruen Südfrankreich auserkoren. Auf den Spuren ihres Vaters, der dort für kurze Zeit studierte und in seiner Jugend in der Umgebung von Toulouse Wanderungen unternahm, malt Helen Berggruen heute ihre Bilder »gegen die Schnelligkeit«, wie es in der *Berliner Morgenpost* heißt.

Im März 2003 stellte sie zum ersten Mal in der Galerie *Mutter Fourage* aus. Den Kontakt hatte ihr Vater Heinz Berggruen hergestellt. »Papa hat uns seine Tochter gut verkauft«, erzählte mir der Galerist Wolfgang Immenhaus. Im Oktober 2009 folgte die zweite Ausstellung in der Galerie am Wannsee. Die *Berliner Morgenpost* (vom 24. Oktober 2009) schrieb begeistert: »Berggruen ist eine Art weiblicher van Gogh der Postmoderne, mit einem Faible für organische Formen und lichtdurchwirkte Farbigkeit. Gegensätze ziehen sich an bei ihr. Stadt und Land, Baum und Haus. Laub überwuchert die Dächer, Apfelbäume stehen wie unverrückbar vor fragiler Architektur. Das pflanzliche Leben, die Dynamik der Vegetation sind ihre Sache. Da wird sie zur Anwältin, verteidigt das Grüne gegen die Ignoranz.«

Die Preise für die Bilder bewegten sich zwischen 800 und 4.000 Euro, Galerist Immenhausen war zufrieden. Seine Provision betrug vierzig Prozent, die Transportkosten der Bilder aus Amerika übernahm Helen Berggruen. Sie hat die Sympathien der alternativen Künstlerszene gewonnen. Man hat sie als die andere Berggruen aufgenommen, meint Galerist Immenhaus, als »eine, die nicht zum Clan gehört«.

Indirekt bestätigt Helen Berggruen dies auch in ihren Interviews. Obwohl sie von ihrem Vater bis zu ihrem 17. Lebensjahr kaum beachtet wurde, schwelgt sie über ihren »Dad« in höchsten Tönen – fast so, als wäre er 2007 gar nicht gestorben: Mit ihm durch Berlin zu gehen, Museen zu besuchen, mitzuerleben, wie die Berliner auf ihn zuströmen, ihn ansprechen, das sind in Helens Erinnerungen immer noch unvergessliche Sternstunden.

Die Fragen der Journalisten sind immer dieselben, die Antworten von Helen Berggruen ebenfalls. Über ihre leibliche Mutter, Lilian Zellerbach, verliert sie kein Wort. Umso begeisterter erzählt sie von Nicolas' Mutter, Berggruens zweiter Ehefrau. Wie Bettina Moissi wollte Helen in jungen Jahren Schauspielerin werden, eine Zeitlang gehörte sie auch der Truppe von Robert Wilson an. Heinz Berggruen soll entsetzt gewesen sein, als er hörte, dass seine Tochter sich als Schauspielerin versuchte, sah er in dieser Zunft doch nur »fahrende Komödianten«. Deshalb war er sehr erleichtert, als Helen ihren Weg zurück in seine Richtung fand und zur Malerei wechselte.

Ihren Vater nimmt Helen in Schutz. Weil sie als Künstlerin einen unstillbaren Freiheitsdrang in sich verspürt, kann sie nachvollziehen, warum ihr Vater seine amerikanische Familie einst verlassen hatte: »Die Wurzel, die Kultur, der Schmerz der Erinnerungen waren zu stark.« Sie liebt ihn trotzdem, aber weil sie ahnt, was man sie noch fragen würde, fügt sie schnell hinzu: »Nein, Papa hab' ich nie gemalt. Ich male keine Menschen.« Ihren Bruder John, erzählt Helen Berggruen, liebe sie sehr. Die Halbbrüder Nicolas und Olivier sind für sie die *»Little Boys«*. Über Nicolas sagte sie einmal, er sei sehr höflich und charmant, aber ein rätselhafter Mensch. Er revanchierte sich, als er bei einem Interview darauf angesprochen wurde: »Ich habe sie sehr lieb, aber wir hatten zu wenig Kontakt. Sie ist ja viel älter. Und sie ist das Gegenteil von mir, viel passiver.«

Paris, 1944 Ende 1944 trifft Heinz Berggruen in Paris ein. In der französischen Hauptstadt genießt er das Leben: Er geht am Place Pigalle spazieren, wo sich auch das neu erwachte Rotlichtviertel befindet, ist zu Gast bei dem bohemienhaften Maler Maurice Utrillo, der dem Absinth rettungslos verfallen ist, und besucht die rührige Gertrude Stein, die nach ihrer Rückkehr aus dem amerikanischen Exil in dessen Haus wohnt. Er sondiert auch den Pariser Kunstmarkt. Das machen zu dieser Zeit viele GIs. Besonders Picasso verehren sie, und so wird auch Heinz Berggruen auf ihn aufmerksam. Picassos *Guernica* gelangte 1939 in das New Yorker Museum of Modern Art und ging als Sinnbild für die Schrecken des Zweiten Weltkriegs in die Geschichte ein. Picasso wird noch eine entscheidende Rolle in Heinz Berggruens Leben spielen.

Berlin – München, 1945 Als US-Offizier darf Heinz Berggruen frei herumreisen. Nach der Kapitulation Deutschlands reist er als Erstes in seine alte Heimat – und wandert, wie er schreibt: stundenlang herum. In Berlin sucht er das Haus, in dem sich der Schreibwarenladen seines Vaters befunden und er seine Kindheit verbracht hatte. Das Haus ist von Bombenangriffen zerstört. Die zweite Jahreshälfte 1945 verbringt er größtenteils in München. Im Auftrag des State Departments, dem amerikanischen Außenministerium, wird er von Münchens US-Quartierkommandanten komfortabel in der eleganten Villa der C.H. Beck'schen Verlagsbuchhandlung in Schwabing untergebracht. Im Koffer hat er, so erinnert er sich, Pläne für eine neue deutsche Illustrierte. Als Muster hat er das amerikanische *Life*-Magazin mitgebracht. Im Juli 1945 erscheint unter dem Titel *Heute* eine »neue illustrierte Zeitschrift für Deutschland«, wie es im Untertitel heißt. Damit werden die deutschen Leser über die amerikanische Sicht der Dinge informiert. Zunächst wird über die Nürnberger Prozesse berichtet, später über den American Way of Life. Darüber hinaus werden Beiträge von Ernest Hemingway übersetzt und die Comics mit Micky Maus und Donald Duck erstmals abgedruckt. Neben den beiden Chefredakteuren Warren Trabant und Heinz Norden findet sich im Impressum kein Hinweis auf Heinz Berggruen, weder wird er als Mitbegründer noch als Mitherausgeber genannt.

Paris, 1946 Im Journalismus sieht Heinz Berggruen für sich jedoch keine Zukunft. Er verlässt München und geht zurück nach Paris. Die Zeit dort wird später in den Mythen, die sich um seine Personen ranken, zunehmend verklärt. Im Nachruf der *Süddeutschen Zeitung* (vom 26. Februar 2007) wurde ihm beispielsweise für das Jahr 1946 die Funktion als UNESCO-Berater in Paris angedichtet. Nicht einmal Heinz Berggruen selbst, der ja gern zu Übertreibung neigte, hat dergleichen je behauptet. Er hat zwar für die UNESCO gearbeitet, aber nicht als Berater. In seinen Erinnerungen schreibt er: »Offiziell lautete mein Auftrag, zu kulturellen Problemen in den Mitgliedsländern der UNESCO Stellung zu nehmen, Ausstellungen vorzubereiten und Kulturveranstaltungen zu konzipieren. Das hörte sich interessant an, konkret aber bestand meine Tätigkeit darin, Memoranden von einem Büro zum anderen zu schicken.« Die Stelle bei der UNESCO in Paris verschafft ihm seine alte Bekannte und Gönnerin Miss Morley. Sie kommt als Gründungsmitglied der Kultursektion der Vereinten Nationen nach Paris und freut sich, ihn wiederzusehen. Heinz Berggruen erwirbt die ersten Kunstobjekte. Das Geld dafür hat er auch: 50.000 Dollar, die er nach der Scheidung als Abfindung von seiner ersten Frau, Lilian Zellerbach, erhalten hat. Damit haben sich für ihn die Jahre in San Francisco nachträglich doch noch ausgezahlt.

DER PICASSO-FREUND – MYTHOS UND WAHRHEIT

Paris, 1947 1947 eröffnet er eine Galerie in der Rue d'Université am linken Seine-Ufer. Das Viertel rund um den Montparnasse ist das Künstlerquartier von Paris. Das Herz des Quartiers schlägt im *Café de Flore*. Es sind unzählige schillernde Persönlichkeiten, die Heinz Berggruen von seiner Familie ablenken. Zu den Stars und reichen Sammlern fühlt er sich unwiderstehlich hingezogen. Als Kunsthändler kann er auch nicht anders, als sich dort aufzuhalten, wo das große Geld zu finden ist. Im *Café de Flore* trifft er auch auf den jüdisch-rumänischen Schriftsteller Tristan Tzara, der zu den Mitbegründern des Dadaismus zählt, und über den er Picasso kennenlernt.

Paris, 1956–1963 Im Sommer 1956 lernt er Bettina Moissi kennen. Nach Paris ist sie mit ihrer Freundin aus München gekommen, die Berggruen noch aus seiner Münchener Zeit kennt. Beide besuchen ihn in seiner Galerie in der Rue d'Université. Er ist sofort von ihr beeindruckt. Die 33-Jährige ist keine Unbekannte. Man kennt sie aus Filmen wie *Der Apfel ist ab*. 1959 macht der aufstrebende Galerist Bettina Moissi zu seiner zweiten Ehefrau. Es gibt keine große Feier, man heiratet standesamtlich und am nächsten Tag werden die engsten Freunde ins *Le Grand Véfour* eingeladen. Schon Frankreichs Sonnenkönig Louis XIV. speiste in diesem Restaurant, 1784 unter den Arkaden des Palais Royal eröffnet. Die kostbare Kassettendecke, Stuck, Kristallspiegel und Goldverzierungen stammen aus dieser Zeit. Napoleon, Danton, Hugo, Colette und Cocteau pflegten hier zu dinieren. Geschichtsträchtiger ist wohl kein anderes Gourmetrestaurant in Paris. Und auch kaum eines teurer – schließlich wird das *Le Grand Véfour* seit Jahrzehnten regelmäßig mit Michelin-Sternen ausgezeichnet. Dieses scheinbar nebensächliche Detail macht deutlich, dass für Berggruen alles vom Feinsten sein musste. Zur Hochzeitsreise geht es nicht weniger romantisch nach Venedig. Zwei Jahre später wird Heinz Berggruen mit 47 Jahren zum dritten Mal Vater: Sein Sohn Nicolas wird geboren, zwei Jahren später kommt dessen Bruder Olivier zur Welt.

Paris – London, 1959 Noch erzielen die Bilder von Picasso nicht die astronomischen Summen, wie das heute der Fall ist. Er ist zwar schon Millionär, aber lebt über seine Verhältnisse und braucht ständig Geld. So viel wie er benötigt, kann er nicht malen. Er kommt auf die Idee, einige der Grafiken und Objekte, die bereits verkauft wurden, zu vervielfältigen. Der kommerzielle Erfolg eines Kunstwerks soll weitere Kundschaft anlocken. Dafür beginnt Picasso mit seinen Autorenrechten zu handeln. Heinz Berggruen zählt zu den Glückspilzen, denen es gelingt, im Januar 1960 eine Lizenz von Picasso zu ergattern, um limitierte Auflagen von ausgewählten bronzenen Skulpturen gießen zu dürfen. Nebenbei hat Berggruen noch Reproduktionsrechte an einigen Grafikserien erstanden. In seinen Erinnerungen bemerkt er dazu: »Picassos Graphikblätter zu vervielfältigen, glich einer Lizenz zum Gelddrucken.«

Heinz Berggruen ist auf einmal dick im Geschäft. Um seine Ware zu verkaufen, wendet er sich an reiche Kunstliebhaber, von denen er in Erfahrung gebracht hat, dass sie bereits einiges von Picasso besitzen. So trifft er auf Lord Max Rayne. Beruflich widmet sich der Sohn einer ehrwürdigen Adelslinie Immobiliengeschäften. Sein eigentlicher Aufstieg beginnt aber erst, als er sich mit dem umtriebigen George Townshend, ebenfalls Angehöriger des englischen Hochadels, zusammentut. Dieser hat seine Finger in allen Finanzgeschäften Englands im Spiel. Er gründet Finanzkonsortien und Fernsehstationen, kauft Aktien, investiert in Firmenbeteiligungen, ist Geschäftsführer von mindestens 20 Unternehmen und steigt schließlich in das Immobiliengeschäft von Max Rayne ein, der ihn gleich zum Direktor der neugegründeten London Merchant Securities macht. Diese Gesellschaft soll etliche neue Bauprojekte finanzieren, die gerade in Planung sind. London steht ein städtebaulicher Boom bevor und ist dabei, sich in eine Goldgrube zu verwandeln.

Wie man es als Kunsthändler zu etwas bringen kann, erklärt die britische Zeitung *The Observer* (vom 1. November 1998): »Der Marktwert jeder Sammlung erhöht sich durch eine fünfjährige Präsentation in den Räumen der National Gallery enorm.« Die National Gallery in London funktioniert wie ein Staat im Staat. Wer es schafft, hier aufgenommen zu werden, kann über diese Institution seinen kompletten Kunsthandel abwickeln. Das Museum übernimmt Kauf und Verkauf der Bilder und kümmert sich auch um den Versand inklusive der Zoll- und Versicherungsformalitäten. Mit Hilfe der britischen Kanalinsel Guernsey kommt man zudem in den Genuss, die Vorteile einer Steueroase nutzen zu können. Abgesehen von all den finanziellen, organisatorischen und steuerlichen Vorteilen gehört die London National Gallery mit ihren 4500 Objekten zu den größten Gemäldetempeln der Welt. Welcher Sammler würde also nicht davon träumen, sich in diesen grandiosen Räumen zu präsentieren? Heinz Berggruens Stunde schlägt, als Picasso Ende 1959 kurz davor steht, zum Jahrhundertgenie erklärt zu werden: In London bereitet man seine erste Ausstellung in der Tate Gallery vor. Das ist der Moment, in dem Heinz Berggruen sich als »Picasso-Freund« ins Spiel bringt. Berggruen bietet Lord Rayne seine Picassos an. Ob das Geschäft wirklich zustande gekommen ist, ist nicht ausreichend belegt. Aber dass Berggruen und Rayne einen guten Kontakt miteinander pflegten, verrät der Werdegang seines Sohnes Nicolas: Im ungewöhnlich jungen Alter von 17 Jahren (!), gleich nach seinem Abitur, packt dieser die Koffer und zieht in die englische Metropole, um ein Praktikum bei London Merchant Securities zu machen, der Finanzinvestmentgesellschaft von Max und Robbie Raynes – ebenfalls Vater und Sohn.

Côte d'Azur, 1965 Im Sommer 1965 – Nicolas Berggruen ist mittlerweile vier Jahre alt – treffen seine Eltern am Strand von Cannes auf Picasso. In Badehose mit verschränkten Armen baut er sich vor ihnen auf. Heinz Berggruen beschreibt wortreich und voller Erstaunen, wie er und auch seine Frau »unmittelbar in den Bann des großen Spaniers« gezogen wurden. Es gibt auch einen Schnappschuss, der Picasso in seiner Kampfpose zeigt. Berggruen vermerkt dazu: »Dieses Foto von seiner Frau Jacqueline gemacht, schenkte mir Picasso 1965. Mein Name ist, wie immer, falsch geschrieben« – nämlich Bergrunne. Dieses Bild hat sich verselbstständigt, sollte es doch beweisen, wie Nahe sich Heinz Berggruen und Picasso standen. So nahe, dass man heute fast in jeder Geschichte über Nicolas Berggruen diese Angabe finden kann.

Paris, 1970 Anfang der 1970er Jahre – die Wirtschaftskrise bahnt sich an und der Kunstmarkt durchlebt ebenfalls eine Krise – ist Heinz Berggruen nur von einem Gedanken besessen: Picasso. Für ein Bild des Künstlers werden inzwischen Millionen bezahlt, und in diese Kunstaktie will auch Berggruen investieren. Der Kontakt zu Picasso wird allerdings immer schwieriger. Das Genie ist mürrisch, sein Assistent schirmt ihn von der Öffentlichkeit ab. Berggruen will ihn unbedingt treffen und verbringt seinen Urlaub in Cannes – allein ohne Familie. Dann erliegt Picasso am 8. April 1973 einem Herzversagen. Sein Nachlass ist immens, er umfasst fast 1900 Gemälde, 3200 Keramiken, 7000 Zeichnungen, 1200 Skulpturen und 30000 Grafiken. Ein gigantisches Kunsterbe, das allerdings eine Problematik in sich birgt: Nicht alles, auf dem Picasso steht, ist auch ein Schatz. Die Bestimmung der Preise ist Sache der Experten, Händler und Auktionatoren. Bei der Bewertung spielen Legenden eine entscheidende Rolle. Eine Erkenntnis, die Heinz Berggruen keine Ruhe lässt, fortan wird er sich »Picassos Freund« nennen.

DER LEGENDÄRE KUNSTHÄNDLER

Paris, 1973 Im Herbst 1973 beschließt Heinz Berggruen, seine amerikanische Staatsbürgerschaft zurückzugeben. Obwohl er seit über zwei Jahrzehnten in Paris lebt, hatte er sich um einen französischen Pass nie bemüht. Warum er trotz der unheilvollen Judenverfolgung durch die Nationalsozialisten wieder Deutscher werden wollte, begründete Berggruen mit seiner Heimatliebe und Verbundenheit zu Deutschland. Sprache, Literatur, Geschichte, Landschaft, all das bewog ihn dazu, »die Nationalität wieder zu erwerben, die mir ein barbarisches Regime ein halbes Menschenleben zuvor weggenommen hatte«.

Es kommen aber noch andere Gründe in Frage. Die Biographin Vivien Stein mutmaßt beispielsweise, dass Berggruen mit diesem Schritt seine Picasso-Legende zum Zwecke der Wertsteigerung der in seinem Besitz befindlichen Picasso-Werke weiterspinnen wollte. Die Idee, sich als einziger Deutscher als Picassos Freund zu legitimieren, war einfach und einfallsreich zugleich. Picasso war nie aktiv am Widerstand gegen die deutsche Kriegsmaschinerie der Nationalsozialisten beteiligt gewesen, aber moralisch hatte er diesen mit seiner Kunst unterstützt. Deutschland hatte er zeitlebens nie besucht. Für Heinz Berggruen als deutschen Juden bietet sich unverhofft die Chance, sich mit dem Picasso-Image ein Alleinstellungsmerkmal zuzulegen, das profitversprechend ist. Nebenbei hat er damit auch noch ein ganz anderes Problem gelöst: Die Steuerallergie grassiert auch schon in den 1970er Jahren. Deutschland unter der »roten Regierung« Willy Brandts macht den Industriellen Angst. Fast alle deutschen Millionäre verlegen ihren Wohnsitz nach Monaco oder noch besser in die Schweiz. Dorthin zieht es auch Heinz Berggruen, als deutscher Staatsbürger im Ausland kann er dem deutschen Fiskus ein Schnippchen schlagen und steuerfrei bleiben. Als Amerikaner hätte ihm das Schweizer Steuerasyl wenig genutzt. Die US-Staatsbürger müssen ihre Einkünfte ihrem Heimatland melden, egal in welcher Ecke der Welt sie sich niedergelassen haben.

Gstaad, 1973 Der Nobelort im Berner Oberland ist bei den Reichen sehr beliebt. In Gstaad können sie unter sich bleiben und geben auch gern mal eine Million für ein Gemälde oder eine Plastik aus. Auch Heinz Berggruen weiß die Vorteile von Gstaad für sich zu nutzen. Im Zug von Paris nach Genf soll er der Witwe des 1944 verstorbenen Malers Wassily Kandinsky begegnet sein. Er kennt sie bereits von zahlreichen Vernissagen in Paris, aber nun ergibt sich für ihn die Gelegenheit, ausführlicher mit ihr zu reden. Ihr Mann hinterließ neben eigenen Arbeiten auch zahlreiche Aquarelle, Skizzen und Zeichnungen von Paul Klee. Seit ihrer gemeinsamen Münchener Zeit waren die beiden Künstler miteinander befreundet. Klees Werke zogen Heinz Berggruen magisch an. Deshalb setzte er auch alles daran, sich mit Nina Kandinsky anzufreunden.

Und sein Plan geht auf: Für seine Ausstellungen leiht ihm die lebenslustige Witwe zahlreiche Werke von Klee. Schenken wird sie ihm keines, denn sie ist Versessen auf Schmuck, tauscht Kandinskys Original nur gegen Juwelen aus dem Hause Van Cleef & Arpels. Festzuhalten bleibt: Noch bevor sich Berggruen zum »Picasso-Freund« stilisiert, setzt er auf Klee. Dabei schielt er nach Amerika. Dort ist Klee noch relativ unbekannt. Berggruen will den Amerikanern die Augen für das Genie öffnen.

In Gstaad erwirbt er ein Feriendomizil, das ihn praktisch zum Nachbarn von Nina Kandinsky macht. Es gibt sogar Vermutungen, dass Heinz Berggruen die Idee, seinen Sohn Nicolas am Institut Le Rosey einzuschulen, erst auf diese Weise gekommen sei. Einige Szenekenner halten das für gar nicht so abwegig. Die Magie, die von Gstaad ausgeht, gehört zu den Dingen, die nicht ganz zu erklären sind.

Paris – London – Genf – Gstaad – New York, 1980er Jahre Heinz Berggruen liebt Paris, aber noch mehr die Steuerfreiheit. Um sie zu erlangen, gibt er formal seinen festen Wohnsitz in Paris auf, legt seine amerikanische Staatsbürgerschaft ab und wird mit einem deutschen Pass zum Wandervogel, zum »heimatlosen Nomaden« der Kunstszene – auch in dieser Hinsicht ist er ein Vorbild für seinen Sohn Nicolas. Die Biographin Vivien Stein, die den Spuren seines Vaters folgte, belegt diese Behauptung mit Fakten. Berggruens Umtriebigkeit hat einen geschäftlichen Hintergrund: seine Sammlung wächst. Deshalb entschließt er sich Anfang der 1980er Jahre dazu, im großen Stil in den Kunsthandel einzusteigen. Doch die französischen Finanzbehörden sitzen ihm bereits im Nacken. Auf welche Art und Weise sich Heinz Berggruen klammheimlich aus Paris davongestohlen hat, könnte auch einem Schelmenroman entnommen sein. Inzwischen hat er sich auch einen Namen als »Picasso-Freund« gemacht, weshalb es ein Leichtes für ihn ist, mit den etablierten Museen in Verhandlungen zu treten. In der National Gallery in London gelingt ihm der erste große Coup. Er verkauft ein Gemälde von George Braque an das Centre Pompidou in Paris. Mit einer kleinen Galerie in Genf fasst er Fuß in der Schweiz, wegen der hohen Millionärsdichte der Kunstsammler hält er sich häufig in Gstaad auf, um Kundenkontakte zu pflegen. In New York baut er sich seinen nächsten Standort auf, 1983 mietet er eine Dauersuite im *Carlyle* in Manhattan. Die Fortune ist auf seiner Seite. Es gelingt ihm, einige der texanischen Ölmilliardäre als Klienten zu gewinnen. Sie sind verrückt nach französischen Impressionisten, Kubisten, Expressionisten und kaufen alles, was Heinz Berggruen ihnen anbietet. Woher und wie Heinz Berggruen Kunstwerke in solch großen Mengen auftreiben konnte, bleibt sein Geheimnis. Nicht einmal die Berggruen-Expertin Vivien Stein konnte dies verifizieren. Er schien tatsächlich über ausgiebige Quellen zu verfügen.

New York – Tübingen – London, 1990er Jahre In den 1990er Jahren ist bereits die Rede von 90 Klees in New York und 30 Klees in Paris, die er zwischen den Museen und Galerien hin- und herbewegt. Sie alle stammen aus seinen heimlichen Beständen. Wie umfangreich seine Sammlung ist, weiß niemand, genauso wenig ist bekannt, welche Werke die Privatsammlung von Nicolas Berggruen enthält. Sein Vater jedenfalls erweist sich in seiner New Yorker Zeit als ein wahrer Enthüllungszauberer, trumpft stets mit einer neuen Überraschung auf. Noch ein Picasso und noch ein Cézanne. Sein Renommee und sein Ruf steigen von Jahr zu Jahr. Erzählt er auf Vernissagen, dank welcher Zufälle er an die wertvollen Bilder von Klee, Matisse oder Picasso gekommen ist, hängen die Journalisten an seinen Lippen. Mit ihren Geschichten bauen Sie kräftig mit an seiner Legende, die von Berggruens fabelhafter Erzählkunst und seiner geradezu phänomenaler Selbstdarstellung immer weiter genährt wird.

Das Metropolitan Museum in New York ernennt ihn 1988 zum *trustee* (Kuratoriumsrat) auf Lebenszeit. Mit dieser Ehre gesegnet, taucht er überraschend 1991 in Tübingen auf. Von dieser altertümlichen Universitätsstadt aus beginnt Heinz Berggruen nach der Wiedervereinigung seine Fäden nach Berlin zu spannen. Ganz behutsam geht er dabei vor. Einmal mehr erweist er sich als ein Meister der langfristigen Strategie. Die Zeit arbeitet für ihn: Je länger ein Picasso oder Matisse als Leihgabe in einem renommierten Museum in London oder New York hängt, umso wertvoller wird dieser. Die besten

Stücke stellt er den Museen als Leihgabe für bis zu zehn Jahre zur Verfügung, danach erhöht sich der Wert mindestens auf das Doppelte der ursprünglichen Schätzung. Das ist eines der Geheimnisse des Kunsthandels: Die Bilder müssen »hängen«, der Bekanntheitsgrad bestimmt den Preis.

Bis nach Tokio verschifft Heinz Berggruen seine Klee-Sammlung, um sie schließlich, einige Monate später, in Tübingen zu präsentieren. Mit solchen Strategiezügen arbeitet er an seinem Lebenstraum, einem eigenen Museum. Eines, in welchem er sogar unter dem Dach seine Schlafkammer haben kann, um auch nachts seinen »Kindern«, wie er seine Bilder liebevoll nennt, ganz nah zu sein. Kurios ist, dass er, obwohl er sich als Klee-Experte profiliert hat, auf einmal und völlig unerwartet mit Picasso auftrumpft. Doch er hat es nicht eilig. Bevor er seine Ausstellung mit Bildern von Klee in London zeigt, präsentiert er sie in Tübingen. Die Bilanz begeistert ihn: 120 000 Besucher und 40 000 verkaufte Kataloge. Keine unbedeutende Zahl, denn ein Kunsthändler lebt nicht allein vom Bilderverkauf. Auch die Kataloge machen einen beachtlichen Umsatz und summieren sich im Laufe der aktiven Betriebsjahre zu Millionenbeträgen. Die Kosten der Ausstellungen tragen jeweils die Sponsoren. Bei der Londoner Tate Gallery, in der Berggruen ebenfalls ausstellt, übernimmt zum Beispiel der Öl-Gigant British Petroleum (BP) als Hauptträger dieser Institution die Kosten für die Produktion. Wer es also schafft, in der Tate Gallery auszustellen, hat das Ticket für den Welterfolg so gut wie in der Tasche.

Seinen Handelserfolg versucht Berggruen so geheim wie möglich zu halten. Deshalb tritt er offiziell bei den Auktionen nicht als Kunsthändler, sondern als privater Sammler auf. Den Modus für den Kunsterwerb tüfteln für ihn die Steueranwälte aus. So befinden sich die von Berggruen gegründeten Firmen stets auf Wanderschaft, wechseln ihre Namen wie ein Chamäleon: Contemporary Art Establishment in Zürich oder The Berggruen Collection Ltd. als Off-Shore-Unternehmen auf den Britischen Jungferninseln; sogar auf seine Frau lässt

Berggruen eine Gründung hier eintragen: The Bettina Collection Ltd. Die Transaktionen werden als Schenkungen zwischen diesen Firmen untereinander deklariert. Mit Konten in der Schweiz, Liechtenstein, in der Karibik, auf den britischen Kanalinseln Jersey, Guernsey und Isle of Man mitten in der Irischen See ist der Geldfluss praktisch nicht mehr nachvollziehbar. Die Dienste der Kanzlei Maitland Group, den internationalen Steuerberatern seines Vaters, nimmt auch Nicolas Berggruen für sich in Anspruch. Getreu dem Motto: *Never change a winning team.*

DAS GESCHÄFT SEINES LEBENS

Berlin, 2000 Im Jahr 2000 gelingt es der Stiftung Preußischer Kulturbesitz, mit den Mitteln des Bundes (damals 200 Millionen D-Mark) und des Landes Berlin (53 Millionen D-Mark) die Sammlung Berggruen zum Preis von heute umgerechnet 136 Millionen Euro für die Nationalgalerie zu erwerben. Wie es zu dem Ankauf kam, schilderte Michael Naumann, damals Kulturstaatsminister, auf 3Sat wie folgt: »Berggruen hatte seine Sammlung auch der Regierung Kohl angeboten. Sie hatten das abgelehnt. Und dann kam dieses Angebot an die Bundesregierung [unter Gerhard Schröder, Anm. des Autors] zurück. Ich war zuständig. Ich habe Gerhard Schröder dann in das Museum geführt. Und Herr Schröder schickte mir dann über den Kabinettstisch einen Zettel zu und da stand dann drauf ›Michael du kriegst deine Millionen‹.«

Bis heute gilt dieser Deal als der größte Kunstankauf, den eine Bundesregierung je getätigt hat. Eingefädelt hatte die Verhandlungen bereits Heinz Berggruen, indem er eine Schenkung seiner Sammlung in Aussicht gestellt hatte. Als die Bundesregierung Interesse zeigt, gelingt es ihm, wie beim Poker das Spiel auszureizen. Schließlich verkauft er Ende 2000 seine Sammlung – um einige wichtige Werke entkernt – für 253 Millionen Mark an den deutschen Staat. In der Folgezeit demonstriert er immer wieder seine Überzeugung, der

Hauptstadt auch mit dem Verkauf ein Geschenk gemacht zu haben. Diese Ansicht weißt er geschickt zu begründen: Seine fortan in dem Charlottenburger Stülerbau ausgestellten 167 Gemälde, Zeichnungen und Skulpturen hätten auf dem freien Markt, sprich bei einer Auktion, einen weitaus höheren Preis erzielt. Berlin und Bund glauben ihm auch das. 2004 wird sogar die Galerie im Stülerbau nach ihm in Museum Berggruen umbenannt, und bei jedem Festakt für den Ehrenbürger Berggruen kommt die Rede auf das Jahr 1937, um es dem kunstinteressierten Publikum noch einmal vor Augen zu führen, was Deutschland so viel Geld wert ist: die »Geschichte vom jüdischen Weltbürger und seiner Rückkehr in die Heimat.«

»Bei dem Verkauf weit unter dem Preis«, so Berggruen, ging es ihm um die »Geste der Versöhnung.« Mythen können manchmal wie Maulwürfe sein. Man sieht nicht, was sie anrichten, wie sie langsam alles untergraben und unsere Sicht auf die Dinge verändern. Bekanntlich entwickeln sich Mythen ohne Anspruch auf Wahrheit. Sie sind dafür da, um die Phantasie zu beflügeln, deshalb werden sie seit jeher von den Völkern erfunden, auch um Dinge zu erklären, die nicht zu verstehen sind.

EIN LEBEN, VIELE LEGENDEN

Die Geschichte, die über Heinz Berggruen noch zu erzählen ist, hat Deutschlands Feuilletonwelt schon einmal gespaltet. Im Herbst 2011 erschien die Biographie *Heinz Berggruen – Leben und Legende* von Vivien Stein. Sogleich brach ein Sturm der Entrüstung über die in Paris lebende Autorin hinweg. Das Buch sei antisemitisch, bediene die Klischees des raffinierten, geldversessenen Juden und werfe ihm vor, die »Judenkarte« auszuspielen, um sich an Deutschland schadlos zu halten. Die Autorin behauptet in ihrem Buch, den einträglichen Verkauf seiner Picasso-Sammlung an Berlin als »Geste der Versöhnung« zu nennen, sei ein trickreicher Bluff gewesen. Heinz Berggruen, der sich als »verlorener Sohn Berlins« feiern ließ und derweil sein Geld »in karibischen Steueroasen« parkte, ein Schwindler?

Selten hat ein Buch so viel Empörung ausgelöst und zu derart falschen Interpretationen geführt wie diese von der Familie Berggruen nicht autorisierte Dokumentation, die 2007 – vier Jahre nach Heinz Berggruens Tod – erschienen ist. Ebenso wurde der Autorin zum Vorwurf gemacht, dass sie so lange mit ihrer Enthüllungsgeschichte gewartet habe. Heinz Berggruen könne sich schließlich nicht mehr wehren. Deutschlands Kulturszene stand unter Schock und fragte sich, ob man das überhaupt dürfe, sich mit einem jüdischen Kunsthändler kritisch auseinandersetzen? Immerhin ist Vivien Stein selbst jüdischer Abstammung, was allerdings noch mehr verstörte. Schließlich nahm sich Stephan Speicher, ein Journalist der *Süddeutschen Zeitung*, des Themas an und schrieb über Berggruens kunstambitionierte Umtriebigkeiten. Sofort bekam er von mehreren Kollegen sein Fett weg. »Bislang war Speicher eher durch seine Weltfremdheit und hoch gebildete Harmlosigkeit bekannt. Er besaß nicht den Ruf, im Gewerbe der Niedertracht so beschlagen zu sein, wie es nun zutage tritt«, mokierte sich Jacques Schuster in der *Welt* (vom 15. November 2011).

Dass eine Jüdin einen Juden kritisiert, das war auch für Deutschland ein Novum. Man kann es auch für ein Zeichen der Normalisierung halten, als einen zaghaften Versuch eines Befreiungsschlags, um aus einer tabuisierten Zone herauszukommen. Zwischen den erhitzten Gemütern gab es aber auch Lob für Steins Buch. So mancher Berichterstatter – wie zum Beispiel Sebastian Preuss von der *Berliner Zeitung* (vom 28. November 2011) – stellte fest, dass es keinesfalls schlampig zusammengeschrieben sei, sondern akribisch recherchiert, mit einer Fülle von interessanten, oft auch amüsanten Anekdoten und Details aus dem internationalen Kunsthandel gewürzt. Außerdem, fragte Preuss rhetorisch: »Wer hat je ernsthaft geglaubt, dass im Kunsthandel feine Geschäftspraktiken vorherrschten und Galeristen besonders vorbildliche Menschen wären?«

KAPITEL II

DIE MUTTER, DIE GROSSE UNBEKANNTE

»Meine Mutter ist wie jede gute Mutter besorgt, dass ich zu wenig Schlaf bekomme.«

NICOLAS BERGGRUEN

Im März 2013 wurde in Berlin ein topographisches Denkmal zu Ehren von Nicolas' Mutter, Bettina Berggruen, eingeweiht. Geschützt durch einen verglasten Gang liegt es zwischen den beiden Altbauten des Berggruen Museums parallel zum Straßenverlauf des Spandauer Damms. Das Staatsministerium für Kultur und Medien teilte mit, worin der größte Zugewinn der neuen Anlage bestehe: »In dem neu geschaffenen Skulpturengarten, der als öffentlich zugänglicher Freiraum ein räumliches Gegenstück zu den eher kabinettartigen, intimen Innenräumen der beiden Altbauten darstellt.« Die Doppelskulptur von Thomas Schütte hatte Nicolas Berggruen noch vor der Karstadt-Übernahme gestiftet. Der Preis für die Skulptur, die den Namen *United Enemies* trägt, ist bislang nicht an die Öffentlichkeit gelangt. Kenner schätzen ihren Wert jedoch auf 150.000 bis 200.000 Euro. Mit der Schenkung sieht Nicolas Berggruen einen Teil seines »Giving Pledge«-Versprechens eingelöst – hat er mit dieser doch einen Teil seines Reichtums abgegeben.

Wie ihr Sohn lebt die heute 90-jährige Bettina Berggruen im Hotel, und zwar standesgemäß im *Baur au Lac* in Zürich. Für manche Beobachter gilt dies als exzentrisch. Exzentrisch war auch ihr Vater, der in den 1920er Jahren und Anfang der 1930er Jahre gefeierte Theaterstar Alexander Moissi, der nicht nur für seine Schauspielkunst, sondern auch für seine Seitensprünge berühmt war. Aus einer dieser Affären entstand Nicolas Berggruens Mutter. Sie wurde am 15. Oktober 1923 in Berlin geboren, auf den Namen Bettina Sybille Therese getauft und erhielt den Nachnamen ihrer Mutter, der Schauspielerin Herta Hambach. Ihren Vater, der 1935 unerwartet starb, hat sie nie kennengelernt, sie wird über ihn erst mehr erfahren, als der Berliner Journalist Rüdiger Schaper den Mythos Moissi wieder ausgräbt und eine Biographie über den österreichischen Schauspieler verfasst. 1936 holt Otto Falckenberg Bettinas Mutter an die Münchener Kammerspiele. Als sie ihre Mutter auf der Bühne stehen sieht, wächst auch in ihr der Wunsch, Schauspielerin zu werden. Kaum hat sie mit der Ausbildung begonnen, bekommt sie auch schon die ersten Rollen angeboten. In den Bavaria Filmstudios, wo sie erste Filme dreht, trifft sie auf viele Stars der damaligen Zeit, darunter Katharina »Käthe« Dorsch, die aufgrund ihres großartigen Spiels zu den Publikumslieblingen der damaligen Zeit gehört. 1919 spielte sie gemeinsam mit Bettinas Mutter in dem Stummfilm *Im Schatten des Geldes*, seitdem sind Käthe Dorsch und Herta Hambach Freundinnen. Wie Bettinas Mutter wurde auch die Dorsch von ihrem Mann, dem Schauspieler Harry Liedtke, sitzengelassen – wegen einer anderen Aktrice. Beide trauern ihren Männern hinterher. Das verbindet sie miteinander. Weil Käthe selbst kinderlos bleibt, kümmert sie sich um Bettina, unterstützt sie bei ihrer Karriere und ebnet ihr den Weg nach oben.

KARRIERE ALS SCHAUSPIELERIN

Wie man aus den Notizen des Regisseurs Georg Wilhelm Pabst erfährt, sollte ihr das auch gelingen. 1940 spielte Käthe Dorsch die Hauptrolle in seinem Film *Komödianten*. Für eine der Nebenrollen empfahl sie ihm Bettina Hambach. Die Dreharbeiten fanden in den Bavaria Filmstudios statt, die

Außenaufnahmen wurden im österreichischen Salzkammergut gedreht. Für die Straßenszenen baute man in Babelsberg die Stadtkulissen von 1750 nach. Mit dieser Filmproduktion kommt Bettina Hambach 1941 wieder zurück nach Berlin; sie wird dort bleiben. Zur Premiere kommt Joseph Goebbels, der den Film ursprünglich initiiert hatte. Die ideologisch braungefärbte Handlung dreht sich um die historische Figur Hanswurst. Diese sollte aus den Köpfen der Deutschen verschwinden, um das Nationalbewusstsein zu stärken. Nicht aus Kasperln, sondern aus richtigen Helden bestehe die deutsche Theatertradition, wollte man das Publikum lehren. Der Film erhielt von Goebbels' Bewertungskommission gleich drei Prädikate: »staatspolitisch und künstlerisch wertvoll«, »kulturell wertvoll« sowie »volksbildend«.

Im selben Jahr übernimmt Bettina Hambach noch eine kleine Rolle in dem NS-Propagandastreifen *Jakko*. Der Film handelt von einem Zirkuskind, das von der Hitlerjugend aufgenommen wird. Danach bricht ihre Filmkarriere ab. Die genauen Umstände sind nicht bekannt. Belegt ist lediglich, dass sich für Bettina Hambach weiterhin Käthe Dorsch einsetzt. Sie hat einen mächtigen Verehrer aus der Jugendzeit: Hermann Göring. Die Schauspielerin nutzt ihren Einfluss, um sich für ihre politisch bedrohten Freunde einzusetzen. Auch für Gustaf Gründgens, bekanntlich homosexuell, was unter den Nationalsozialisten eine Straftat darstellte, intervenierte Dorsch bei Göring erfolgreich. Der Reichsmarschall hielt persönlich seine schützende Hand über ihn. Für ihre Intervention bei den Nationalsozialisten revanchiert sich Gründgens bei Käthe Dorsch, indem er Bettina Hambach 1943 an sein Preußisches Staatstheater holt, eine bis zum Kriegsende sichere Oase für über zweihundert Schauspieler jüdischer Abstammung.

Für das letzte Großfilmprojekt der Nationalsozialisten im Frühjahr 1945, das eine historisch begründete Rechtfertigung für die Judenverfolgung liefern soll, steht Bettina Hambach wieder auf der Besetzungsliste. Dieses Mal ist sie sogar für eine tragende Rolle vorgesehen und soll die Tochter des Juden Shylock, dem Kaufmann von Venedig, spielen. Dieses Drama nach Shakespeare soll der Starregisseur der Nationalsozialisten, Veit Harlan, verfilmen, und so wie sein 1940 entstandener Hetzfilm *Jud Süß* als Legitimation der Judendeportationen diente, soll nun dem Publikum mit Harlans neuester Produktion vermittelt werden, dass die Juden an allem schuld sind und sie dafür ihre Strafe verdient haben. Das herannahende Kriegsende und der Zusammenbruch des Dritten Reiches verhindern das Vorhaben jedoch. Das Schicksal nimmt Bettina Hambach eine schwere Entscheidung ab. Sie muss sich gegen diese Rolle nicht wehren. Es entstehen keine Auftragsfilme der Nationalsozialisten mehr. Nach dem Krieg ändert sie ihren Namen. Fortan nennt sie sich nach ihrem Vater: Bettina Moissi.

GESICHT DES DEUTSCHEN »TRÜMMERFILMS«

Nach dem Krieg kommen die ersten »Trümmerfilme« in die Kinos und feiern große Erfolge. Auch Bettina Moissi spielt in diesem neuen Genre mit. Mit Herbert B. Fredersdorf und Marek Goldstein dreht sie 1947 *Lang ist der Weg*, außerdem mit Helmut Käutner, einem der bedeutendsten Regisseure der Nachkriegszeit, drei weitere Filme: *In jenen Tagen* (1946/1947), *Der Apfel ist ab* (1948) und *Epilog – Das Geheimnis der Orplid* (1950). Durch welche Umstände sie für ihre Rollen ausgewählt wurde, dafür gibt es keine Hinweise. Es lohnt sich dennoch, diese Filme etwas näher zu betrachten.

IN JENEN TAGEN (1946/1947)

Regie: Helmut Käutner; Darsteller: Winnie Markus, Carl Raddatz, Bettina Moissi

Der Episodenfilm erzählt die Geschichte eines Autos, das sprechen kann. Die Stimme dazu gab Helmut Käutner. Am Tag von Hitlers Machtergreifung 1933 kauft das brandneue Modell von Opel Olympia ein jüdischer Komponist. Bald muss er sich von seinem geliebten Gefährt trennen und vor den

Nationalsozialisten nach Mexiko fliehen. Wie die Ereignisse fortschreiten, so wechseln auch die Besitzer. In der letzten, siebten Episode steht ein Wrack in einer Scheune. Der heimkehrende Soldat Josef (Carl Raddatz) macht es flott, um die junge Kriegswitwe Marie (Bettina Moissi) mit ihrem Neugeborenen nach Hamburg zu fahren. Von einer Streife angehalten, droht ihm die Todesstrafe: Josef ist ein Deserteur. Als er ihnen das Auto überlässt, bekommt er die Chance zu fliehen. Er verspricht zu Marie zurückzukehren, sobald alles vorbei ist.

DER APFEL IST AB (1948)

Regie: Helmut Käutner; Darsteller: Bettina Moissi, Joana Maria Gorvin, Arno Assmann, Willy Maertens, Margarete Haagen

Die Brisanz liegt in der Vorlage: Die 1935 verfasste Komödie passte den Nationalsozialisten nicht, die Kabarettrevue wurde verboten. Es ging um die Frage: »Wie kam es zum Sündenfall im Paradies?« Bettina Moissi spielt die Sekretärin Eva. Sie verführt ihren Chef Adam, einen Apfelsaftfabrikanten. Er ist schon verheiratet und kann sich nicht entscheiden. Ein köstlicher Schwank, der überraschende Antworten gibt und für Humor sorgt: Luzifer ist der Steuerberater, Petrus ein besserwisserischer Professor. Die Erkenntnis aus dem Paradies hilft wenig, denn eine Idealfrau, die gibt es nicht.

EPILOG – DAS GEHEIMNIS DER ORPLID (1950)

Regie: Helmut Käutner; Darsteller: Bettina Moissi, O.E. Hasse, Carl Raddatz, Fritz Kortner, Paul Hörbiger, Peter von Eyck, Adrian Hoven, Hans Christian Blech

Erster deutscher Politthriller, der aufgrund seiner satirischen Einfärbung und der Verarbeitung des deutschen Medienskandals als Vorläufer von *Schtonk!* gilt. Der Regisseur Helmut Käutner schuf damit die Matrix für alle späteren deutschen Filme, die vor tatsächlichem politischem Hintergrund eine spannende Geschichte von Betrug, Fälschung, Verschwörung und dubiosen Geschäften erzählen.

Es ist bezeichnend, dass der letzte Film, den Bettina Moissi dreht, *Epilog* heißt. Sie spielt darin eine Hauptrolle, die Malerin Leata. Als es während einer Hochseeparty, zu der ein zwielichtiger Geschäftsmann geladen hat, zu einem Schiffsunglück kommt, ist sie die Einzige, welche die Katastrophe überlebt. Und weil sie alle Personen an Bord der Luxusyacht *Orplid* in ihrem Malbuch skizziert hat, kennt sie auch die Verschollenen und weiß, was geschehen ist. Doch nach dem Schock hat sie ihre Sprache und die Fähigkeit zu Schreiben verloren. Nur Zeichnen kann sie noch. So entstehen Bilder, aus denen ein umtriebiger Reporter eine Affäre rekonstruieren will, um sie an eine Hamburger Illustrierte (und das schon 1950!) zu verkaufen.

Es tauchen Ermittler auf, darunter ein FBI-Agent. Ein abenteuerlicher Pianist macht sich an die Malerin Leata heran, um ebenfalls Profit aus der Sache zu schlagen. Die Spur des Schiffsunglücks führt zu dem mutmaßlichen Attentäter, hinter dem ein schwedischer Waffenhändler steckt. Dieser ist in alte Nazi-Geschäfte verwickelt, schließlich gehörte die Luxusyacht vormals einem Reichsbonzen – die Anspielung auf Hermann Göring mit seiner legendären Yacht *Carin II.* ist offensichtlich.

Der Countdown findet vor dem Seegerichtshof in Hamburg statt, wo Schiffsunglücke rechtlich und versicherungsrelevant geklärt werden. Die Beweise für einen politisch brisanten Hintergrund sind plötzlich verschwunden. Der Reporter, bisher mit der Malerin Leata um die Enthüllung bemüht, wird erstochen. Sein Mörder ist der Pianist, der zwischenzeitlich in Verbindung mit ominösen Dunkelmännern steht. Er kommt nicht weit, im Paternoster des Hamburger Magazinverlags erschießt ihn Leata und verschwindet. Damit bleibt das Geheimnis des *Orplid*-Untergangs gewahrt. Es öffentlich zu machen, wäre zu gefährlich. Der Mord als letzter Akt in einer vielversprechenden Schauspielerkarriere – doch nach diesen Schüssen steht Bettina Moissi nie mehr vor einer Kamera. Der Grund ist, dass sie 1952 den Porzellan-König Philip Rosenthal heiratet. Für ihn beendet sie ihre Filmkarriere. Er macht sie daraufhin zum Werbegesicht der »Bettina Linie«, einem nach ihr benannten Essservice mit Tellern, Suppenterrine und Saucier sowie einer dazu passenden Vase. Das Service findet keine Käufer, und zwei Jahre später ist auch die Ehe am Ende. Eine Abfindung erhält Bettina Moissi nicht, was in der Bundesrepublik der 1950er Jahre keine Seltenheit war. 1959 lernt sie über eine gemeinsame Freundin Heinz Berggruen in Paris kennen, sie heiraten noch im selben Jahr. Später bringt sie die beiden Söhne Nicolas und Olivier zur Welt. Was die Zeit danach betrifft, weiß man über sie nur wenig.

NEBENROLLE EHEFRAU

Auffallend ist darüber hinaus, dass Heinz Berggruen kein Wort über Nicolas' Mutter in seinen Erinnerungen verliert. Nur einmal, als er auf den Einzug ins *Carlyle* zu sprechen kommt, verwendet er das Wort »wir«. Man fragt sich unweigerlich, was Bettina Berggruen die ganze Zeit gemacht hat, wenn »wir«, wie es in *Hauptweg und Nebenwege* heißt, jedesmal mehrere Monate in New York verbrachten.

Die Berggruens sind nach alter Herrenmanier ein eingefleischter Männerbund. Selbst die Berggruen-Biographin Vivien Stein hat sich nicht für die Rolle der Ehefrau und Mutter in dieser Familie interessiert. Sie hielt sogar ein Treffen mit ihr für überflüssig. Es kam auch kein Journalist auf die Idee, Bettina Berggruen zu interviewen. Das erstaunt, wenn man den späteren Kult um den »großen Kunstmäzen« und »engen Freund von Picasso« bedenkt. Die ehemalige Schauspielerin schrieb ihre Erinnerungen nicht auf, und es ist eher unwahrscheinlich, dass sie es mit ihren 90 Jahren noch tun wird. Gern hätte ich mit ihr gesprochen, aber nach einem ersten bekundeten Interesse stand sie leider nicht mehr für ein Gespräch zur Verfügung. Die Anwälte ihres Sohnes Nicolas hatten dem vorsorglich einen Riegel vorgeschoben – womöglich hatten sie Angst, dass sich die alte Dame noch irgendwie verplappert.

KAPITEL III

EINE KINDHEIT IN PARIS

»Wenn du das Glück hattest, als junger Mensch in Paris zu leben, dann trägst du die Stadt den Rest deines Lebens in dir, wohin du auch gehen magst, denn Paris ist ein Fest fürs Leben.«

ERNEST HEMINGWAY

Zur Welt kommt Nicolas Berggruen am 10. August 1961 in Paris. Er wird im Sternzeichen des Löwen geboren. In der jüdischen Mythologie gilt der Löwe als Symbol für den Messias. In den Synagogen ist das Abbild eines Löwen die einzig erlaubte kultische Darstellung. Wird in einer jüdischen Familie ein Sohn in diesem Sternzeichen geboren, hält man es für ein Zeichen der Gunst Gottes. Zwei Jahre später, am 14. September 1963, wird Nicolas Berggruens' Bruder, Olivier Berggruen, geboren. Die Wohnung der Berggruens befindet sich am Jardin du Luxembourg und verfügt über zwei Etagen. Das Zimmer von Nicolas und Olivier liegt im fünften Stock, über ihnen im sechsten Stock wohnt der Vater. Sie sehen ihn nur selten, da er geschäftlich viel unterwegs ist. Ist er doch einmal zu Hause, müssen sie leise sein, dürfen ihn nicht stören. Aus diesem Abstand wächst der Respekt, den die Söhne bis heute ihrem Vater entgegenbringen.

Die Galerie von Heinz Berggruen liegt am Place Dauphine. Zu diesem Zeitpunkt hat er sich bereits einen Namen als Galerist gemacht. Die Geschäfte laufen so gut, dass für die beiden Söhne nur wenig Zeit bleibt. Folglich erwähnt er sie auch nur spärlich in seinen Erinnerungen. Einmal kommen sie im Zusammenhang mit André Schmemann, einem weißrussischen Emigranten in Paris, vor. Als Berggruens Helfer, Bilderpacker und treue Seele wurde er zum Paten der beiden Jungen. Beiläufig bemerkt Heinz Berggruen, dass Nicolas blonde und Olivier dunkle Haare hat. In Klammern wird noch Micaela erwähnt, die Halbschwester der beiden Jungen, die aus einer früheren Verbindung von Berggruens Frau Bettina stammt. Mehr erfährt man über sie nicht. Micaela Hambach ist eine weitere Unbekannte in der Familie Berggruen. Aus Bettinas erster Ehe mit Philipp Rosenthal stammt sie nicht, so viel steht fest. Ob sie mit Nicolas Berggruen Kontakt hat, ist ungewiss.

Einzelheiten über Nicolas Berggruens Kindheit sind ebenfalls nicht bekannt. Er redet auch nicht sehr viel über diese Zeit. In einem Interview erklärte er einmal, dass es für ihn und seinen Bruder eine »sehr, sehr einsame« Zeit gewesen sei. Über seine Mutter Bettina Moissi verliert er kein Wort. Welche Rolle sie bei der Erziehung der beiden Jungs gespielt hat, wenn der Vater wieder einmal fort war, bleibt im Unklaren.

AUF DEM SCHOSS VON PICASSO

Eine Anekdote, die in Verbindung mit Nicolas Berggruen immer wieder erwähnt wird, und die auch in einem Porträt über Nicolas Berggruen auf 3Sat Eingang fand, ist, dass der kleine Nicolas oft »bei Picasso auf dem Schoß« gesessen haben soll. Auch die *Münchner Abendzeitung* (vom 8. Juni 2010) hat die Episode aufgegriffen und schrieb: »Geboren als Sohn des großen Kunstsammlers Heinz Berggruen saß Klein Nicolas auf dem Schoß von Picasso.« Auf *Zeit Online* heißt es: »Sohn des berühmten Kunsthändlers Heinz Berggruen. Saß als Kleinkind beim Familienfreund Pablo Picasso auf dem Schoß.« *Der Stern* (vom 10. Juni 2010) macht daraus schließlich: »Als kleines Kind sitzt er auf dem Schoß von Pablo Picasso.«

Die Geschichte findet sich fast überall. Auch die amerikanischen Medien greifen das Bild gern auf. Bloombergs Wirtschaftsblätter verbreiten es ebenso wie die jüdische Webseite *JSpace*, im Gegensatz zu den deutschen Zeitungen findet sich aber in Amerika stets der Vermerk *»reportedly«* – angeblich. Dennoch: Das Bild vom kleinen Nicolas auf dem Schoß von Picasso hält sich hartnäckig. Das ändert sich auch nicht, als es der *Focus*-Autorin Marika Schaertl gelingt, während eines Interviews im Juli 2010 die Sache richtig zu stellen. Auf die Frage, ob er einmal auf Picassos Knien saß und ob er sich daran erinnern könne, antwortete Nicolas Berggruen: »Nein. Ich war etwa vier Jahre alt. Mein Vater hat nicht groß darüber geredet.« Das Dementi nützt jedoch nichts, die Legende verbreitet sich weiter.

EINE »SCHULE FÜRS LEBEN«

Der Ernst des Lebens beginnt für Nicolas Berggruen schließlich an der École alsacienne im 14. Bezirk von Paris. Diese Angabe stützt sich auf die Homepage des Berggruen Institute on Governance. Es bestehen dennoch Zweifel, ob sie richtig ist. Die 1870 gegründete École alsacienne gehört zu den angesehensten Bildungsinstitutionen Frankreichs. Besucht wird sie von Kindern, deren Eltern sich die enorm hohen Schulgebühren leisten können. Darüber hinaus ist eine weitere Voraussetzung, dass die Kinder begabt und lernwillig sind. Durch seinen im Kunsthandel erfolgreichen Vater gehörte Nicolas Berggruen zwar zur privilegierten Schicht, aber wie er in einem Interview mit der *Berliner Morgenpost* (vom 20. Januar 2008) verriet, war er ein schlechter Schüler: »Ich ging in der Normandie zur Schule. Dort regnet es eigentlich immer. Eltern sollten ihre Kinder nie in die Normandie zur Schule schicken. Das kann nicht gut gehen.«

Der *Berliner Morgenpost* vertraute er weiter an: »Ich fühlte mich manchmal allein. Die Tage, die Nächte waren lang. Aber in dieser Zeit habe ich begonnen, viel zu lesen. Wollte Schriftsteller werden und die Welt verändern. Geschichte hat mich sehr interessiert. Napoleon und der Sonnenkönig. Habe mich dafür interessiert, wie sie ihr Land regiert haben. Dann entdeckte ich die russische Literatur, Tolstoi, Gogol. Später die Existenzialisten Sartre und Camus. Leider hat man mich mit 15 Jahren aus meinem Internat in der Schweiz geschmissen.« Bei dem »Schweizer Internat« handelt es sich, wie man auf der Homepage der Berggruen Holdings erfährt, um das Institut Le Rosey am Nordwestufer des Genfer Sees. Das Schloss samt Campus befindet sich in dem malerischen Dorf namens Rolle. Nach Genf, wo Nicolas' Vater in den frühen 1960er Jahren eine kleine Galerie eröffnet, sind es rund 38 Kilometer. Gerüchten zufolge soll er sogar die Schweizer Staatsangehörigkeit beantragt haben. Was sich anhand der öffentlich zugänglichen Fakten untermauern lässt, ist, dass er zu dieser Zeit in Künstlerkreisen noch keine Beachtung fand. Entscheidend jedoch ist, welche Bedeutung der Ortswechsel für Nicolas Berggruens Zukunft haben sollte. Den Hauptweg legte jedenfalls sein Vater fest, und der führte für Nicolas mit zwölf Jahren in die Schweiz.

Als »Schule fürs Leben« zählt Le Rosey zu den renommiertesten Bildungsschmieden der Welt. Fürst Rainier III. von Monaco, Schah Reza Pahlavi von Persien, Kronprinz Alexander II. von Jugoslawien, Prinz Karim Aga Khan IV., König Albert II. von Belgien, König Fuad II. von Ägypten gehören zu den Absolventen. Aber auch die Sprösslinge von Elizabeth Taylor, John Lennon und Diana Ross drückten hier die Schulbank und die Erben von Familiendynastien wie Rothschild, Benetton, Rockefeller, Onassis und Niarchos teilten sich die Internatszimmer.

Gleich zweisprachig, Französisch und Englisch, wird der Lehrstoff vermittelt. Das Pensum zu bewältigen, erfordert Disziplin: Von 7 Uhr morgens bis 22 Uhr sind die Schüler gefordert. Neben einer Spitzenausbildung erhalten die Roséens aber noch etwas anderes: Wertvolle Kontakte, die während der Studienzeit entstanden sind und meist ein Leben lang halten. Das Netzwerk Association Internationale des Anciens Roséens (AIAR) garantiert eine Erfolgsperspektive. Es gehört zum Ethos der Schule, die Adepten durch intensive Freizeitaktivitäten miteinander zu verschweißen. Dieses Konzept wird zusätzlich noch durch jene Tradition unterstützt, die für eine Internatseinrichtung weltweit einmalig ist. Seit 1917 wird je nach Saison der Campus gewechselt: Zwischen Januar und März siedelt man nach Gstaad ins Château über, wo sich der Schulbetrieb rund um den Landsitz Rex auf mehrere Chalets verteilt. »Der Umzug von 400 Schülern und 200 Mitarbeitern ist kein Kinderspiel. Vielleicht ist es sogar ein wenig närrisch, an dieser 90-jährigen Tradition festzuhalten, aber genau das gefällt uns. Le Rosey ist ideenreich und bisweilen auch exzentrisch, und nichts bringt dies deutlicher zum Ausdruck als der alljährliche Umzug ins Berner Oberland«, erklärt Philippe Gudin de la Sablonnière, der Generaldirektor des Internats, in einem Interview. Einst selbst Zögling dieser Schuleinrichtung, weiß er, der seit über dreißig Jahren die Geschicke dieser Einrichtung lenkt, wovon er spricht.

Über das Institut Le Rosey hat sich Nicolas Berggruen bisher in keinem Interview geäußert. Die Strahlkraft, die von dieser Institution ausgeht, nutzt er dennoch für sich und gibt diese bereitwillig als Referenz auf der Homepage des Berggruen Institute on Governance an. Es wäre auch töricht, auf dieses Prestige zu verzichten, schließlich gilt Le Rosey als Unterrichtstätte für die »intelligentesten Studenten der Welt« und ist die unangefochtene Nummer eins, wenn es um die exklusivsten Orte der Welt geht.

Legendär sind auch die Feste, die in Gstaad gefeiert werden. Kein Ort der Welt kann mit derlei großem Aufgebot an Prominenz mithalten. Im *Palace Hotel* feiern die Anciens Roséens mit ihren Bekannten und Freunden aus aller Welt. Doch Nicolas Berggruen ist aus anderem Holz geschnitzt. Bei den traditionellen Festen seiner Mitschüler lässt er sich nicht blicken. Er strebt nach Höherem. Dem Promi-Treiben von Gstaad zieht er seit 2009 das Weltwirtschaftforum in Davos vor. Unter den 2500 Teilnehmern aufzufallen, schürt seinen

Ehrgeiz. Dabei umgibt er sich bevorzugt mit afrikanischen Staatschefs. In diesem Umfeld scheint er sich wohlzufühlen. Das Irrsinnsgefühl, mit seinen Milliarden ein Multiplikator der Weltpolitik zu sein, ist sein erklärtes Lebensziel.

REBELL, QUERDENKER, REVOLUTIONÄR

Für seine Zeit im Schweizer Internat hat er sich eine Antwort zurechtgelegt, die er bei Interviews immer und immer wieder anführt: »Ich war denen zu schwierig, konnte und wollte vor allem mich nicht anpassen. Habe jede Form von Autorität abgelehnt. Ich war ein Verweigerer, ein Gegner des Establishments. In einem Schweizer Internat kam das damals nicht so gut an. [...] Ich habe es denen allerdings, wie ich zugeben muss, nicht ganz einfach gemacht, war irgendwie geprägt von kommunistischen und anarchistischen Gedanken.« Nicolas Berggruen, der Rebell, der Querdenker und Revolutionär. So präsentiert er sich gern in der Öffentlichkeit. Was auch in keinem Widerspruch zu den Zielen des Eliteinternats steht, das sich gern auf einen Ausspruch des britischen Premierministers Winston Churchill beruft: »Wer mit 20 kein Kommunist ist, hat kein Herz. Wer mit 40 noch Kommunist ist, hat keinen Verstand.« Bei Nicolas Berggruen, der ebenfalls gern Churchills Weisheiten bemüht, vollzog sich diese Entwicklung schneller: Schon mit zwanzig war er kein Kommunist mehr, ebenso wenig Anarchist, sondern er wurde zum Millionär, was zu der Annahme verleitet, dass seine »multiple Intelligenz« auf das Institut Le Rosey zurückzuführen ist, und er deshalb fähig ist, groß zu denken und große Dinge zu erreichen.

Wenn jemand aus dieser Einrichtung fliegt, dann nicht wegen seines anarchistischen Denkens. Das Internat ist stolz auf das »höchstmögliche Maß an Freiheit«. Diese hört nur dann auf, wenn die schulischen Leistungen nachlassen. Der wahre Grund für Nicolas Berggruens vorzeitigen Abgang dürfte, wie er selbst zugibt, an seinen schlechten Sprachkenntnissen gelegen haben. Weder das Französische noch das Englische beherrscht er richtig. In Le Rosey muss man das Abitur bilingual absolvieren: auf Englisch und Französisch.

Zwar wird Le Rosey als Aktiengesellschaft gewinnorientiert geführt, aber ein Abschluss lässt sich deshalb noch lange nicht kaufen. Es zählt allein die Qualität. Und die hat ihren Preis. Das ist auch der Grund, weshalb Le Rosey zu den teuersten Internaten der Welt zählt. Damit aber nicht nur Prinzen und Millionärskinder, sondern auch Kinder aus weniger privilegierten Familien und Ländern die Vorteile von Le Rosey nutzen können, gibt es Sozialprogramme. Das ergibt positiv wirkende Bilder, die nicht nur Werbezwecken dienen sollen, wie die Institutsleitung betont. Was allerdings auffällt, ist, dass das Bankinstitut Credit Suisse auf seiner Homepage mit diesen Bildern wirbt und auf die Homepage des Château Le Rosey mit dem Slogan »Der wichtigste Rohstoff der Schweiz ist die Bildung« verweist. Und damit sich Bildung auch wirklich auszahlt, wird alljährlich von der Credit Suisse der Schreibwettbewerb »Project Firefly« ausgelobt. Gekürt werden Beiträge, welche die Interessen der Banken allgemein vertreten. So kann man beispielsweise nachlesen, dass nicht die Komplexität der Finanzprodukte schuld an der Finanzkrise war, sondern etwas ganz anderes. Was genau, darüber macht sich Nicolas Berggruen nicht nur Gedanken, sondern greift auch tatkräftig mit seinem Think Tank ein. Abgänger wie er sind die Ausnahmen, welche die Regeln von Le Rosey bestätigen. »Vielleicht sind einige Traditionen auch dazu da, gebrochen zu werden«, lässt Direktor Gudin wissen.

Meine Anfrage, ob Nicolas Berggruen überhaupt zu den Anciens Roséens gehört, wird mit dem Verweis auf einen traditionellen Grundsatz beantwortet: »Die Diskretion von Le Rosey verpflichtet und deshalb werden weder Namen von jetzigen Schülern noch früheren Absolventen bekannt gegeben.«

Theoretisch kann sich jeder als Absolvent des Instituts Le Rosey ausgeben. Und selbst wenn es nicht stimmen sollte, kann man sich darauf verlassen, dass die Direktion eine solche

Behauptung nicht dementieren wird. Diese Art von Schweizer Diskretion dient nicht zuletzt dem Selbstschutz. Kein Schatten soll auf das Ansehen des Hauses fallen.

Schließlich gelingt es mir doch noch, den Ausgangspunkt zu Nicolas Berggruens Werdegang vollumfänglich zu verifizieren. Der Verwaltungsdirektor Jacques Bounin antwortet auf meine E-Mail vom 26. März 2013: »Ich bin selbst ein Rosey-Schüler, Nicolas Berggruen war in meiner Klasse. Es war zwischen 1973 und 1976, ich erinnere mich ganz gut an ihn, wir haben aber seitdem keinen Kontakt mehr.«

KAPITEL IV

DER WOMANIZER

»Sein Charisma ist überragend. Er steckt dich an mit seiner Energie und Leidenschaft, reißt dich mit seinem Optimismus mit.«

LIZ MOHN

Besonders gewinnend ist Nicolas Berggruen in einem Umfeld, das ihm vertraut ist. Er liebt es zu diskutieren, will überzeugen, und kommt dann schon einmal ins Plaudern. Im Dunstkreis der Politik fühlt er sich am wohlsten. Beim weiblichen Publikum findet er besonders begeisterte Zuhörer, zu diesen gehört auch Elisabeth »Liz« Mohn, Europas mächtigste Medienfrau und Chefin des Bertelsmann-Konzerns. Auch die Bertelsmann Stiftung betreibt eine Denkfabrik. Seit 2007 wird alljährlich zum Gipfeltreffen »Salzburger Trilog« in die romantische Festspielstadt Mozarts gerufen. Dort treffen Persönlichkeiten aus Politik, Kultur, Wirtschaft und Wissenschaft zusammen und wetteifern um die besten Vorschläge, wie man die Welt verbessern könnte. Das Programm solcher Veranstaltungen ist immer dasselbe, nämlich ein »interkultureller Austausch über Herausforderungen und Perspektiven weltweiter Entwicklungen«, und auch der Personenkreis variiert kaum.

Im August 2011 nimmt Nicolas Berggruen an dieser Runde in Salzburg teil. Er fällt auf, und auch mit Komplimenten an Liz Mohn geizt er nicht: »Der Trilog ist ein gutes Beispiel dafür, Leute zusammenzubringen, die über Weltprobleme sprechen. Das ist heute wichtiger denn je. Es ist der Anfang eines

Prozesses. Erst denken, dann handeln – das ist das Gute an einem solchen Treffen.«

Eine Handvoll dem Hause Bertelsmann verbundene Journalisten werden schließlich Zeugen, wie Liz Mohn über Nicolas Berggruen schwärmt: »Von einem wie ihm kann man noch lernen.« In der Hauspostille der Bertelsmann Stiftung, dem *Change*-Magazin, konnte man im April 2011 nachlesen, welch enormen Eindruck Berggruen bei den Anwesenden hinterlassen hatte: »Er ist wie das schlichte schwarze BlackBerry in seiner Hand: immer auf Empfang. Nicolas Berggruen steht vorm Haupteingang von Schloss Arenberg in Salzburg, wo sich die Teilnehmer des Salzburger Trilogs und weitere Gäste für das Auftakt-Dinner versammeln. Aufmerksam lässt der Unternehmer seine blassblauen Augen über die Eintreffenden wandern, und es dauert nicht lange, bis ihn die ersten mit einem herzlichen ›Nicolas, how are you?‹ begrüßen. Bianca Jagger schwärmt vom diesjährigen Festspielprogramm, doch Berggruen muss passen: Schon am nächsten Tag fliegt er mit seinem Privatjet (Modell Gulfstream IV) weiter zum nächsten Termin. ›I'm missing all the fun‹, beklagt der 50-Jährige.«

Die Autorin, die diese Lobeshymne im Auftrag der Bertelsmann Stiftung geschrieben hat, heißt Anna Butterbrod. Sie ist keine Unbekannte. Im Frühjahr 2010 debütierte sie mit dem Buch *Love, Love, Love*. Darin hat sie 33 wahre Geschichten von der großen Liebe festgehalten. Für Illustrierte wie *Frau im Spiegel* gibt die Liebesexpertin zudem Tipps, »damit es mit der Liebe klappt ...«. Das genügt anscheinend schon, um sich für ein Interview mit Nicolas Berggruen zu qualifizieren.

Aber seine unauffällig lässige Charmeoffensive beeindruckt auch zahlreiche Männer. Er ist immer höflich, frei von jeglicher Koketterie. In ihm steckt kein kraftstrotzendes Alphatier, sondern ein vergeistigter Denker, gesegnet mit einer messianischen Bescheidenheit. Wie ein Schauspieler, der eine Rolle spielt, setzt er einen ernsten Gesichtsausdruck auf und sagt dann etwas wie: »... wir müssen uns mehr anstrengen ...« – ein Satz, an den sich vieles anhängen lässt.

Nicolas Berggruen ist ein Womanizer. Ein Begriff, der sich nicht einfach mit Frauenheld übersetzen lässt; vielmehr deutet er auf die Fähigkeit eines Mannes hin, der einen emotionsweckenden Umgang mit dem weiblichen Geschlecht beherrscht. Einem Mann, der Erfolg in seinem Leben haben will, beschert dieses Talent etwas, worum ihn andere Männer nur beneiden können: Egal, was der Womanizer anstellt, wie er sich verhält, was er macht oder unterlässt, er ist und bleibt bei den Frauen beliebt. Ein Blick, das leichte Heben der Augenbrauen, das sanfte Zucken mit den Mundwinkeln genügen schon und ganze Heerscharen von Frauen geraten ins Schwärmen. Selbst den Psychologen ist dieses Phänomen ein Rätsel. Heinz Berggruen, Nicolas' Vater, konnte es in seinen Memoiren ebenfalls nicht erklären. Er war ein Mann, der die Frauen unwiderstehlich anzog. Seine Liebesaffäre mit der mexikanischen Malerin Frida Kahlo, selbst wenn sie nur erfunden sein sollte, hat seiner Person zudem einen gewissen Casanova-Faktor verliehen.

Die genetische Mitgift des Vaters liegt in Nicolas Berggruens' Augen. Sie haben dieselbe graublaue Farbe wie die seines Vaters. Steht er einem gegenüber, wandelt sich sein ernster Gesichtsausdruck zu einem Lächeln. Ein nervöses Zucken der Augenpartie lässt ihn angestrengt wirken. So richtig lächeln sieht man ihm auf einem Foto nur selten. Dafür ist eine gewisse Ähnlichkeit mit Lothar Matthäus nicht von der Hand zu weisen. Immerzu grinst er, was ihn rätselhaft erscheinen lässt, ein Hauch von Mysterium umgibt ihn. Mit 52 sieht er immer noch so aus, als wäre er erst 28. Ein eiserner Junggeselle, der immer noch zu haben ist. Das macht ihn begehrt, stachelt den weiblichen Jagdinstinkt an. Warum hat es bisher noch keine geschafft, ihn an sich zu binden? Was ist sein Geheimnis?

KAPITEL V

LEHRJAHRE IN LONDON

»Ich habe meinen Vater sehr bewundert. Ich hoffe, ich habe von ihm ein bisschen das Auge geerbt, die Geduld, Neugierde, Flexibilität, seine intellektuelle Rigorosität und die Menschlichkeit.«

NICOLAS BERGGRUEN

»Er kann nicht still sitzen« – das fällt Jeremy Kahn vom *Bloomberg Markets Magazine* als Erstes auf. Der Journalist ist Anfang Oktober 2011 aus New York nach Venedig geflogen. Er hat eine schwierige Aufgabe vor sich, er soll das erste authentische Porträt über den geheimnisvollen Investor Berggruen für die amerikanischen Leser schreiben. Berggruens zunehmende Aktivitäten wecken Interesse an seinem Werdegang. Bisher fehlen zuverlässige Daten. Jeremy Kahn versucht, die biographischen Lücken auszufüllen.

Für das Gespräch hat man sich an einem exklusiven Ort verabredet. Das Hotel *Cipriani* auf der Insel Giudecca, die dem Markusplatz gegenüberliegt. Der Ausblick gilt als atemberaubend. Der märchenhafte Dogenpalast, der schlanke Glockenturm, der Campanile, dieses Panorama liebt auch Nicolas Berggruen. Das *Cipriani* gehört zu seinen Lieblingsstationen.

Nicolas Berggruen ist pünktlich. Er trägt einen Dreitagebart und ein rosafarbenes Hemd, das am Kragen und an den Manschetten leicht ausgefranst ist. Es ist der Schick der alternativen Reichen, kunstvoll handgefertigt in der Londoner Savile Row, wo auch Nicolas Berggruen seine Hemden maßschneidern lässt. Auf die Brusttasche sind seine Initialen in Rot eingestickt.

Die Liegestühle rund um den Pool sind besetzt. Nicolas Berggruen entscheidet sich für einen Tisch neben dem Beckenrand mit Blick auf die halbnackten Schönheiten. Kaum sitzt er auf dem Stuhl, beginnt er auch schon unruhig zu werden. »Mit seinen Fingern dreht er Pirouetten entlang der Tischkante«, wird Jeremy Kahn schreiben. Berggruen beeilt sich, seinen Cappuccino mit Sahnehaube auszutrinken und schlägt vor, den Ort zu wechseln.

Auch was weiter geschieht, ist berichtenswert. Noch bevor er den Löffel hineingesteckt hat, will er den Platz wechseln. Hin zu einem geflochtenen Rattansofa auf der Terrasse. Dort gefällt es ihm gleich besser. »Ein wenig kühler, nicht wahr?« Zum Gespräch kommt es trotzdem noch nicht. Berggruen wird nervös. Die Gruppe am Nebentisch ist ihm zu laut. Er hält Ausschau nach einem neuen Platz. Schließlich zeigt er auf einen abgelegenen Tisch am Ende der Terrasse. Er steht auf, Jeremy Kahn folgt ihm.

Kaum haben sie Platz genommen, macht sich Berggruens BlackBerry bemerkbar. Wortlos steht er auf und verschwindet telefonierend in der Bar. Als er wieder zurückkommt, entdeckt er die Veranda auf der anderen Seite des Gartens. Dort ist es leer. Sie erscheint ihm als der ideale Platz für das Interview, aber nur solange, bis sie dort Platz genommen haben. Der ausgewählte Tisch wackelt, also heißt es: erneut aufstehen. »Immer in Bewegung sucht er Firmen, die er kaufen kann, von Berlin bis Bangalore, von dort aus nach Brisbane«, fasst Jeremy Kahn zusammen.

DER PERFEKTIONIST

Während sie nach einem neuen Platz suchen, gelingt es Jeremy Kahn endlich, das Gespräch einzufädeln. Was macht Berggruen an all den Orten, will er von ihm wissen. Das BlackBerry in Berggruens Hosentasche meldet sich erneut. Er holt es hervor und zieht sich zum Telefonieren in den Cipriani-Garten zurück.

Als er zurückkehrt, legt er hastig los: »Wenn man die Sachen ordnen will und ein Perfektionist ist, was ich ja auch bin, hat man wirklich viel zu tun. Die Energie dafür geht auf Kosten von anderen Dingen.«

Seine Augen bleiben am BlackBerry kleben, mit einer Hand wischt er über das Display und liest sich durch die Nachrichten, während er den anderen Arm vor sich streckt. In dieser Abwehrhaltung verharrt er, als würde er signalisieren wollen, dass man ihm besser nicht zu nahe kommen sollte. Nach jeder Frage denkt er lange nach, bis er in wohlformulierten Sätzen antwortet.

Jeremy Kahn ist gut vorbereitet, er fragt nach den Anfängen. »Sie haben sich schon im Alter von 17 Jahren mit dem Kapitalismus versöhnt und fingen gleich als Praktikant bei Robbie Rayne an, damals Investment Director der Buyout-Gesellschaft London Merchant Securities, heute bekannt als LMS Capital Plc.« Aus dieser Zeit ließ sich sogar ein Statement finden. Robbie Rayne soll über Nicolas Berggruen gesagt haben: »Er war sehr klug und sehr viel ernster als die meisten Menschen in seinem Alter. Und sehr schnell hatte er sich auch in den Private-Equity-Bereich eingearbeitet.«

Das Thema ist brisant. Die britische Tageszeitung *The Telegraph* (vom 21. September 2011) berichtet über die Krise bei LMS Capital. Der Vorstand steht kurz vor dem Rücktritt, die Gesellschaft soll komplett zerschlagen und verkauft werden. Eine schlechte Nachricht für Nicolas Berggruen? Das sei alles längst Geschichte für ihn. Für Außenstehende mag das interessant erscheinen, aber nach alten Episoden aus seiner Praktikantenzeit – etwa, sich an Robbie Rayne, seinen ehemaligen Mentor, nach 33 Jahren zu erinnern –, damit will Nicolas Berggruen sein Gedächtnis partout nicht quälen. Jeremy Khan wechselt das Thema, und das, obwohl die Finanzfamilie Rayne den Grundstein von Berggruens Karriere bildet. Verantwortlich dafür war sein Vater, der im wahrsten Sinne des

Wortes als Wegbereiter von dessen Karriere betrachtet werden kann. Er hat dafür das Credo von Picasso verinnerlicht: »Was ein Künstler ist, ist wichtiger als das, was er macht.« Dieses Prinzip übertrug er nicht nur auf sich selbst, sondern auch auf seine Söhne. London wurde für Nicolas und ihn zum Sprungbrett ihrer Karrieren.

IM ZENTRUM DES IMPERIALISMUS

Auf seine Lehrjahre in London angesprochen, lässt Nicolas Berggruen in Interviews des Öfteren den heimlichen Rebell in ihm sprechen: »Ich habe in London überhaupt erst Englisch gelernt, weil ich zuvor Englisch als den Inbegriff der imperialistischen Sprache verstand und es überhaupt ablehnte, sie zu erlernen.« Geständnisse wie diese sind insofern aufschlussreich, weil sie erklären, warum Nicolas Berggruen das Institut Le Rosey ohne Abschluss verlassen hat. Rebellen werden dort nur dann akzeptiert, wenn sie auch die englische Sprache beherrschen. Dem müsste Berggruen eigentlich beipflichten. Er gibt in Interviews auch unumwunden zu: »Ich war eher ein schlechter Schüler.« Doch wie man weiß, geschadet hat es ihm nicht. In Paris machte er sein Abitur und in England hat er als Trainee in einem Wirtschaftsunternehmen die »andere Seite« des gnadenlosen Kapitlismus kennengelernt.

Und was wollte Nicolas Berggruen werden, nachdem er das Pflichtzeugnis in der Tasche hatte, wollte Jeremy Kahn beim Interview in Venedig wissen. »Schriftsteller!« Diese Antwort bekommen alle Journalisten von ihm zu hören.

Auch seine Lieblingsautoren gibt Nicolas Berggruen gern preis: »Albert Camus und Jean-Paul Sartre.« Journalisten, die ihm mehrfach begegnet sind, glauben, in ihm eine gewisse philosophische Grundhaltung zu erkennen, die auf Sartres berühmter Grunderkenntnis fußt: »Der Mensch ist ein Sein, das nicht das ist, was es ist, und das das ist, was es nicht ist.« Dieser Satz soll wie kein anderer auf ihn zutreffen.

Je nach Phase, in der sich Nicolas Berggruen gerade befindet, erweitert sich der Kreis der von ihm bevorzugten Autoren. Im Frühjahr 2013 zählt er auch Marx, Lenin und Trotzki zu ihnen. Ihre Werke sollen seine neugewonnene Kernaussage stützen: »Ich bin kein luxusvernarrter Kapitalist. [...] Ich will ein sehr produktives Mitglied der Gesellschaft sein.« Es gelingt ihm mitunter, dass mancher Medienvertreter ihm das auch glaubt.

Viel lässt sich über Nicolas Berggruens Londoner Zeit nicht in Erfahrung bringen. Die Vermutung aber, dass es sein Vater gewesen sein muss, der Schluss mit den Marotten seines Sohnes gemacht haben soll, hält sich hartnäckig. Schließlich hat Heinz Berggruen selbst erfahren, was eine strenge Erziehung bedeutet. Es war seine Mutter Antonie, die seinerzeit in Paris auftauchte, seinem Lotterleben ein Ende bereitete und ihn schnurstracks nach Berlin zurückbrachte. Trotz der unseligen Zeiten, die 1933 in Deutschland heraufzogen, sollte Heinz einen handfesten Beruf erlernen. Wenn er schreiben wollte, dann sollte er ein gestandener Journalist werden. In deutscher Sprache, in Berlin. Darauf bestand seine Mutter, der Vater soll toleranter gewesen sein.

WIE DER VATER, SO DER SOHN

Manche Geschichten wiederholen sich, vor allem in der eigenen Familie. Bei Nicolas ist es lediglich der Vater, der für die strenge Hand sorgt, und nicht die Mutter, die als Schauspielerin wahrscheinlich eher den moderat verständnisvollen Erziehungspart innehatte. Auf sie geht wohl auch Nicolas' Leidenschaft fürs Kino zurück, von der er gern mit verklärtem Blick den Journalisten erzählt: »Zur Schule jedenfalls bin ich nicht gern gegangen, lieber ins Kino. Habe die Schule geschwänzt und mir alte Filme angesehen.« Irgendwann hat es dem Vater offensichtlich gereicht, und er hat den Flausen seines Sohnes ein Ende gesetzt.

Mit Hilfe von Picassos Geschäftstüchtigkeit und der Unterstützung des kunstbegeisterten Lord Max Rayne lenkt

Heinz Berggruen die Zukunft seines Sohnes in die richtige Bahn. Eine bessere Ausbildung hätte es für Nicolas Berggruen nicht geben können: Vom Sohn des Finanzpatriarchen, Robbie Rayne, der als hochintelligent beschrieben wird, lernt er all das, was dieser von seinem eigenen Vater gelernt hat. Lord Rayne galt als eine Koryphäe der Londoner Finanzjongleure.

Robbie Rayne ist es schließlich auch, der die schnelle Auffassungsgabe des ihm anvertrauten erst 17-jährigen Praktikanten lobt, wie Jeremy Kahn im Vorfeld seines Interviews herausfindet. Darauf angesprochen, weicht Nicolas Berggruen aus: Er habe auch die »andere Seite« der Finanzwelt kennengelernt, die des gnadenlosen Kapitalismus.

Diesen bekam er Ende der 1970er Jahre in Form des Fitzrovia Projekts zu spüren. Ein ganzer Stadtteil geriet damals ins Visier der Spekulanten. Zum ersten Mal in der Geschichte Londons gingen Anwohner auf die Straße, um gegen die Immobilienhaie zu demonstrieren, welche die angestammten Mieter vertrieben und die einstöckigen Häuser wegreißen ließen, um sie durch profitable Bürotürme zu ersetzen und die restliche historische Bausubstanz durch Luxussanierung aufzuwerten. Dieses Viertel im Londoner Westend ist in etwa mit dem Pariser Montparnasse vergleichbar. Ein Quartier der Bohème, wo einst Schriftsteller wie Virginia Woolf, George Bernard Shaw und Arthur Rimbaud lebten.

Diese altstädtischen Straßenzüge mit stillen Plätzen, verträumten Gassen und erschwinglichen Mietflächen machten die Bagger von einem Tag auf den anderen platt. Es war der Beginn der legendären Stunde Null, an der unter anderen auch Finanzgesellschaften wie London Merchant Securities beteiligt waren. Das, was damals geschah, muss jenes Phänomen gewesen sein, das Nicolas Berggruen als »die andere Seite des gnadenlosen Kapitalismus« bezeichnet und ihn damals, mit 17 Jahren, nachhaltig geprägt haben muss.

KAPITEL VI

STUDIENJAHRE IN NEW YORK

»Das Geheimnis der Kunst liegt darin,
dass man nicht sucht, sondern findet.«
Pablo Picasso

Nicolas Berggruen, der begeisterte Leser von Camus, Sartre, Tolstoi und Marx, wollte wie sein Vater ursprünglich Literaturgeschichte studieren. Aber letztlich entscheidet er sich für einen anderen Weg und schreibt sich 1979 an der wirtschaftsorientierten New York University ein. Diese Eliteschmiede in Manhattan ist dafür berühmt, den Absolventen mit ihrem Zeugnis optimale Karrierechancen zu verschaffen. Als ordentlicher Student im Fach für Finanzen und Handel schließt er den Bachelor of Science in Finance and International Business in knapp zwei Jahren ab. Meine Anfrage, ob er dort wirklich studiert hat und über einen Abschluss verfügt, wird von der Büroleiterin Olivia Gordon bestätigt: *»Nicolas Berggruen graduated in 1981.«*

Seine Kenntnisse über Börse und Märkte sorgen schließlich dafür, dass sich der rebellische Nicolas immer weniger für schöngeistige Bücher interessiert. Stattdessen wächst in ihm bald der Wunsch, sich mit eigenem Kapital unter die jungen Millionäre zu mischen. Nicolas ist gerade 20 Jahre alt geworden und für kühne Träume ist Amerika das gelobte Land, das weiß auch sein Vater. Er ist es schließlich, der seinem Sohn den weiteren Weg ebnet – zielsicher wie immer.

Aber wenn Nicolas Berggruen den Journalisten von dieser Zeit erzählt, wie zum Beispiel Bernd Philipp von der *Berliner Morgenpost* (vom 20. Januar 2008), klingt das etwas anders: »Ich habe bei einem Freund meines Vaters gewohnt, schlief auf einem alten Sofa, überall krabbelten Tiere herum, und es war auch keine schöne Wohnung. Habe dann in einem Basement gewohnt. [...] Als ich 19 war, meinte mein Vater, [...] dass ich jetzt selbst was auf die Beine stellen sollte. Von dem Zeitpunkt an musste ich für mich allein sorgen, und aus heutiger Sicht kann ich sagen, dass das für mich sehr gut war. Habe in Philadelphia und New York gearbeitet. Habe mir Geld von meinem Arbeitgeber in London geliehen, 2000 Dollar. Klingt heute lächerlich, aber ich habe in eine kleine Immobilie in Brooklyn investiert. Dann ging es weiter. Alles noch ganz klein. Dann größer. Dann die Börse. Es ging voran.«

Ein etwas anderes Bild ergaben meine Recherchen. Heinz Berggruens innerer Kompass signalisierte ihm untrüglich, wo in Amerika das große Geld lag: bei den texanischen Öl-Magnaten. Sie zählten zu den Urvätern des amerikanischen Reichtums und der Verschwendung. Sie betreiben ein schmutziges Geschäft, welches sie versuchen, in der Öffentlichkeit mit ihrer Kunstliebhaberei zu überschminken. Sie gründen Galerien, Museen und Kunstparks. Und während sich die Gründergeneration – die Stahlbarone, Bankiers und Eisenbahnkönige – mit Rembrandts, Rubens, Breughels, Steens, Van Dycks und Vermeers eingedeckt hatten, begeisterten sich die Öl-Magnate für die modernen Maler aus Frankreich. Anfang 1980 bricht ein regelrechter Run auf Picasso, Klee, Cézannes, Manet, Monet und Matisse aus. Als Galerist von Picasso ist es ein Leichtes für Heinz Berggruen, Geschäfte mit den texanischen Sammler-Tycoons zu machen.

AUF DIE RICHTIGEN VERBINDUNGEN KOMMT ES AN

Mit John und Dominique de Ménil beginnt alles. Das jüdische Ehepaar hat ein ähnliches Schicksal wie Berggruen: Auch sie sind 1941 vor den Nationalsozialisten aus Frankreich geflüchtet. Als sie sich in Houston niederließen, ging John de Ménil Bankgeschäften nach, das Geld brachte seine Frau Dominique in die Ehe. Sie war die Tochter von Conrad Schlumberger, einem Geophysiker aus dem Elsass, der mit seinen Patenten die erste Firma für Erdölexploration gründete. Sein Unternehmen für technologische Dienstleistungen – von Bohrtürmen über Pipelines bis hin zu Pumpen – avancierte zum Weltmarktführer. Seine Frau setzte sich in den Kopf, in Houston ein Kunstmuseum wie in ihrer alten Heimat Paris zu schaffen. Den ersten Klee für ihre Sammlung kaufte sie bei Heinz Berggruen, in seinem Hotelzimmer im *Carlyle*. Heute zählt die Sammlung Ménil über 15 000 Bilder, Grafiken und Zeichnungen. Das Gebäude dafür, das an eine Lagerhalle erinnert, entwarf der italienische Stararchitekt Renzo Piano.

Die Ménils empfehlen Berggruen weiter und so kommt er zu seinem nächsten Kunden, dem Bankier Raymond D. Nasher aus Dallas. Als Gründer der Comerica Bank-Texas erlangte er einige Bekanntheit. Er selbst nennt sich Städteentwickler und legt Immobilienfonds auf. Ein Heer von Architekten zeichnet für ihn Pläne für Shoppingmalls, Hotels, Bürokomplexe und Stadien. Um Theater und Museen zu bauen, dafür gewährt der Staat in dieser Zeit großzügige Steuernachlässe. Also offeriert Nasher solche Steuersparmodelle auch den Öl-Multis. Was er sonst noch für Pläne auf Dallas' ölhaltigem Heimatboden hegt, wird sich eines Tages zum größten Statuenpark der Welt entwickeln: das Nasher Sculpture Center mit Gärten und Gebäuden auf einer Fläche von etwa zehn Fußballfeldern. Einen Teil davon bringt 2003 der Italiener Renzo Piano unter ein gigantisches Dach. Eine bautechnische Meisterleistung.

In dieser Welt der grenzenlosen Möglichkeiten reift Nicolas Berggruen in New York heran. Er sieht, wie Nasher das größte Shoppingcenter Amerikas nördlich von Dallas aus dem Boden stampft und mit dem Dallas/Fort Worth International Airport einen Megaflughafen baut, der flächenmäßig den von Manhattan überragt. Anhand solcher Beispiele lernt er, groß zu denken. Außerdem erfährt er, woher das Geld für solche Megaprojekte kommt: von den Anlegern, die gierig nach Profit sind. Man muss nur den richtigen Köder auslegen. Das wusste auch schon sein Vater: 1983 machte er mit Patsy Nasher, der kunstbegeisterten Ehefrau des Großbankiers, seinen ersten Millionendeal. An sie, die für das Museum ihres Mannes die Kunstsammlung besorgte, verkaufte Heinz Berggruen für eine satte Million Dollar die große sitzende Nackte, *Grand nu assis*, von Henri Matisse. Die Bronzefigur, die gerade mal 77,5 × 80 × 34 Zentimeter groß ist, konnte Heinz Berggruen relativ problemlos in seinem Koffer von Paris nach New York schmuggeln, schlussfolgert seine Biographin Vivien Stein aufgrund ihrer Recherchen.

Da er zu diesem Zeitpunkt kein US-Bürger mehr war, reiste Heinz Berggruen jedes Mal mit einem Touristenvisum in die USA, das für drei Monate gültig war. Seine Suite im *Carlyle* verwandelt sich mehr und mehr zu einer Kunsthandlung. Wie er in seinen Erinnerungen schreibt, musste er dort bald auch keine Koffer mehr packen, wenn er abreiste: »1982 nahmen wir eine Wohnung in New York, wo wir bis 1988 jedes Jahr mehrere Monate verbrachten. Unsere Wohnung lag im Upper East Side, in der 23. Etage des *Carlyle*, mit Blick über den Central Park und die West Side von Manhattan; bei klarem Wetter konnte man bis zum Hudson River schauen.«

Diesen Ausblick weiß auch Nicolas Berggruen zu genießen. Gern lässt er sich vor der Fensterfront fotografieren. Bemerkenswert in diesem Zusammenhang ist, auf welchen – auch emotionalen – Bausteinen sein Imperium steht, nämlich auf dem geistigen Erbe seines Vaters. Was sich einst bei Heinz Berggruen bewährte, nutzt heute auch seinem Sohn. So erklärt sich auch die Treue zu einem Traditionshotel wie dem *Carlyle*, das ihm als glücksbringenden Ort seines Vaters gilt. Verhaltensweisen wie diese hängen mit der jüdischen Kabbala zusammen, aus gemeinsamen Gefühlswelten wird positive Kraft geschöpft. Für Nicolas Berggruen scheint sein Vater allgegenwärtig zu sein. Das gleiche Phänomen erwähnt auch seine Halbschwester Helen: »Es ist, als wäre mein Vater ständig da.«

KAPITEL VII

DER DOMINGO-CLAN

»Der größte Faktor in unserem Leben ist die Kultur, wo wir geboren werden, wie unsere Umwelt aussieht.«

NICOLAS BERGGRUEN

»Nicolas Berggruen muss ein Workaholic sein, so würde man meinen, hat nicht mal Zeit, auf die Toilette zu gehen«, schreibt Journalist Devin Leonard vom Wirtschaftsmagazin *Bloomberg Businessweek*. Umso überraschter ist Leonard, dass sich Nicolas Berggruen für ihr Interview im September 2012 in Los Angeles sehr viel Zeit nimmt. Sie treffen sich im Restaurant *Belvedere*, das für seine delikate Gourmetküche berühmt ist. »So einen gegrillten Fisch hätte er schon lange nicht genossen«, schwärmt Berggruen. Berggruen hat Zeit mitgebracht, bis zum Abend habe er nichts vor, erklärt er. »Und wie steht es heute Abend mit einer Party?«, will Leonard wissen. Aber »Berggruen schüttelt den Kopf. Nein, keine Einladung heute. Er gehe nicht mehr häufig abends aus. Er sei beschäftigt. Und während er das sagt, checkt er sein iPhone. ›Oh, da kommt gerade eine Einladung zu einer Party heute Abend‹, rutscht es ihm heraus. Ein peinlicher Moment für jemanden, der ernst genommen werden möchte. Schließlich fügt er hinzu: ›Nun, ich werde zu dieser Party nicht hingehen. Ich kann nicht!‹«

Devin Leonard will es mit Berggruens Partyleben genauer wissen und trifft sich mit Jonathan Bren, der mit Berggruen das Schweizer Internat Le Rosey besuchte und wie er an der

New York University studiert hat. Bren erzählt: »Nach dem Studium verbrachte Nicolas fast zwei Jahre bei den Bass Brüdern, arbeitete für sie in ihrer Investmentfirma in Philadelphia. Sobald er konnte, kehrte er nach New York zurück. Er war jede Nacht unterwegs. Viele Leute dachten, er wäre ein reicher Partylöwe aus Europa.«

DER IDEALE GESCHÄFTSPARTNER

Bei diesen Streifzügen war er nicht allein unterwegs. Mit ihm zog der Sohn von einem der reichsten Männer der Welt um die Häuser: Julio Santo Domingo Jr. aus Kolumbien. Domingo hatte Philosophie und französische Literatur an der Universität in Philadelphia studiert. Dort lernte er den fließend Französisch sprechenden Nicolas Berggruen kennen, der nach seinem Studium an der New York University ein Praktikum in der Stadt am Delaware River machte und bei der Investmentfirma der texanischen Öl-Multis Bass-Brüder eine Ausbildung zum Immobilienkaufmann anfing. Der Kontakt geht vermutlich wieder auf seinen Vater zurück: Die Gebrüder Bass waren nämlich ebenfalls Kunstsammler und förderten das Dallas Museum of Art. Begegnet sind sich der Milliardärssohn Domingo und Nicolas Berggruen in einem der zahlreichen Nachtclubs in Philadelphia. Sie freundeten sich miteinander an, was sicherlich auch daran gelegen haben mag, dass beide Französisch sprachen. Der Rest muss wohl eine Mischung aus Sympathie und gemeinsamer Begeisterung für Literatur, Philosophie und Musik gewesen sein. Und offenbar hatte der Playboy Domingo auch die Spendierhosen an, was Nicolas Berggruen gefreut haben dürfte. Neben dem Dolce Vita stellten sie aber auch etwas auf die Beine, was den Grundstein für Berggruens späteres Imperium bilden sollte: eine gemeinsame Investmentfirma. Ihr Erfolg war von Anfang an enorm und versetzte die Finanzwelt in Erstaunen. Zuletzt war Julio Domingo Jr. an mehr als hundert Firmen beteiligt, besaß die kolumbianische Fluglinie Avianca Airlines und kontrollierte den Fernsehsender Caracol Television. Als Verleger gehörte ihm in Bogota die Tageszeitung *El Espectador* und das Magazin *Cromos*. Zusammen mit Berggruen besaß er die Aktienmehrheit beim spanischen Medienkonzern Prisa.

Im Sommer 2009 starb Domingo Jr. unerwartet im Alter von 52 Jahren an Krebs. Neben einigen Milliarden hinterließ er noch eine Sammlung von Rockplatten. Die größte, die jemals ein privater Musikfan auf der Welt zusammengetragen hat.

EIN PLAYBOY DER ERSTEN STUNDE

Was Picasso für Berggruens Vater bedeutete, brachte für Nicolas die Freundschaft mit Domingo Jr.: den Schlüssel zu Millionen. Die Domingos gelten in Lateinamerika als eine Mischung aus den Rockefellers, Kennedys und Medicis. Ihr Stammbaum gleicht jenem der ruhmreichen Adelshäuser in Europa. Ihre Wurzeln befinden sich in Kolumbien. Mit zwei kolumbianischen Staatspräsidenten als Ahnherren fängt die Dynastie an. In der nachfolgenden Generation heiratete der Großvater, Julio Mario Santo Domingo I., in eine reiche Familie aus Colón ein. Diese besaß ein Aktienpaket des Panamakanals, seit 1914 die wichtigste Wasserstraße der Welt. Den nächsten Zweig bildet der Sohn Julio Mario Santo Domingo II., der 1923 in Panama City geboren wurde. Mit dem Geld seiner Eltern wurde er bereits mit 20 Jahren zum mehrfachen Millionär. Kofferweise kaufte er Aktien – von Edelsteinen über Eisenbahnen und Brauereien bis zu Schifffahrtsgesellschaften und Zeitungsverlagen. Auch als der erste Radiosender in Kolumbien den Sendebetrieb aufnahm, schlug Domingo II. zu. Darüber hinaus war er der Erfinder jenes Lebensstils, dem später Porfirio Rubirosa, Francisco »Baby« Pignatari, Gunter Sachs frönten. Somit kann Domingo als der erste Playboy seiner Zeit betrachtet werden.

In die Schlagzeilen geriet er durch seine Affäre mit Edyala Braga Brandão do Monte, Urenkelin der legendären Gummibarone in Manaus und Tochter des brasilianischen Magnaten Eduardo Braga. Als Gouverneur des brasilianischen Bundesstaates Amazonas verfügte Don Braga über enormen Einfluss und führte nebenbei Dutzende von Firmen – ihm gehörte mindestens ein Drittel der gesamten brasilianischen Zuckerrohrindustrie samt Plantagen.

ADEL VERPFLICHTET

Als seine Tochter Edyala den schneidigen Springreiter Benjamin Vargas heiratete, ahnte noch niemand, wo dieser überall seine Hände mit im Spiel hatte. Es handelte sich um einen riesigen Korruptionssumpf, bei dem Vargas hinter dem Rücken seines Bruders, dem brasilianischen Präsidenten Getúlio Vargas, die Fäden zog. Bis in die höchsten Regierungskreise waren Abgeordnete, Minister, Generäle, Staatsanwälte und oberste Richter geschmiert worden. Der Oppositionspolitiker Carlos Lacerda kämpfte gegen diesen Missstand an. Als er drohte, die Beweise dem Parlament vorzulegen, befahl der angeblich ahnungslose Präsident, der bisher als ein Volksheld gefeiert wurde, den »Verräter« Lacerda zu beseitigen. Allerdings vermasselte der Auftragskiller den Job. In der Dunkelheit erschoss er irrtümlich den falschen Mann: den nächtlichen Begleiter des Abgeordneten Lacerda, einen Major der brasilianischen Luftwaffe. Daraufhin drohten die Offiziere, die das Attentat aufgeschreckt hatte, mit einem Militärputsch. Um ein politisches Chaos im Land zu verhindern, erschoss sich Präsident Vargas am frühen Morgen des 24. August 1954 mit seiner Pistole. Die tödliche Kugel traf mitten ins Herz. Sein Bruder, Benjamin Vargas, tauchte in Brasiliens Wildnis unter. Seine Frau Edyala Braga floh nach Paris. Sich zu verstecken, fiel der temperamentvollen Brasilianerin allerdings schwer. Sie wollte etwas erleben und stürzte sich ins Pariser Nachtleben. Auf einer der vielen Partys lief sie dem Playboy Domingo II. in die Arme. Eine leidenschaftliche Liebesaffäre begann. Edyala und Julio liebten, schlugen und versöhnten sich stürmisch, mitunter öffentlich auf der Straße – zur großen Freude der Paparazzi. Die Untersuchungen der Korruption mitsamt den Ermittlungen zum Selbstmord des Präsidenten verliefen derweil im Sande. Zu viel Obrigkeit war in den Skandal verwickelt. Edyalas gehörnter Mann reichte die Scheidung ein, sie war nun wieder frei. In die Schlagzeilen geriet sie nochmals mit ihrer Hochzeit in New York. In einem offenen schneeweißen Cadillac-Cabrio fuhren sie zu der Kirche an der Fifth Avenue. Der Erbe Domingo II. ließ von einem Heißluftballon tausende weiße Rosen vom Himmel regnen. 1958 kam der gemeinsame Sohn zur Welt: Julio Mario Santo Domingo Jr. Auf ihn wartete eine große Zukunft: Das sagenhafte Vermögen der Domingos machte ihn schon bei der Geburt zu einem der 500 reichsten Männer der Welt.

Das jüngste Kapitel der Domingos wird sich vermutlich ohne Nicolas Berggruen weiterschreiben. Tatiana Santo Domingo, die Tochter seines verstorbenen Geschäftspartners, strebt nach mehr als nur Reichtum. Sie ist mit Andrea Casiraghi, dem Sohn von Prinzessin Caroline von Monaco, liiert, und schenkte ihm einen Sohn. Sollte Charlène ihrem Ehemann, Fürst Albert II., keinen Erben gebären, könnte ein Domingo die Thronfolge der Grimaldis bis in die dritte Generation sichern. Nicolas Berggruen dürfte Monaco kaum interessieren. Die monegassische Fürstenfamilie mit einem geschätzten Vermögen von über zwei Milliarden Euro (Adel wird auf der *Forbes*-Reichenliste nicht geführt) ist als eifriger Spendensammler bekannt. Für diese Art von Charity verbunden mit rauschenden Society-Bällen ist Nicolas Berggruen jedoch nicht zu haben. Sein »Fürstentum« ist das Museum seines Vaters in Berlin.

KAPITEL VIII

DAS *CARLYLE* – GRUNDSTEIN DER BERGGRUEN-LEGENDE

»Ich bin mehr Idealist als Schlitzohr.
Hauptsache, ich bin effektiv.«

NICOLAS BERGGRUEN

»Haben Sie ihn schon getroffen?«, schreibt mir Devin Leonard auf meine Frage, was Nicolas Berggruen von anderen Investoren unterscheidet. »Er ist großartig! Es macht richtig Spaß mit ihm zu reden. Seine charmante Exzentrizität ist faszinierend, und er ist ganz aufrichtig«. Der New Yorker Wirtschaftsjournalist veröffentlichte in der *Bloomberg Businessweek* (vom 3. Oktober 2012) ein Porträt über Nicolas Berggruen und dessen Aktivitäten. Das Gespräch fand im New Yorker *Carlyle* statt. Das Hotel liegt an der 35 East 76th Street, Ecke Madison Avenue und gehört seit 2000 zu Berggruens Stammhotels. Könnten Wände reden, hätte Devin Leonard sicherlich Stoff für einen ganzen Roman. In diesem Hotel wurde, wie die Biographin Vivien Stein behauptet, einst Nicolas' Vater verhaftet. Ihm wurde vorgeworfen, Steuern hinterzogen zu haben. Diese Geschichte erzählte, so berichtet Stein, später jener Mann, der Berggruen vor dem Gefängnis bewahrt haben soll: John Kallmann, sein Steueranwalt aus New York. Dank seines Verhandlungsgeschicks blieb Heinz Berggruen auf freiem Fuß.

Das *Carlyle* zählt heute zu den denkmalgeschützten Markenzeichen New Yorks. Im Schatten der herannahenden Weltwirtschaftskrise wurde es zwischen 1929 und 1931 erbaut. Der jüdische Investor Moses Ginsberg, der seine Millionen vorher mit den Filmstudios in Hollywood gemacht hatte, wollte mit dem *Carlyle* den Filmstars einen Ort des Glamours in New York bieten. Doch bereits nach dem Richtfest ging Ginsberg das Geld aus, weshalb er 1932 sein Prestigeobjekt verkaufen musste, das er nach dem schottischen Dichter und Historiker Thomas Carlyle (1795–1881) benannt hatte. Die Lyleson Corporation als neuer Besitzer rettete das kostspielige Hotel während der Depression vor der Schließung, indem sie die Zimmer für einen Spottpreis anbot. Zunehmend geriet das *Carlyle* als Billigherberge in Verruf. Aber unter den Juden galt es weiterhin als Geheimtipp. Es hieß im Jiddischen auch: »Brauchste jemanden in New York fürs Geschäfte, gehste ins *Carlyle*.«

Für die ursprünglich für eine noble Klientel geplanten Appartements fanden sich keine Käufer. Dennoch wurde weitergebaut. Wer noch Geld hatte, war gut beraten, in Immobilien zu investieren. So entstand Anfang der 1930er Jahre eine Reihe von markanten Charakterbauten in New York wie der Wolkenkratzer mit dem strahlenden Bogenturm aus rostfreiem Stahl für Chrysler oder das Empire State Building, das bis 1972 das höchste Gebäude der Welt war.

Lange standen diese architektonischen Juwelen leer. Flächendeckend vermietet wurden sie erst zwanzig Jahre später in den 1950er Jahren. Dann aber brachten die Mieten richtig hohe Rendite ein. Heute bewegt sich der Marktwert dieser Art-déco-Bauten in astronomischen Regionen. Superreiche Amerikaner, Araber, Inder, Russen, Chinesen und seit jüngstem auch Israelis erwerben diese architektonischen Kunstwerke als Kapitalanlage. Nicolas Berggruen wohnt somit in einem verdinglichten Beispiel für langfristige Investitionen, was sicherlich auch sein Strategiedenken inspiriert hat und dazu führte, dass er sich vorrangig mit dem Immobilienmarkt beschäftigte. Diese Strategie setzte er ab 2005 in Berlin um, als Sammler von »Gebäuden mit Charakter«.

Eine Nacht im Doppelzimmer ist im *Carlyle* ab 700 Dollar zu haben. Die »Empire Suiten« mit drei Schlafzimmern und zwei separaten Bädern kosten 15.000 Dollar, vorausgesetzt es ist überhaupt noch eine frei. Die meisten sind von *»longtime residents«* belegt. Zu den Dauermietern gehört auch Nicolas Berggruen. Ob er seine Suite gekauft hat, ist allerdings nicht bekannt. Diskretion ist das oberste Gebot des Hauses. Ab 3,4 Millionen Dollar aufwärts staffeln sich die Kaufpreise für die insgesamt 60 »Deluxe Tower Suiten«. Derzeit sind alle ausverkauft. Die letzte Suite mit knapp 120 Quadratmeter Wohnfläche ergatterte Brad Grey für 15,5 Millionen Dollar. Dieser Kauf ist kein Geheimnis. Grey ist ein erfolgreicher Film- und Fernsehproduzent, Vorstand bei Paramount Pictures. Auf sein Konto gehen Erfolgsserien wie »The Sopranos«. Er produziert Blockbuster mit Brad Pitt, Johnny Depp, Leonardo DiCaprio, Matt Damon und Jack Nicholson. Das *Carlyle* als Adresse anzugeben, gehört für Grey zur guten Publicity.

Die Bar des *Carlyle*, die nach Ludwig Bemelmans benannt ist, der einst die eindrucksvolle Wandbemalung schuf, zählt zu den zehn berühmtesten Bars der Welt. In diesem Ambiente steckten seit Mitte der 1980er Jahre vier New Yorker Finanziers regelmäßig ihre Köpfe zusammen. Für die Diskretion bürgt die Tradition des Hauses. Hierher flüchtete schon US-Präsident Harry Truman (1945–1953) vor den aufgebrachten Journalisten, nachdem er im August 1945 den Einsatz von Atombomben auf die Zivilbevölkerung in Hiroshima und Nagasaki befohlen hatte.

William E. Conway Jr., Daniel A. D'Aniello, Stephen L. Norris und David M. Rubenstein trafen sich hier, um sich zu beraten. Die sogenannten »Reaganomics«, so lautete das Kennwort für Ronald Reagans Wirtschafts- und Finanzpolitik, zeigten Folgen. Während Reagans Regierungszeit wurde die Einkommensteuer von 70 auf 33 Prozent gesenkt. Auch die sogenannte Veräußerungssteuer reduzierte sich. Je größer der Gewinn war, desto weniger Steuern mussten gezahlt werden. Damit sollte die Wirtschaft die Möglichkeit erhalten, neues Investitionskapital zu beschaffen. Während sich auf der einen Seite ein riesiges Privatvermögen anhäufte, stieg auf der anderen Seite die Staatsverschuldung dramatisch an.

DIE MUTTER ALLER PRIVATE-EQUITY-GESELLSCHAFTEN

Die vier Bankiers gründeten eine Fondsgesellschaft für das Private Equity Management. Sie benannten sie nach ihrem Stammtischort: The Carlyle Group. Im Prinzip ging es darum, die Profite aus Reagans Steuerpolitik, welche die Reichen begünstigte, ins Trockene zu bringen. Der Barkeeper, der damals den Gründern dieser Banking-Boutique ihre Whiskey Sours und Dry Martinis servierte, steht immer noch hinter der massiven Mahagoni-Theke. Tommy Rowles, der mit 17 Jahren aus Dublin nach New York kam, fing hier 1958 an. Nach 54 Jahren ist der stämmige Ire die lebende Chronik des Hauses. Er kann sich auch an Heinz Berggruen erinnern und seine spontane Art, sich einfach zu wildfremden Leuten hinzusetzen und mit ihnen zu sprechen. »Er interessierte sich für alles, wusste, was läuft, wer angekommen ist, war ungeheuer charmant, ein heller Kopf, er trank nur Kaffee.«

Mit anderen Worten: Heinz Berggruen war »kontaktsüchtig«. Sogar den Hotelportier hat er einmal auf sein Zimmer eingeladen, »um ihm etwas zu zeigen, was er noch nie in seinem Leben gesehen hat.« Berggruens Biographin Vivien Stein schildert er weiter: »Es war wie in einer Galerie.« Heinz Berggruen konnte gut reden. Vermutlich auch mit den Bankiers der Carlyle Group. Das Thema Geld musste ihn interessieren, immerhin war er bereits mehrfacher Millionär. Sein Sohn Nicolas war gerade dabei, sich als Investmentbroker zu beweisen, außerdem verwaltete er seit 1984 einen Teil des Familienvermögens. Berggruen senior spitzte die Ohren, um das Geheimnis des unerschöpflichen Reichtums zu erfahren. In der *Bemelmans Bar* war davon oft die Rede.

Insofern überrascht es auch nicht, dass kurz nach der Gründung der Carlyle Group eine weitere Investmentgesellschaft formiert wurde. Gründer und Präsident der 1988 gegründeten Alpha Group ist ein bis dato völlig unbekannter Newcomer: Nicolas Berggruen.

In die Carlyle Group stiegen die Familie Bush, das saudische Königshaus sowie die Familie Bin Laden mit ihrem Kapital ein. Was aus dem Finanzzirkel innerhalb von 20 Jahren wurde, gehört ins Lehrbuch des Kapitalismus als Paradebeispiel für wundersames Geldvermehren. Seit der Gründung wurde in über tausend Transaktionen investiert. Mit fünf Millionen Dollar gestartet, erreichte das zu verwaltende Vermögen in 20 Jahren knapp 176 Milliarden Dollar. Das ergibt eine Wachstumsquote von unvorstellbaren dreieinhalbtausend Prozent!

Heute zählt die Carlyle Group mit 1500 Großanlegern aus 75 Ländern zu einer der größten privaten Investoren weltweit. In Deutschland beim Bundesverband Deutscher Kapitalbeteiligungsgesellschaften (BVK) registriert, hat sich die Carlyle Group seit 2009 nach eigenen Angaben auch den BVK-Richtlinien der Transparenz verpflichtet. Die Investments in die Waffenindustrie, die sich nach diversen Enthüllungen negativ auf das Image der Private-Equity-Gesellschaft auswirkten, wurden offiziell ab 2005 eingeschränkt.

Drei der damaligen Gründer sind immer noch dabei. Der Co-Gründer und Präsident David M. Rubenstein rangiert auf der *Forbes*-Liste der reichsten Amerikaner mit rund drei Milliarden Dollar Privatvermögen auf Platz 138. Nach der Finanzkrise 2007 prophezeite er: »Sobald die Bücher der Banken bereinigt, die Schulden verkauft sind, wird mit den neuen Krediten für die Private-Equity-Branche gewissermaßen das Platinzeitalter anbrechen – besser als jemals zuvor [...] Ich glaube, die Private-Equity-Branche wird sogar noch stärker anwachsen.«

Mit dieser Prognose meldete sich David M. Rubenstein auch beim Weltwirtschaftsforum 2009 in Davos zu Wort, bei dem Nicolas Berggruen ebenfalls als Referent eingeladen war. Benchmarking nennt man das im Fachjargon, was so viel bedeutet wie: im Leistungsvergleich nachahmen, das Erfolgsprinzip übernehmen. Es ist eines der Grundmerkmale dieser Branche, die ihren Optimismus scheinbar nie verliert.

Der rosigen Zukunft steht allerdings die ziemlich dunkle Vergangenheit der Carlyle Group gegenüber, die noch nicht bereinigt ist. Für ihre Geschäfte hat sich zeitweilig sogar die CIA interessiert. Auf den Plan riefen die Ermittler 2003 die undurchsichtigen Geschäfte während des Irak-Krieges. Die Carlyle Group soll die militärische Invasion von Präsident George W. Bush mitfinanziert haben, mit dem Ziel, nach dem Sturz von Saddam Hussein Gewinne aus dem irakischen Ölgeschäft erzielen zu können. Holländische, französische und selbst amerikanische Fernsehteams gingen dem Finanzkomplott des Jahrhunderts investigativ nach. Doch in diesem weitverzweigten Labyrinth kennt sich offensichtlich außer den drei Gründern niemand aus – nicht einmal die Bushs scheinen zu wissen, welche Interessen hinter der Carlyle Group stehen, so undurchsichtig waren die Geschäfte.

Für eine direkte Anklage reichte das Belastungsmaterial bislang nicht aus. Die amerikanischen Regierungskreise schienen an einer Aufklärung nie wirklich interessiert zu sein. Kaum tauchten Beweise auf, wurde, wie mehrfach nicht nur die amerikanische Presse berichtet hat, die Justiz ausgeschaltet. Das war der Nährboden für Verschwörungstheorien. Der Filmemacher Michael Moore beleuchtete die Verbindungen zwischen dieser Investmentgesellschaft und den Familien von George W. Busch sowie Osama bin Laden in seinem Film *Fahrenheit 9/11*. Inzwischen ist die Carlyle Group um eine imageverbessernde PR bemüht. Mit Windrädern, Sonnenkollektoren und quellfrischen Flüssen und Wissenschaftlern in weißen Kitteln werben Hochglanzprospekte und Webseiten für ein angeblich soziales und umweltbewusstes Investment.

Auch Nicolas Berggruen wirbt auf diese Weise für seine Produkte. Nach diesem »nachhaltigen Muster« werden die Millionendeals gestrickt und Steuersubventionen eingesackt. Sie dienen als Köder. Das Zauberwort heißt: Steuern sparen. Es öffnet bei Anlegern alle Türen.

Den Geschäften ist es kaum abträglich, wenn die allesamt ähnlich anmutenden Investitionsportale miteinander verwechselt werden. Oft fließt das Kapital von einer Gesellschaft zur anderen, ohne dass der Anleger etwas davon weiß. Verwechselt ein potentieller Anleger Berggruens Hotelwohnsitz mit der Investmentfirma gleichen Namens, ist es nur zu Berggruens Vorteil. Außerdem, so wird kolportiert, zählt David M. Rubenstein als Präsident der Carlyle Group zu den Lehrmeistern von Nicolas Berggruen, gleichzeitig wird er von Insidern als sein heimlicher Rivale eingeschätzt.

DAS DUELL RUBENSTEIN-BERGGRUEN

Wenn man die Aktivitäten und Strukturen vergleicht, erhärtet sich der Verdacht, es könne sich um einen heimlichen Konkurrenzkampf zweier Investoren handeln. Berggruen als David neben Rubenstein als Goliath. Man bekämpft sich nicht, aber es fällt auf, wie sich die Strategieschritte ähneln. Beide Rivalen nutzen den Namen *Carlyle*, um sich prestigestark zu präsentieren. Während Nicolas Berggruen Journalisten in seiner Suite mit Fiji Water empfängt, lädt der elf Jahre ältere David M. Rubenstein, wie beispielsweise die Journalistin Henny Sender von der *Financial Times*, ins *Carlyle Restaurant*. Bei Hummersuppe, Lachstatar und geräucherter Forelle für 140 Dollar spricht Rubenstein über seine Pläne, den Großteil seines Vermögens zu verschenken. Wie Berggruen gehört er auch zu den Mitunterzeichnern der Kampagne »Giving Pledge«. Am Ende seiner dreiseitigen Erklärung im Internet ermutigt er seine milliardenschweren Mitstreiter, das Versprechen, alles, was sie besitzen, zu verschenken, auch einzulösen: »Sie werden nie bereuen, es getan zu haben!«

Die heimliche Rivalität der beiden setzt sich auch im Rennen bei der Karstadt-Insolvenz fort. Rubenstein war schlauer und schneller als Berggruen und schnappte sich die lukrative Dachgesellschaft Primondo, unter der die Arcandor AG 2007 ihre Versandgeschäfte gebündelt hatte: Quelle, Hess, Natur, Bogner, Baby-Walz, Teleshopping und HSE 24. Für Primondo waren in 28 Ländern rund 20000 Mitarbeiter tätig, fast so viele wie für die Karstadt-Warenhäuser insgesamt, ähnlich groß war auch das Umsatzvolumen von 3,4 Milliarden Euro im Jahr.

Allerdings hatte Primondo zu diesem Zeitpunkt weltweit nur noch drei Konkurrenten: Amazon, die Otto Group sowie die RedCats Group (PPR). Insofern stellte Primondo das Filetstück der Arcandor Firmengruppe dar. Im November 2010 griff die Carlyle Group zu, behielt die sechs lukrativen Versandhändler und veräußerte den Rest, für den sich aber schnell weitere Käufer fanden. Baby-Walz beispielsweise hat sich für die Carlyle Group zu einem Erfolgsobjekt entwickelt: Mit über 300 Millionen Umsatz ist das Unternehmen inzwischen die Nr. 1 auf dem deutschen Babyfachmarkt.

Der Einstieg der Carlyle Group bei der Karstadt-Sanierung erfolgte ohne Medienrummel, was sich letztlich als Vorteil erwiesen hat. David M. Rubenstein blieb ein Beiname wie »Primondo-Retter« erspart. Tatsächlich weiß in Deutschland kaum jemand, wer David M. Rubenstein ist und welchen Einfluss er schon unter der Regierung von Jimmy Carter auf die US-Wirtschaft hatte. Rubenstein galt schon mit knapp 30 Jahren als Wunderknabe der amerikanischen Finanzwelt und zählt vermutlich noch heute zu den mächtigsten Bankiers Amerikas. Nach seiner Pfeife tanzt, wie es unter Insidern heißt, manchmal sogar Goldman Sachs. Die Bank, die die Welt lenkt.

Was das private Wettrennen zwischen Rubenstein und Berggruen betrifft, gibt es bislang nur Zwischenergebnisse. Rubenstein stieg bei McDonald's ein, Berggruen beteiligte sich an Burger King. Rubenstein verfügt über den Autoverleiher Hertz, Berggruen ist gerade dabei, seinen Car Club in Indien aufzubauen. In der Reputation und Bilanz liegt die Carlyle Group uneinholbar vorn. Aus den Investments sind weltweit 600000 Arbeitsplätze geschaffen worden, in 34 Firmenbüros in 21 Ländern sitzen 1400 Finanzberater, der Chef des Investmentresorts Bill Conway wurde 2012 von *Forbes* zum »Dealmaker of the Year« gekürt. Es werden auch jährliche Bilanzen mit konkreten Zahlen veröffentlicht.

Von Nicolas Berggruen Holdings gibt es bislang keine Finanzberichte. Auch die Anzahl der geschaffenen Arbeitsplätze durch seine Investitionen ist nicht bekannt. Außer ihm als Präsidenten setzt sich das Team seiner Gesellschaft aus nur elf Managing Directors zusammen, die bei Medienanfragen über Objekte, Projekte, Renditen keine Auskünfte geben. Die Webseite von Berggruen Holdings führt in eine virtuelle Phantasiewelt, den Unterschied zu einer handfesten Firmendarstellung merkt man, wenn man sie mit der Carlyle Group vergleicht. Im Gegensatz zu Berggruen sind bei Carlyle alle Portfolios transparent mit Fakten belegt und zudem noch als PDF-Dateien abrufbar.

VORBILD FÜR BERGGRUENS DENKFABRIK

Berggruen und Rubenstein stehen im Kampf um Einfluss auf die Weltpolitik an verschiedenen Fronten. Im Mittelpunkt stehen ihre jeweiligen Denkfabriken, die im Grunde genommen altertümliche, autoritär geführte und quasifeudale Gebilde sind. Die antiken Philosophen Sokrates, Cicero und Seneca legten dafür die Grundlagen. Heute geht es allerdings in erster Linie um die Frage, wie man mit Geld die Welt beherrschen kann. Die Richtung bestimmt dabei stets derjenige, der über das meiste Geld und daher auch die besten Beziehungen zu den jeweiligen Regierungen verfügt.

Auch der Milliardär David M. Rubenstein ist als Aufsichtsratsmitglied des Council on Foreign Relations (CFR) darum bemüht, seinen Einfluss immer weiter zu vergrößern. Das CFR ist die zweitälteste Denkfabrik Amerikas, ein Pionierwerk, das 1921 von zwei deutsch-jüdischen Bankiers, Otto Hermann Kahn und Paul Warburg, in New York gegründet wurde. Darin bestrebt, Amerikas Sieg im Ersten Weltkrieg wirtschaftlich zu nutzen und Amerika als führende Weltmacht zu etablieren, schloss sich der Milliardär und damalige Besitzer der Astral Oil Company Harold Irving Prat der überzeugenden Think-Tank-Idee von Kahn und Warburg an. Nach der Fusion mit John D. Rockefeller's Standard Oil gehörte er zu einem der mächtigsten Ölmagnaten der Welt.

Die CFR-Denkfabrik vertritt mit ihren überwiegend milliardenschweren Mitgliedern die Auffassung, dass »in einer funktionierenden Demokratie [...] die Masse der Menschen (›die Herde‹) lediglich die Befugnis habe, die Spezialisten zu wählen und den Rest der Zeit mit ›Grasen‹ zu verbringen«. So formulierte es der CFR-Chefideologe, der deutsch-jüdische Journalist Walter Lippmann. Als Pulitzer-Preisträger war er der Ghostwriter von Präsident Woodrow Wilson. Er hat für ihn das 14-Punkte-Programm ausformuliert, mit dem Amerika Europas zerrüttete Staatsverhältnisse nach dem Ersten Weltkrieg neu ordnete. Lippmann erwies sich als ein tüchtiger Fürsprecher der Elite. Welcher Lebensstil dieser zusteht, demonstrierte das *Oheka Castle* mit seinen 125 Zimmern. Die Privatresidenz des Bankiers Otto Hermann Kahn diente schon als Originalkulisse für Orson Welles Filmklassiker *Citizen Kane*.

Nicht ganz so aufwendig, aber doch feudal genug residiert das heutige Aufsichtsratsmitglied David M. Rubenstein. In Colorado verfügt er über einen Landsitz, den zweiten hat er sich im Naturschutzreservat von Nantucket zugelegt. Dass sich Reichtum mit Prestige paart, ist bezeichnend für das CFR. Mit seiner Geldmacht will es die bestehenden Herrschaftssysteme sichern und die Machtelite mit Wissensauslese fusionieren. Rein pragmatisch betrachtet, hat Nicolas Berggruen mit seinem Think Tank neben diesem Bollwerk kaum eine Chance, was auch die personale Aufstellung des mächtigen Rivalen beweist: Der seit 2003 amtierende CFR-Präsident Richard Nathan Haass, Nachfahre deutsch-jüdischer Einwanderer, half einst US-Präsident George Bush senior, seine Politik der Öffentlichkeit zu vermitteln. Unter anderen auch mit solch griffigen Schlagwörtern wie »Operation Desert Storm« für den Ersten Golfkrieg – »Wüstensturm« klingt nach einem Naturereignis und dringt daher mit einer gesetzmäßigen Unvermeidlichkeit direkt ins menschliche Unterbewusstsein ein. Der verbale Schönfärber Haass hat sich mit derlei Formulierungskunst die zweithöchste Auszeichnung der USA am Ende der Bush-Ära verdient. Die Begründung lautete: »Aufgrund beispielhafter Taten für sein Land oder seine Mitbürger.« Damit erhellt sich der Zweck von elitären Machtgemeinschaften wie dem CFR: Wer dort die Fäden zieht, will nicht die bestehenden Systemfehler aufdecken, sondern diese verschleiern und die ökonomischen Gründe der politischen Entwicklungen mit Hilfe eines verschworenen Netzwerks vertuschen.

Den CFR-Vorstand bilden weiter Colin Powell, der ehemalige US-Außenminister, sowie die Riege der Investmentbanker der Blackstone Group, bestehend aus Penny Pritzker, Peter George Peterson und Stephen Friedman, ehemals Chef von Goldman Sachs. Neben dem Ex-Präsidenten George W. Bush sitzen auch Ex-Außenminister Henry Kissinger und Ex-Vize-Präsident Dick Cheney sowie der mit allen Wassern gewaschene Weltfinanzier George Soros an der Führungsspitze.

Was der amerikanische Soziologieprofessor William Domhoff 1975 gegenüber dem Nachrichtenmagazin *Der Spiegel* sagte, hat bis heute Gültigkeit: »Der Council ist das entscheidende Verbindungsglied zwischen den großen Konzernen und der Regierung.« Nach Domhoff kann »die Wichtigkeit dieser Vereinigung für das Verständnis der Grundmotive und Grundlinien amerikanischer Weltpolitik kaum hoch genug veranschlagt werden«. Dementsprechend hoch fallen auch der Rang und der Status der Mitglieder aus. Von der umstrittenen Ratingagentur Standard & Poor's über JPMorgan Chace & Co., von Citigroup bis hin zu American Express üben auch die Bosse von NBC, ABC, CNN, CBS Einfluss auf die Entscheidungen aus. Die ehemaligen Oberkommandeure von NATO und ISAF sowie die Direktoren der CIA nehmen an den Sitzungen teil, ebenso wie Alan Greenspan, John Kerry, Bill Clinton und der Präsident des Jüdischen Weltkongresses Ronald S. Lauder, Erbe der Kosmetikdynastie Estée Lauder und Präsident des New York Museum of Modern Art. Zu den ordentlichen Mitgliedern gehören außerdem Joschka Fischer, erst Außenminister, danach Großverdiener bei dem Nabucco-Pipeline-Projekt, sowie George Clooney und Angelina Jolie.

Auch der Name Nicolas Berggruen befindet sich auf der CFR-Liste. Doch offenbar reichte ihm eine gewöhnliche Mitgliedschaft, die kaum individuelle Gestaltungsmöglichkeiten zulässt, nicht aus. Deshalb beschloss er 2009, sein eigenes Denkgremium auf die Beine zu stellen: das Berggruen Institute on Governance. So hatte er die Möglichkeit, selbst eine Kohorte von Ex-Staatschefs, Ex-Politikern, Ex-Bankern und mit Nobelpreisen ausgezeichneten Wirtschaftswissenschaftlern, Volksökonomen und Soziologen anzuführen. Die strategische Ausrichtung des Berggruen Institute on Governance erfasst insgesamt drei Stränge:

1) einen Rat für das 21. Jahrhundert,
2) einen Rat für Europas Zukunft,
3) ein Komitee für Kaliforniens langfristige Lösungen.

DENKFABRIK DER MACHT

Der Einstand in Deutschland ist ihm dank Persönlichkeiten wie Gerhard Schröder, Tony Blair, Nicolas Sarkozy, Mario Monti, Romano Prodi, Franz Vranitzky, Felipe González erfolgreich gelungen. Für eine fundierte Basis haben Größen wie der Ökonom Nouriel Roubini oder der Wirtschaftsexperte Joseph E. Stiglitz gesorgt, der für seine Abhandlung, warum Märkte kollabieren können, mit dem Nobelpreis ausgezeichnet wurde und im gegenwärtigen Finanzdebakel die grimmige Bestätigung seiner Thesen sieht. Doch das Problem ist nicht, dass Nicolas Berggruen mit seiner Denkfabrik

Einfluss auf die Welt nehmen möchte. Das Problem besteht darin, dass es mittlerweile weltweit gut 5000 ähnlich geartete Einrichtungen gibt. Die Think Tanks werden von alternativen, regierungsunabhängigen Organisationen heftig angegriffen. Um die unkontrollierte Macht im Interesse der pekuniären Vorteile einzuschränken, formieren sich Zehntausende von unabhängigen, individuell geführten Internetplattformen zum Widerstand und durchleuchten das Machtgeschacher der »Superklasse«. Dieser »Klassenkampf« ist inzwischen zu einer neuen festen Konstante im demokratischen Gefüge geworden. Noch ist es aber niemandem gelungen, die bestehende Rangordnung der Think Tanks zu durchbrechen.

An der Spitze der einflussreichsten Denkfabriken steht die amerikanische Brookings Institution mit Sitz in Washington. Bereits 1916 entstanden, handelte der Gründer Robert Somers Brookings mit Haushaltswaren, bis er Millionär und Philanthrop wurde. Als Laie schrieb er ein Buch über die »Demokratisierung der amerikanischen Wirtschaft«. Diesem Prinzip folgend ist seine Denkfabrik auf die Themenschwerpunkte Forschung, Bildung und politische Publikation fokussiert. Die Fragen der Staatsführung stehen dabei genauso im Mittelpunkt wie die Analysen der Krisen und weltweiten Konflikte. Das Forum leitet Nelson Strobridge »Strobe« Talbott, ehemaliger stellvertretender US-Außenminister (1993–2000) und enger Freund von Bill Clinton. Mehr als durch Prominente und ausgediente Alt-Politiker profiliert sich diese Institution durch wissenschaftlich fundiertes Material, Dokumentationen und Studien über die globale Entwicklung. Der Demokrat Talbott hängt der Utopie einer »vereinten Welt« nach, die einer erweiterten globalen EU entspricht, die unter gemeinsamer Wirtschaftsführung aller Nationen stehen soll.

Der Council on Foreign Relations (CFR), dem erfahrene Politiker und hochrangige Bankiers angehören, belegt Platz 4. Dem Berggruen Institute on Governance ist es bislang nicht gelungen, sich auf der Liste der 50 einflussreichsten Denkfabriken zu platzieren. Darüber hinaus verfügt Rubensteins

CFR-Denkfabrik über 4500 Mitglieder, die allesamt Beiträge entrichten. 25.000 Dollar sind für eine »Premium«-Mitgliedschaft aufzubringen und 50.000 Dollar kostet eine Mitgliedschaft im »President's Circle«. Nicolas Berggruen hingegen zahlt die gesamten Kosten für seinen Think Tank aus eigener Tasche. Allein die Gründung soll ihn hundert Millionen Dollar gekostet haben, behauptet er, allerdings ohne die Zahl zu belegen. Tagt sein Institut in Paris, Berlin oder New York, übernimmt er die Spesen aller Teilnehmer – also Anreise, Hotel und Bewirtung inklusive der Drinks aus der Minibar.

Zuletzt hat Nicolas Berggruen im Mai 2013 zu einem Town Hall Meeting geladen. Es fand in seiner Geburtsstadt Paris statt. Thema war eine grundlegende Machtverschiebung in der Welt: »Wir alle müssen unsere Gesellschaftssysteme neuen Realitäten anpassen«, kündigte Berggruen an. Darüber diskutiert haben Bundesarbeitsministerin Ursula von der Leyen (CDU) und ihr französischer Amtskollege Michel Sapin. Ihr Ziel war es, »ein großes Programm« anzukündigen, »mit dem die Jugendarbeitslosigkeit in Europa bekämpft werden soll.« Die *Berliner Morgenpost* (vom 21. Mai 2013) kommentierte vorab: »Karstadt und seine Probleme sind angesichts dessen wohl eine Nummer zu klein.«

POLITIK ALS LEBENSAUFGABE

Die Biographin Vivien Stein mutmaßt, dass der Vater von Nicolas Berggruen sich in Anbetracht der Think-Tank-Aktivitäten seines Sohnes wohl im Grabe umdrehen würde: »Psychologisch interessant, dass Nicolas Berggruen sich just auf dem Gebiet bis zur Verzweiflung zu profilieren sucht, für das sich sein Vater überhaupt nicht, man kann schon sagen, auf geradezu programmatische Weise nicht interessierte und von dem er die Finger ließ.«

Es war die Politik, die Heinz Berggruen mied. Für dieses »Geschäft« haben sich auch die Großeltern nie interessiert. Nicolas Berggruen schlägt mit seinen Neigungen als Welterklärer eindeutig aus der Familientradition aus. Wie sein Vater nimmt er allerdings für sich in Anspruch, in der Welt der Literatur zu Hause zu sein. Je mehr Geld er besitzt, umso mehr spricht er davon, wie wenig ihm Geld bedeutet und zitiert seinen Vater: »Geld ist eine Scheußlichkeit.« Dem *Focus* (vom 19. Juli 2010) gegenüber äußerte er: »Ich sehe Geld eher als Energie, die positiv oder negativ sein kann. Wenn man etwas daraus macht, ist es positiv. Nur Geld zu haben um des Geldes willen ist eine traurige Sache.«

In der *Welt* (vom 25. Mai 2012) hieß es, Geld sei für Berggruen »›zweitrangig‹, wichtig seien ›Ideen‹«. Die *taz*-Leser verblüffte er bereits am 14. Juli 2010 mit der Feststellung: »Geld ausgeben ist schwerer als Geld verdienen.«

Wo auch immer er auftaucht, in seiner Selbstinszenierung erscheint es ihm stets wichtig, die Bedeutung des Geldes herabzuwürdigen. Im Interview mit der taz (vom 14. Juli 2010) erklärte er: »Ich selbst bin an materiellen Dingen nicht sehr interessiert«, um letztlich im *Focus* zu dem Schluss zu kommen, mit reichen Leuten umgeben zu sein, mache nur dann Spaß, »wenn sie als Charaktere interessant sind. Unter meinen Freunden haben manche viel Geld, manche nicht einen Cent.«

Das Leben sei für ihn nur dann interessant, wenn man etwas bewegen könne, sagt Nicolas Berggruen. Folgerichtig macht er sich mit seiner Denkfabrik daran, der Welt zu helfen. Darin findet er seine Freude. Sieht man sich Videos von seinen Auftritten an, merkt man, wie sehr er von diesen Momenten gerührt ist: »Schön, dass Ihr da seid«, begrüßt er mit gedämpfter Stimme seine Gäste. Sein Lächeln und sein spitzbübischer Blick verleiten dazu, dass man ihn unterschätzt. Die knabenhafte Attitüde setzt er auch bei Journalisten wohldosiert ein, ganz so, als würde er die gut einstudierte Rolle eines »ewigen Adoleszenten« spielen. Diesen Stempel drückte ihm die stellvertretende *Welt*-Chefredakteurin Andrea Seibel auf, die nach einem Interview von seinem »kindlichen Charme« überwältigt war.

Inzwischen gibt es auch ein Bild von ihm, das diese Rolle versinnbildlicht. Nicolas Berggruen ließ sich – wohl als einziger Milliardär der Welt – auf dem Bett im New Yorker *Carlyle* mit zwei Plüschtieren fotografieren.

Die amerikanische Journalistin Jessica Pressler, die ihn im Dezember 2011 für das *New York Magazine* porträtierte, vergleicht Nicolas Berggruen mit Ken, dem männlichen Partner von Barbie. Mitunter bewegt er sich wie diese Puppe, schreibt Pressler, und als sie ihn zum Interview im wetterlaunischen New York trifft, bestätigt sich dieser Eindruck: »Bevor er sein Hotelzimmer verlässt, fragt er: ›Ist es kalt draußen? Vielleicht brauche ich eine andere Jacke?‹« Auf die Frage hin, ob er viel unterwegs sei, antwortet er neckisch: »Ja, ein bisschen …« Er benimmt sich wie ein kleiner Junge, der alle seine Freunde – Gerd, Toni, Nathan, Michael, Alain, Eric, Arianna – zu seinen internationalen Councils einlädt. Das lässt er sich gern etwas kosten – für ihn spielt Geld schließlich keine Rolle.

KAPITEL IX

BERGGRUENS GESCHÄFTSFELDER

»Unser Kreditwesen ist in einer Gruppe zusammengeschlossen. Daher sind das Wachstum unserer Nation und alle unsere Tätigkeiten in den Händen einiger weniger. Wir gehören zu den schlechtesten, am meisten kontrollierten und beherrschten Regierungen der zivilisierten Welt. Nicht länger eine Regierung der freien Meinung, nicht länger eine Regierung der Überzeugungen oder des Menschenentscheids, sondern eine Regierung der Absichten und Nötigungen einer kleinen Gruppe beherrschender Männer.«

WOODROW WILSON

»Alles hängt von Zufällen, Widrigkeiten, Wirrungen, Pech und Glück ab«, stellt der amerikanische Wirtschaftsjournalist John A. Byrne bei seiner Analyse unternehmerischer Wunderkarrieren fest. Auf die Ausbildung kommt es nicht unbedingt an. Wer ein außergewöhnliches Talent, Ausdauer und Durchsetzungsvermögen besitzt, für den sind zwei akademische Studienjahre ausreichend. Aus Wut und Trotz sind schon erstaunliche Karrieren entstanden. Die meisten, die es vom Firmengründer bis zum Milliardär geschafft haben, waren am Anfang Hippies, Rebellen, Nachtschwärmer, Frauenhelden. Manche galten sogar als notorische Pechvögel. Die Wende trat meist dann ein, als sie ein Gebiet entdeckten, das sie wirklich faszinierte. Weil sie sich von niemandem Vorschriften machen ließen und ihr eigener Chef sein wollten, fanden sie eigene Wege.

Etliche US-Finanzexperten vergleichen den Investor Nicolas Berggruen mit Unternehmensgrößen und -schwergewichten wie Richard Branson (Virgin Group), Bill Gates (Microsoft), Steve Jobs (Apple), Mark Zuckerberg (Facebook). *Bloomberg Newsweek*, *Forbes* und *Financial News* haben bereits über ihn berichtet. In Amerika sagt man allerdings: Erst wenn einen das *Time Magazine* porträtiert, hat man es geschafft und ist ganz oben angekommen. Die Chancen für Nicolas Berggruen stehen nicht schlecht. Es stellt sich nur die Frage, wie die Einschätzung des *Time Magazine* ausfallen wird. Wird es ihn hochjubeln oder verdammen? Auf das Urteil darf man gespannt sein.

Erstaunlicherweise hat bisher niemand eine Bewertung von Berggruens Investments vorgenommen. Die vorhandenen Zahlen stammen aus dem jeweiligen Kauf von Beteiligungen, Firmen oder Immobilien. Die Gewinne resultieren aus Verkauf, Mieten oder Wertsteigerung der erworbenen Objekte. Im Gegensatz zu anderen Investmentgesellschaften veröffentlicht Berggruen auf seiner Holdings-Homepage auch keine Bilanzen. Keine Diagramme, keine Prognosen, nicht einmal Investmentangebote für Interessenten, die mit dem Gedanken spielen, ihr Geld bei Berggruen anzulegen, finden sich dort. Außerdem gibt es niemanden, der über die Entwicklung von Berggruens Investments Auskunft erteilt. Sein Imperium ist ein Rätsel, so wie Nicolas Berggruen selbst eines ist.

1983–1987 Seine Karriere verläuft im rasanten Tempo. Mit 22 Jahren steigt er als Partner bei Jacobson & Co. ein, eine *leveraged buyout company* in New York. Als solche werden Gesellschaften bezeichnet, die mit Fremdkapital arbeiten. Um sich dort einzukaufen, habe er sich, wie er in diversen Interviews betont, 250.000 Dollar von seinem Vater geliehen. Dieser Betrag markiert den Grundstein für seine Geschäfte. Wovon er nicht spricht, ist der Netzwerk-Bonus, den er ebenfalls durch seinen in New York agierenden Vater hatte. Gute

Kontakte sind das A und O. Ein Notizbuch mit privaten Telefonnummern reicher Kunden darf man bei einem Kunsthändler wie Heinz Berggruen voraussetzen.

DIE ERSTE INVESTMENTFIRMA

1984 Nicolas Berggruen gründet die Alpha Private Equity Group (APEG). Es ist seine erste eigene Investmentfirma. Teile der Familienvermögen von Nicolas Berggruen und seinem Partner, dem Milliardärssohn Julio Mario Santo Domingo Jr., bilden den Grundstock. APEG wird Nicolas Berggruens Eintrittskarte ins Big Business. Aufgrund seiner Erfahrungen bei Jacobson & Co. weiß er auch, wie man Investoren akquiriert. Das *Forbes Magazine* (vom 23. Februar 2000) erklärt: »Ein Großteil des öffentlichen Interesses an der APEG war auf die Familiengeschichte der beiden *principals* als Gründungspartner zurückzuführen. Diese Verbindung öffnete der neuen Firma wichtige Türen.«

1988 Mit Alpha Investment Management beginnt Nicolas Berggruen, individuelle Portfolios für reiche Leute und institutionelle Anleger zu entwickeln. Zugleich garantiert sein Partner Julio Mario Santo Domingo Jr. einen hohen Imagewert. Das *Forbes Magazine* schreibt rückblickend: »Alpha Investment sprach mit seinen Hedgefonds solche Leute an, die sich für riskante Aktiengeschäfte interessierten, aber sich mangels eigener Orientierung auf den Finanzmärkten nicht trauten, selbständige Kaufentscheidungen zu treffen.«

1991 Aus dem »bescheidenen Startkapital«, das von Julio Mario Domingos Vater beigesteuert wird, entsteht die Investmentgesellschaft Alpha Hedge Fund. Bei Gesellschaften wie dieser geht es generell darum, Kreditpakete zu schnüren, auf deren Niedergang die Investoren spekulieren können – denn auch mit Papieren, die abstürzen, kann man Millionen erzielen.

1992 Media Capital SGPS in Lissabon, ein Unternehmensverband von Zeitschriften und Rundfunkstationen, geht für 29 Millionen Dollar an Nicolas Berggruen. Die 1988 gegründete erste Mediengesellschaft Portugals geriet offenbar in Schwierigkeiten und brauchte eine Geldspritze. Wie so oft in der Praxis, führt eine solche Kapitalisierung zum Verlust der Eigenständigkeit. Der Investor wird Herr im Hause. In Branchenkreisen munkelt man, dass der Deal in Lissabon von den Domingos initiiert wurde. Nachdem sie bereits im Besitz eines Medienkonglomerats in Südamerika waren, zu dem unter anderen die meistgehörten Rundfunksender Kolumbiens gehörten, wollten sie ihr Imperium auf Europa ausweiten. Die ganze Spanisch sprechende Welt sollte der Familie Domingo gehören. Nicolas Berggruen war zu diesem Zeitpunkt auf dem Investmentmarkt noch relativ unbekannt, er konnte Domingos' Angriff auf die Medienlandschaft Portugals und Spaniens unauffällig in die Wege leiten.

In diesem Jahr lernt Nicolas Berggruen noch einen anderen wichtigen Mann kennen: Martin Franklin, Sohn eines englischen Bankiers. Der Journalist Andrew Serwer hat ihn für das amerikanische Wirtschaftjournal *Fortune Magazine* (vom 17. April 1995) als Entrepreneur des Jahres porträtiert. Er schreibt über ihn: »Hey, das ist nicht fair! Dieser Kerl, der auf einem englischen Landsitz mit Reitpferden aufgewachsen ist und Schmetterlinge sammelte […], wurde einer der jüngsten CEOs eines Unternehmens, das die New York Stock Exchange auflistet.«

Serwer muss feststellen: Wenn man auf private Schulen geht und das *deal making* beim Vater in dessen Bank lernt, könnte man den Tag auch damit verbringen, mit dem alten Geld einfach nur Cricket zu spielen. Dass sich Martin Franklin für einen anderen Weg entschieden hat, rechnet ihm das *Fortune Magazine* hoch an. In der Welt des Handels war er aber schon mit 30 Jahren ein Champion und lehrte die New Yorker Börse das Fürchten. Sein Spezialgebiet waren Brillenfirmen – schwache Augen hat auf dieser Welt schließlich fast jeder Zweite, und auch bei Sonnenbrillen ist die Nachfrage groß, und das sogar jeden Sommer aufs Neue. »Ja, liebe Freunde von der Wall Street«, triumphierte Andrew Serwer, »seid Ihr denn alle blind, dass Ihr dieses megagigantische Geschäft übersehen habt?« Zum Glück waren sie es, kann man nur sagen, denn sonst wären Martin Franklin und Nicolas Berggruen heute vielleicht doch keine Milliardäre.

Mit Martin Franklin baut Nicolas Berggruen klammheimlich ein schwindelerregendes Geflecht von Firmen und Beteiligungen auf. Franklin spielt bei diesen finanzakrobatischen Transaktionen meist die Hauptrolle, Berggruen führt Regie. Auch privat verstehen sich die Söhne reicher Eltern bestens. Nicht ganz unwichtig in diesem Zusammenhang: Ende der 1980er Jahre verkaufte Franklins Vater Roland laut *CNNMoney.com* (vom 17. April 1995) seine Bank still und leise. Als Privatier zog er auf die karibische, zum Commonwealth gehörende Insel Anquilla. Dort gründete er als Vertreter des alten Geldadels eine Familienstiftung. Um an den Sitzungen der Denkfabriken, bei denen er Mitglied war, teilzunehmen, pendelte er als »heimatloser Milliardär« diskret zwischen dem Inselstaat in der Karibik und den USA hin und her, ohne jemals der Steuer aufzufallen.

1995 Die Berggruen Holdings North America (BHNA) erhält auf den Britischen Jungferninseln einen Eintrag als 100-prozentige Tochter der Medici Investment Corporation. In dieser Offshore-Zone zwischen Panama, den Britischen Jungferninseln und der Isle of Man in der irischen See wird im Laufe der nächsten Jahre das Berggruen Familienvermögen immer wieder mit neuen Firmenvehikeln hin- und hergeschoben. Allerdings hinterlassen die Kunstverkäufe von Heinz Berggruen verräterische Spuren.

Der Hintergrund: Die Aktionen müssen allein schon wegen des Kaufvertrags stets auf eine seiner Stiftungen registriert werden. Die Anwälte, die solche Transaktionen im Kunsthandel abwickeln, werden als Stiftungsräte eingesetzt, gemäß den erforderlichen Gründungsregeln. Dieser Möglichkeit bediente man sich auch, als Heinz Berggruen Bilder an die Londoner National Gallery verkauft hatte. Inzwischen sind solche Einrichtungen zum krassen Paradox dessen geworden, wofür einst Klosterstifte, auf die der institutionelle Gedanke zurückzuführen ist, errichtet wurden: durch Spenden an die Armen das Seelenheil der Reichen zu retten. Heute ist eine Stiftung die gängigste Art, um ein angehäuftes Vermögen vor dem Finanzamt zu schützen. Mit einem Trust sichert man das Vermögen auch für die Erben.

NEUE PARTNER, NEUE GESCHÄFTE

1998 Es gelingt Nicolas Berggruen, einen weiteren interessanten Partner für seine Geschäfte zu gewinnen: die Safra Bank. Der Bankier Edmond Safra ist der Sohn des mächtigen Milliardärs Jacob Safra. Der Familienname geht mit sagenhaftem Reichtum einher, der auf den Handel mit Edelmetallen und Devisen zurückgeht. Jacob Safra, ein libanesischer Jude, gründete 1920 eine Bank in Beirut, die den Warenterminhandel im arabischen Mittelmeerraum zwischen Libanon, Syrien, der Türkei und Ägypten vorfinanzierte. Vor und nach dem Zweiten Weltkrieg wanderten einige tausend Syrer und Libanesen nach Brasilien aus. Dadurch bildeten sich in Rio de Janeiro und São Paulo Minderheitengruppen, genannt Sírio-Libanês, die sich im Handel als überaus tüchtig erwiesen. Auf dem monetär gut aufbereiteten Feld ließ sich 1952 Jacob Safra mit seiner Familie nieder. In São Paulo gründete er die Safra Bank. Es folgte eine europäische Filiale in Genf. 1966 erweiterte sich die Safra Group um die amerikanische Republic National Bank of New York. Mit ihrem Filialnetz wuchs sie im galoppierenden Tempo zum drittstärksten Finanzinstitut nach der Citigroup und Chase Manhattan heran. 1983 veräußerte Jacobs Sohn Edmond die Trade Development Bank an American Express, was einen Finanzskandal auslöste. Dieser Edmond Safra ist es schließlich auch, der für Nicolas Berggruen die Weichen in die Welt der großen Finanzgeschäfte legt.

1999 Der Alpha Strategic Investment Fund (ASIF) von Nicolas Berggruen, den er zusammen mit Julio Domingo Jr. etabliert hat, wird auf den Britischen Jungfernsinseln angemeldet. Der befreundete Bankier Edmond Safra wird zum »heimatlosen Milliardär«, indem er seine Republic National Bank an die Hongkong and Shanghai Banking Corporation (HSBC) verkauft. Mit einem Vermögen von fast 2,5 Milliarden Dollar steigt er aus dem Business aus. Als Privatier pendelt er fortan zwischen Monaco und New York hin und her und spendet Millionensummen für die Gemeinden der sephardischen Juden. Das ist eine jüdische Minderheit, die sich nach der Vertreibung von der Iberischen Halbinsel im 15. und 16. Jahrhundert zum größten Teil im Osmanischen Reich (Bosnien) und in Nordwestafrika (Maghreb) ansiedelte. Daher werden sie auch als maghrebinische Juden bezeichnet. Safras Einfluss spielt in der Finanzwelt bis heute eine große Rolle. Er weiß, wie und wo man Deals im Geheimen einfädelt. Nicolas Berggruen verfügt über einen bemerkenswerten Instinkt, wenn es darum geht, Geschäfte reifen zu lassen. Die Kunst des Abwartens beherrscht er wie kaum ein anderer. Mit der Safra Bank wird er in aller Ruhe einen Supercoup landen.

DAS IMPERIUM WÄCHST

2000 Wenn Nicolas Berggruen dem Beispiel von Edmond Safra oder dem eines anderen »heimatlosen Milliardärs« folgt, heißt das aber nicht, dass er aussteigt, sondern vielmehr, dass er sich mit noch mehr Elan ins Big Business wirft. Fortan wohnt er nur noch in Hotels und sammelt Geld bei verschiedenen Investoren ein. Dazu gehören auch Pensionskassen und Einlagen von kleinen Sparern. Damit kauft Nicolas Berggruen weltweit Unternehmen und folgt dabei dem Grundsatz: »Ich übernehme fast immer Gesellschaften, die früher einmal erfolgreich waren, eine starke Marke besitzen und schlecht geführt werden.« Deshalb sei er auch in so vielen Branchen unterwegs, »von Medien über Möbel und Getränke bis hin zu Blumen und Brillen«.

Auf seinem Einkaufszettel stehen die Iberian Beverages Group (IBG) mit ihren Tochtergesellschaften La Casera und La Industrial Carbonica (LICSA), die er 2000 an die englische Cadbury Schweppes für 117 Millionen Euro weiterverkauft.

Rund 253 Millionen D-Mark (umgerechnet 126 Millionen Euro) bringt die väterliche Sammlung »Picasso und seine Zeit« ein. Am 21. Dezember von der Stiftung Preußischer Kulturbesitz (SPK) gekauft, füllen Bund und Berlin den Topf aus Steuergeldern auf. Aus dem westlichen Stülerbau wird der ägyptische Kulturschatz ausgeräumt, um etwa 120 Bildern aus der Sammlung von Heinz Berggruen Platz zu machen. Den Schwerpunkt bilden Arbeiten von Picasso, Klee, Matisse und Giacometti. Mit der Beigabe von einigen Bildern von Braque, Laurens und Cézanne sowie einigen afrikanischen Skulpturen wird das Paket abgerundet. Den Wert beziffert Heinz Berggruen eigenen Angaben nach auf 700 Millionen Dollar. Als »Geste der Versöhnung« ist er allerdings bereit, diese »weit unter Wert an seine Heimatstadt Berlin zu verkaufen«. *Der Spiegel* (vom 22. Dezember 2000) verbreitete das Gerücht, die Sammlung sei 1,5 Milliarden D-Mark wert. Eine Schätzung unabhängiger Kunstexperten oder Auktionshäuser wie Sotheby's oder Christie's wird nicht eingeholt. Als in Berlin die »Rückkehr von Heinz Berggruen« euphorisch gefeiert wird, hält Bundeskanzler Gerhard Schröder die Eröffnungsrede im Stülerbau. Berggruens Picasso-Ausverkauf bezeichnet er als eine »überaus noble Geste«. Heinz Berggruen lässt sich fortan als selbsternanntes »Symbol der Versöhnung« feiern. Politik und Medien bauen bereitwillig an seinem Denkmal mit.

2001 Heinz Berggruen entkernt seine bereits verkaufte Sammlung um sieben Kunstwerke, fünf Cézannes und zwei Van Goghs, weil die Stiftung Preußischer Kulturbesitz die ursprünglich verhandelte Summe von 400 Millionen D-Mark nicht herbeischaffen kann. Berggruen hofft auf millionenreiche Privatsammler in Deutschland, die diese Arbeiten kaufen, um sie dann seinem Museum zu schenken. Der sonderbar gestrickte Plan geht nicht auf. Die Versteigerung der zurückbehaltenen Cézannes und Van Goghs bei Phillips de Pury & Company in New York »war dann eher lasch«, berichtet *Spiegel Online* (vom 14. Mai 2001). Das Ergebnis bezeichnet Heinz Berggruen als enttäuschend. Für Cézannes *Mädchen mit Puppe* und ein Parkidyll Van Goghs finden sich keine Käufer. Die restlichen fünf Bilder erbringen zusammen »nur« 64,7 Millionen Dollar. Die Summe, erklärte Berggruen damals, benötige er dringend, um seine Erben auszuzahlen. Ein Vorgang, den üblicherweise die Steueranwälte den Millionären vor ihrem Ableben empfehlen, um die Erbschaftssteuer zu sparen.

Nach belegbaren Recherchen der Biographin Vivien Stein führt zu dieser Zeit bereits sein Sohn Nicolas die Geschäfte der Familienstiftung. Als Investitionsvehikel wird die Zweckgesellschaft Freedom Acquisition Holdings gegründet und als Offshore-Firma die Alexander Holdings auf den Britischen Jungferninseln registriert. Der Vorteil liegt nicht nur in der Steuerfreiheit. Die Banken auf den Jungferninseln sind im Rahmen des Britischen Commonwealth den Londoner Finanzinstituten angeschlossen. Man kann die Gelder aus den britisch-karibischen Steueroasen jederzeit in das europäische oder globale Investment einfließen lassen und dabei auch noch Kapitaltransaktionssteuern sparen.

2003 Nicolas Berggruens Gespür für gewinnträchtige Geschäfte zeigt sich anhand des Markenrelaunchs der Sonnenbrillenmarke Foster Grant. Der Firmengründer Sam Foster fing 1919 mit Haarschmuck für Frauen an. Das Sortiment umfasste Klammern, Kämme, Reifen und Spangen. Die Sonnenbrillen waren die logische Folge. Der Kaufhausriese Woolworth vertrieb sie in allen Filialen, zum Massenerfolg wurden sie aber vor allem durch die Strandverkäufer – von Atlantic City über Miami bis Santa Monica waren die schicken Brillen plötzlich der Hit. In den verrückten 1960er Jahren trugen sie Peter Sellers, Claudia Cardinale, Elke Sommer, Anita Ekberg und Anthony Quinn. Auch Audrey Hepburn ließ sich für das Filmplakat von *Frühstück bei Tiffany* mit einer Foster Grant ablichten. Daraus resultierte die größte Werbekampagne, die die USA bis dato gesehen hatte. Als 1974 der King of Rock 'n' Roll, Elvis Presley, schließlich mit einer Sonnenbrille von Foster Grant auftrat, war der weltweite Siegeszug perfekt. Im Jahr 2000 folgte dann der letzte Coup: Foster Grant führte in Supermärkten die Lesebrillen ein, Dioptrien-Gläser ohne Augenarztrezept. Wie diese Firma ins Trudeln geraten konnte, gehört zu den Dingen, die man als Laie nur schwer nachvollziehen kann. Vielleicht waren es am Ende zu viele Nebenprodukte wie Gürtel, Armbänder oder Taschen – also das, was man heute unter Markengenerierung versteht. Jedenfalls rutschten die Bilanzen ins Minus. Der Gigant Foster Grant konnte vor Kraft nicht mehr laufen und fiel um. Das war die Stunde des Nicolas Berggruen. Aber nicht als Retter. Er kauft das Unternehmen für angeblich 80 Millionen Dollar, trennt die Spreu vom Weizen, lässt eine Reihe von Fabriken schließen, kündigt Zulieferanten und konzentriert sich auf das Hauptprodukt: die Sonnenbrille mit Kultstatus. Der Relaunch der Marke wird mit Hollywood-Star Brooke Shields beworben, weil sie eine verblüffende Ähnlichkeit mit Audrey Hepburn aufweist. Wie auf dem Plakat von *Frühstück bei Tiffany* wird sie für den Werbespot mit Kopftuch und Sonnenbrille ausgestattet. So soll an die Glanzzeit von Foster Grant erinnert werden. Die Werbestrategie geht auf, die Aktienwerte des maroden Brillenherstellers beginnen sich zu erholen. Wie immer hatte Nicolas Berggruen auch bei diesem Deal einen Partner: Martin Franklin, mit dem er seit 1992 erfolgreich zusammenarbeitet. Der Höhenflug der Foster-Grant-Aktie hält weiter an. Angeblich drängt Franklin bald zum Verkauf. Aber Berggruen pokert weiter.

Wie die Partie am Ende ausgeht, erzählt Martin Franklin dem ZDF-Team: »Ich verkaufte, Nicolas Berggruen wartete. Am Ende verkaufte er seine Aktien, die er für 80 Millionen Dollar kaufte, für 400 Millionen. Mehr Geld, als ich je verdiente.« An dieser Stelle blufft Martin Franklin, erzählt ZDF-Autoren nur die halbe Geschichte. Es war seine Investmentfirma Jarden Corporation, die darin bestrebt war, aus verschiedenen Herstellern den weltgrößten Hersteller zu erschaffen. Zunächst sicherte sich Franklin die Aktienmehrheit bei drei anderen Aktiengesellschaften: Benson Eyecare Corporation, Lumen Technologies und Bollé in Frankreich, Weltmarktführer in der Herstellung und im Verkauf von technologischen Augenschutzgläsern für die Industrie sowie von wasserdichten Schwimmer- und windschnittigen Skifahrerbrillen, Goggles und Helmen. Mit Foster Grant als weltbekannte Kultmarke war der globale Brillenriese gut gerüstet für die Zukunft. Fortan saß Franklin bei all diesen Firmen entweder im Vorstand oder hatte den Vorsitz des Aufsichtsrates inne.

Von einem Partner wie Martin Franklin kann man nur träumen. Seit 20 Jahren schnürt dieser Finanzpakete, akquiriert, bündelt, initiiert, kontaktiert und managt. Die Funktionen, die Franklin an diversen Firmenspitzen einnimmt, changieren wie die Farben eines Chamäleons. Mal ist er *non-executive director*, mal *executive chairman*, dann *president*, häufig sitzt er im Aufsichtsrat oder hält als Mitbegründer eine stille Beteiligung an den Aktien. Oftmals ist dann auch Nicolas Berggruen als stiller Partner beteiligt. *Bloomberg Online* hat versucht, Franklins Beteiligungen – ob als Investor oder geschäftsführender Anteilseigner mit Aktien, die er besitzt oder wieder verkaufte – aufzudröseln. Summa summarum sind auf der Liste 30 Firmen zu finden. Und jedes Mal hat Nicolas Berggruen seine Finger mit im Spiel. Zu den markantesten Spielsteinen in diesem Monopoly gehören Burger King Worldwide, Freedom Acquisition Holdings, Phoenix Group Holdings, Prisa und Liberty Acquisition Holdings.

2004 Die Alpha Group wird an die Safra Bank verkauft. Das von Nicolas Berggruen und Julio Santo Domingo Jr. verwaltete Vermögen wird in Multimilliarden-Hedgefonds angelegt und umstrukturiert. Die aus beiden Familienvermögen verfügte Alpha Private Equity Group bekommt einen neuen Namen: Berggruen Holdings. Ziel ist es, »die Bandbreite der Investitionsschwerpunkte der Firma besser zu reflektieren«. Wie ein Hurrikan fegt Nicolas Berggruen über die Finanz- und Wirtschaftsmärkte. Kauft ein, spaltet und trimmt die erworbenen Firmen auf Profit. Innerhalb von fünf Jahren zimmert er ein sagenhaftes Imperium rund um den Globus zusammen. Er unterhält Büros in New York, Los Angeles, Santa Barbara, Dallas, Chicago, London, Berlin und Genf sowie Bogota, Bermuda, Tel Aviv, Istanbul, Mumbai. Die jeweils getätigten Investitionen bewegen sich in einer Größenordnung von mindestens zehn Millionen Dollar. Die Fäden laufen eine Zeitlang an einem Ort zusammen, den man mit Berggruen zunächst nicht in Verbindung bringt: 9 Columbus Business Centre, Pelican Drive, Read Town, Tortola, British Virgin Islands. Es handelt sich um das Büro der Maitland Group.

Das Spezialunternehmen Maitland offeriert multijuristische Rechts-, Steuer-, Treuhand- sowie Investment- und Fonds-Verwaltungsdienstleistungen für Privatkunden, Firmenkunden und institutionelle Kunden. Die Homepage verspricht: »Wir bieten ein Höchstmaß an Know-how und Kompetenz und arbeiten in einer Weise, die ganz persönlich, proaktiv und reaktionsschnell ist. [...] Die Firma wurde 1976 in Luxemburg gegründet und beschäftigt heute über 700 Mitarbeiter in 14 Büros in 13 Ländern [...] und verwaltet über 165 Milliarden US-Dollar in internationalen Assets«.

Mit solchen Superlativen empfehlen sich Spezialisten, die es verstehen – vollkommen legal (!) – die Steuerbehörden weltweit an der Nase herumzuführen. Mit der Maitland Group pflegte Heinz Berggruen seine Kunstverkäufe an die Museen in London, New York und vermutlich auch Berlin abzuwickeln. Was sich beim Vater bewährt hat, macht auch sein Sohn im Rahmen der bestehenden Gesetze für sich zunutze. Als »Mister Karstadt« in der ZDF-Dokumentation (vom 14. März 2012) auf das Thema Steuervermeidung angesprochen wird, zuckt Nicolas Berggruen mit den Achseln: »Davon weiß ich nichts. Das machen die Anwälte, das ist ihr Job.« Mann kann davon ausgehen, dass dies den Tatsachen entspricht. Jedes Land hat andere Regeln, damit kennen sich nur Fachjuristen aus. Damit belastet sich ein Nicolas Berggruen nicht und überlässt die Details seinen Anwälten. *Bloomberg*-Autor Devin Leonard bestätigt: »Sein gesamtes Büro besteht nur aus einigen Ordnern, die in zwei Supermarkttüten passen würden. Was er macht, ist, den ganzen Tag zu telefonieren.«

Urlaub macht Nicolas Berggruen nie, obwohl Tortola dafür das ideale Traumziel wäre. Tortola ist die größte Insel der Britischen Jungferninseln und etwa 19 Kilometer lang und fünf Kilometer breit. Die weißen Sandstrände flimmern, das türkisblaue Wasser betört die Sinne. Die Insel ist dünnbesiedelt. Die meisten der 14 000 Einwohner leben in der Hauptstadt Road Town, die über einen internationalen Flughafen verfügt. Bis vor kurzem landeten dort an manchen Werktagen die Lear- und Gulfstream-Jets noch im Minutentakt. Maßnahmen, diese Steueroase trockenzulegen, liefen 2013 an – auf Druck der USA. Wie bei Familienstiftungen üblich war Tortola aber auch nur vorübergehend der verdeckte Sitz für Berggruens Trust. Für den weiteren Umzug sorgten, wie die Recherchen von Vivien Stein und meine eigenen ergaben, die Steueranwälte von Maitland. Auf der Firmenhomepage erscheint eine Landkarte mit den traumhaften Steuerparadiesen Cayman Islands, Isle of Man, Malta, Monaco, Mauritius. Aber wie gesagt, das Fiskalklima befindet sich gerade im Wandel. Für die Steuerflüchtlinge ist der Umzug in kältere Regionen angesagt. Eine Weile war der Trust von Nicolas Berggruen auf der Isle of Man registriert, dort betreibt Maitland Group ebenfalls eine

Filiale: Falcon Cliff, Palace Road, Douglas. Auch diese Steueroase untersteht der britischen Krone.

BERLIN – EIN PARADIES FÜR INVESTOREN

2005 »Berlin ist für mich eine der faszinierendsten Städte der Welt, weil sie die Freiheit und die Herausforderung der Gegenwart verkörpert«, begrüßt Nicolas Berggruen die Pressevertreter. Sein Einstieg in den Berliner Immobilienmarkt erfolgt mit den Sarotti-Höfen am Mehringdamm in Berlin-Kreuzberg. Bei der Wahl seines Partners beweist Nicolas Berggruen wieder einmal sein goldenes Händchen. Für das Tagesgeschäft mit dem Bürositz in Berlin holt er sich Samuel Czarny als Geschäftsführer. Vor seinem Wechsel zu Berggruen verbrachte dieser zwei Jahre als Akquisitionsleiter bei Apellas Property Management GmbH, der deutschen Plattform von George Soros Real Estate Investors. Zur Erinnerung: George Soros fordert im Alleingang die Weltwirtschaft heraus und ruiniert mit einem Streich ganze Landeswährungen. Mit seinem geschätzten Jahreseinkommen von 1,1 Milliarden Dollar ist er der bestbezahlteste Finanzboss der Welt. Das Volumen von Soros Fund Management wird auf über 24 Milliarden Dollar geschätzt.

Die Berggruen Immobilien werben für sich mit den Worten: »Unser Ziel ist der Aufbau eines vielfältigen Immobilienportfolios, mit charaktervollen Bauten, als langfristige Vermögensanlage. Immobilien sind für uns dabei mehr als nur ein Investment. Ästhetik, Architektur und Kunst interessieren uns ebenso wie der ›cashflow‹.« Bis 2010 erwarb Nicolas Berggruen über 60 gründerzeitliche Mietshäuser und 13 denkmalgeschützte Gewerbehöfe in Berlin für mehr als 300 Millionen Euro. Zu den Vorzeigeobjekten der Holding gehören die Schuckert Höfe am Treptower Park. In Potsdam erwarb Berggruen 2006 das ehemalige neobarocke Hauptpostamt. Aufsehen erregte der Umzug des Künstlerhauses Bethanien in einen Gründerzeitkomplex der Berggruen Holdings mit 25 großen Ateliers an der Kottbusser Straße in Berlin-Kreuzberg. Die ehemalige »Lichtfabrik« gehört ebenfalls zu Berggruens Vorzeigeobjekten. Die 25000 Quadratmeter vermietet er für »soziale« 4.000 Euro im Monat. Zusätzlich soll es ein Dutzend Stipendien geben, die der Eigentümer an junge Künstler vergibt. Stimmen gegen eine solche Konzentration von Immobilien wie es unter anderen auch bei Berggruen der Fall ist, werden laut: »Das hält kein Bezirk lange durch«, konstatiert Franz Schulz, Bezirksbürgermeister von Friedrichshain-Kreuzberg.

Das bekannte *Café Moskau* an der Berliner Karl-Marx-Allee ließ Berggruen als neuer Eigentümer 2008/2009 renovieren und in seinen Originalzustand zurückversetzen. Die restaurierte Fassade erhielt den Preis der Deutschen Stiftung Denkmalschutz. Zu DDR-Zeiten befand sich in dem 1962 erbauten einstöckigen Pavillon ein Nationalitätenrestaurant mit ländertypischen Speisen. Auf dem Dach befindet sich der erste sowjetische Satellit Sputnik. Für die Verleihung des Jupiter Awards 2013 war das *Café Moskau* die ideale Location. Diese Auszeichnung wird von den Lesern von *Cinema* und *TV Spielfilm* vergeben, beides Magazine aus dem Verlagshaus Burda. Bei den Events des Verlegers Hubert Burda in Berlin lässt sich Nicolas Berggruen gern blicken.

2006 Media Capital fusioniert mit dem spanischen Medienkonzern Prisa. Nach gut 14 Jahren in Wartestellung macht Nicolas Berggruen einen Schnitt. Die Aktien, die er für 29 Millionen Dollar erworben hat, verkauft er für 150 Millionen Dollar. Eine amüsante Nebenanekdote in diesem Zusammenhang ist, dass in diesem Jahr die Smartphone-Technologie einen Quantensprung macht. Das erste Modell von BlackBerry, das 8100 Pearl, kommt auf den Markt und findet in Nicolas Berggruen einen begeisterten Käufer. Zeitgleich gründet er bis Ende 2007 drei der weltweit größten Zweckgesellschaften. Die erste erhält den verheißungsvollen Namen Freedom Acquisition Holdings, der fast danach klang, als würden die

Anleger in die Freiheit investieren – wo auch immer diese zu finden sein sollte.

DER MÖBEL-SCHIEDER-DEAL

2007 Der britische Hedgefonds-Anbieter GLG Partners fusioniert mit Nicolas Berggruen. Durch den Anschluss seiner ersten Zweckgesellschaft Freedom Acquisition Holdings, die er zusammen mit Martin Franklin (CEO von Jarden Corporation) gegründet hat, entsteht die größte unabhängige Verwaltungsgesellschaft für alternative Investitionen in Europa. Gerade in der Finanzkrise gewähren die Investmentbanken Nicolas Berggruen Kredite in fast unbegrenzter Höhe. Sie sind fasziniert von der Persönlichkeit dieses rastlosen »Asset-Managers«, dem scheinbar alles gelingt, was er anpackt.

Die Insolvenz von Möbel Schieder gerät derweil zum Bilanzskandal des Jahres. 1964 im nordrhein-westfälischen Ort Schieder-Schwalenberg gegründet, wurde die Großschreinerei 1974 aus Steuergründen zusätzlich im Fürstentum Liechtenstein registriert. Von dort aus wird die Expansion eingeleitet. Mit 140 Tochterfirmen und mehr als 11 000 Beschäftigten an 41 Standorten in Europa und Asien entwickelt sich die Holding zum größten Einrichtungshersteller in Europa. Für Ikea fertigt Schieder die »Billy«-Regale an, für Segmüller komplette Wohnprogramme. Am Schluss kracht der Holzgigant wegen eines riesigen Management-Betrugs zusammen. Gründer Rolf Demuth, der »Henry Ford der Möbelbranche«, hat die Umsatzzahlen gefälscht und sich dadurch 243 Millionen an Krediten und Genussscheinen erschlichen. Zu der Manipulation hat er sich offenbar durch einen seiner Geschäftsführer verleiten lassen, der zuvor als Private-Equity-Manager bei einer namhaften Investmentbank beschäftigt war, und vergaß daraufhin den Slogan seiner Firma »Schieder the furniture people« – Schuster, bleib bei deinen Leisten. 2011 wird Rolf Demuth als überführter Kreditzocker zu drei Jahren Gefängnis verurteilt.

An der Firmenrettung sind fast 50 Banken und Investoren beteiligt. Bei der Zerlegung der Schieder-Gruppe erwirbt Nicolas Berggruen die Auslandshandelssparte. Ein Zweig, der bereits komplett in Liechtenstein etabliert und mitsamt der Verwaltung in dem steuergünstigen Klima eingeführt ist. Auf diesen Steinen kann Berggruen weiterbauen. Heute fußt auf ihnen ein ganzes Labyrinth von Unternehmen. Durch die Schieder-Beteiligung ergibt sich für Berggruen außerdem der Kontakt zum Sanierungsexperten Thomas Fox, der bei der Karstadt-Insolvenz noch eine gewichtige Rolle spielen wird.

Bei den Schieder-Verhandlungen bewährt sich aber noch ein anderer Mann: Wolfgang Weber-Thedy. Der Nestor der deutschen Unternehmensberater wurde beauftragt, »die nach Informationen gierende Fach- und Tagespresse mit dosierten Nachrichten-Häppchen gezielt bei Laune [zu halten] und so spekulativen Auswüchsen gekonnt entgegen[zuwirken]«, umschreibt Ralf Hartmann (*Möbel Report*, Nr. 10/2007) die Bemühungen Weber-Thedys, den Skandal klein zu halten. Weber-Thedy ist letztlich auch derjenige, der für Nicolas Berggruen die Präsentation für die Karstadt-Übernahme vorbereiten wird.

Am 23. Februar 2007 stirbt Heinz Berggruen im Alter von 93 Jahren in Paris. Kurz vor seinem Tod hat er laut *Bloomberg Newsweek* rund 90 Werke von Paul Klee an das Metropolitan Museum of Art in New York vermacht. Es handelt sich um jene Sammlung, die er bereits 1988 dem Museum als Leihgabe überlassen hatte, um seine Steuerschuld in Amerika zu begleichen. Details hierzu sind aber nicht bekannt.

Als Berliner Ehrenbürger erhält er ein Ehrengrab auf dem Waldfriedhof Dahlem. Berlins Regierender Bürgermeister Klaus Wowereit eröffnet den Reigen der Trauerredner. Neben Ministern, Staatssekretären, Museumsleitern und zahlreichen Prominenten befinden sich auch Bundeskanzlerin Angela Merkel, Bundespräsident Horst Köhler, Außenminister Frank-Walter Steinmeier und Kulturstaatsminister Michael Naumann unter den Trauergästen. Der SPD-Politiker war es auch, der die Gelder für den Ankauf der Sammlung Berggruen zusammengetragen und den Kontakt zwischen Heinz Berggruen und dem damaligen Bundeskanzler Gerhard Schröder hergestellt hatte. Auch für Nicolas Berggruen spielt Schröder eine wichtige Rolle – als Kronprinz der politischen Regierungsberatung Europas.

Kurz nach dem Begräbnis beschließt der Rat der Stiftung Preußischer Kulturbesitz, für »Heinz Berggruen in Dankbarkeit und mit Respekt verbunden [...] sein Vermächtnis weiter [zu] pflegen« und »das Museum Berggruen zu erweitern«. Der Bund bringt hierfür 7,6 Millionen Euro auf – wieder aus deutschen Steuergeldern.

Im Oktober meldet *Bloomberg Newsweek*, dass Nicolas Berggruen einen Teil seiner Foster-Grant-Aktien für 113 Millionen Dollar verkauft hat. Zwei Jahre später veräußert er an die französische Firma Essilor International SA das nächste Segment von Forster Grant, den Hersteller von rezeptfreien Brillen. Nicolas Berggruen verdient weitere 139 Millionen Dollar.

Das Jahr 2007 entwickelt sich zu einem Erfolgsjahr für Nicolas Berggruen. Seine Freedom Acquisition Holdings in New York fusioniert mit dem Hedgefonds GLG Partners LP in London. Auf der Homepage wird der Zweck dieses Schrittes wie folgt erläutert: »GLG, die größte unabhängige Verwaltungsgesellschaft in Europa und eine der größten der Welt, bietet einen Stamm langjähriger, prestigeträchtiger Kunden, eine Vielzahl an Investitionsprodukten und Kontoverwaltungsdiensten an.« Bloombergs Finanzmagazine bewerteten die Fusion als solide, weil sich die Gesellschaft auf einen treuen Stammkreis von prestigeträchtigen Kunden stützen konnte.

Das verwaltete Bruttovermögen von GLG wird auf 2,1 Milliarden Dollar beziffert. Die Börsenanalysten sind dennoch skeptisch, weil bei dieser Firmengruppe das operative Geschäft fehlt. Durch die Fusion erhöht sich tatsächlich die Aktienmenge, der Wert der Freedom Acquisition Holdings steigt auf 677 Millionen Dollar. Nicolas Berggruen erhält in dem neuen Konglomerat einen Vorstandssitz. Kritiker bemängeln die Intransparenz des Firmengeflechts. Doch das interessiert die Anleger nur wenig.

Die GLG-Homepage wirbt für Vertrauen: »Die typischen Verhaltensmuster der Vermögensverwalter hemmen ihre Basis-Leistung. Wir sind darauf konditioniert, in Stresssituationen mit unseren Leistungen zu überzeugen und unser Kapital mit besten Ergebnissen zu positionieren.«

Als die Aktienkurse Anleger in Gewinner und Verlierer teilen, behält Nicolas Berggruen mit GLG einen kühlen Kopf und verwandelt Verluste in Gewinne, indem er die Investmentgesellschaft umfirmiert und zu einem neuen Börsengang antreten lässt. Nach diesem Muster gehen Berggruen und sein Kompagnon Martin Franklin in ihrem Blank-Check-Spiel dreimal vor. Mit der Liberty Acquisition Holdings Corporation sammeln sie insgesamt mehr als eine Milliarde Dollar ein.

Solche Ergebnisse lassen sich ziemlich schnell erreichen. Es gibt Öl-Multis, Rohstoff-Händler, Pharma-Mogule und Filmstars; auch die Stars der Musikbrache schwimmen in Geld. In Amerika verdienen über 4000 Musikprofis weit mehr als eine Million Dollar im Jahr, von den Spitzenstars ganz zu schweigen. Dort redet man gleich von 10, 30, 50 Millionen und noch mehr. Mit guten Verbindungen zu den Steueranwälten sind solche Quellen schnell gewonnen. Auch Söhne der Präsidenten in Lateinamerika und Afrika wissen nicht, wohin mit ihren Millionen. Mit Hedgefonds zu zocken, macht Spaß. Man muss es den Jungs nur schmackhaft machen. Wie solche Kapitalisierungen zustandekommen, ist letztlich egal. So auch im Falle von Berggruen und seinem Dauergeschäftspartner Franklin; Ende 2007 kaufen sie den spanischen Medienkonzern Prisa für 1,29 Milliarden Dollar. Die Holding ist etwa mit dem Bertelsmann Konzern in Deutschland vergleichbar. Zu Prisa gehören neben Fernsehsendern und Zeitschriften auch Spaniens auflagenstärkste Tageszeitung *El Pais*. Als Berggruen seinen Einstieg in das Unternehmen verkündete, begann in der Redaktion das große Zittern. Von den knapp 700 Mitarbeitern sollte die Hälfte entlassen werden. Peau à peau, um keine Panik auszulösen.

2008 Go India! Seit November transportiert Berggruens Select Cabs täglich 8000 Beschäftigte mit 2000 Autos in Chennai (früher Madras), Bangalore, Mumbai, Pune, Neu-Delhi, Kalkutta und Hyderabad. Bis November spielt eine sensationsverdächtige Kundengewinnung für Berggruens erst im Februar gegründete Liberty International Acquisition Co. ein Depot von rund 878 Millionen Dollar ein. Nun verfügen Nicolas Berggruen und Martin Franklin über Spielgeld in schwindelerregender Höhe. Berlin gibt sich derweil dem Berggruen-Kult hin. So trennt sich beispielsweise das Erich-Hoepner-Gymnasium von seinem Namen und wird in Heinz-Berggruen-Gymnasium umbenannt. Und während man in der Hauptstadt das Denkmal Heinz Berggruen pflegt, jongliert Nicolas Berggruen auf der Börse weiter. Noch vor der herannahenden Finanzkrise stößt er seine Anteile an GLG Investment ab, und selbst als es Ende 2008 zum weltweiten Crash kommt, einige Händler abspringen und die GLG-Aktie fast 90 Prozent an Wert verliert, fährt Nicolas Berggruen weiter Gewinne ein. Im Dezember 2008 initiiert er eine Zweckgesellschaft namens Liberty Acquisition Holdings Corporation. Für den geplanten Börsengang werden innerhalb kürzester Zeit mehr als eine Milliarde Dollar eingesammelt. Selbst die Experten von *Bloomberg* und *Forbes* reiben sich die Augen und verstehen die Welt nicht mehr. Einen Erklärungsansatz hatte lediglich James Hauslein, der ehemalige Geschäftsführer von Sunglass Hut parat. Sie glich fast einer Liebeserklärung: »Nicolas Berggruen kann sich in seine Investmentprojekte so vertiefen, dass er alles andere auf der Welt vergisst.« Ähnliches sagte man bereits über seinen Vater: »Er lebt in der Welt seiner Bilder.«

2009 Berggruens Liberty International Acquisition Co. erwirbt die englische Lebensversicherungsgesellschaft Pearl Group (heute: Phoenix Group Holdings) für 843 Millionen Dollar. Seinen Glücksgriff mit dem legendären US-Brillenhersteller Foster Grant krönt Berggruen schließlich mit dem Verkauf an Bollé für insgesamt 400 Millionen Dollar. Dass sein Partner Martin Franklin im Aufsichtsrat des französischen Optikkonzerns sitzt, ist dabei kein Zufall. Der Slogan von Bollé könnte von Nicolas Berggruen stammen: *»If you never try, you'll never see!«* – Wenn Du es nie versuchst, wirst Du es nie sehen!

DIE VERSPRECHUNGEN DES »MISTER KARSTADT«

2010 Die Karstadt Warenhaus AG wird zum 1. Oktober 2010 an Nicolas Berggruen überschrieben. Der symbolische Preis beträgt einen Euro. Für die Namensrechte an Karstadt zahlt Berggruen fünf Millionen Euro. Das Gerücht, er würde für die Lizenz an Karstadt-Markenrechten bis zu 12 Millionen Euro jährlich verlangen, weist Nicolas Berggruen gegenüber der *Bild* (vom 4. Juni 2013) energisch zurück: »Ich kenne den Vorwurf – und er ist absolut falsch.«

Die Verbindlichkeiten in Höhe von 65 Millionen Euro tilgt Nicolas Berggruen mit einem Kredit, den er selbst besorgt und dafür Karstadt Zinsen berechnet. Entscheidend ist, dass ihn die Valovis Bank bei den Verhandlungen über die Mietsenkungen unterstützt. Es handelt sich um ein hauseigenes Kreditinstitut, welches 2001 als Karstadt Hypothekenbank AG zur Finanzierung der Handelsimmobilien der Karstadt Warenhaus AG gegründet wurde. Die Bankberater favorisieren von Anfang an Berggruens Bewerbung. Bedenken, dass er von Warenhäusern nichts versteht, werden im Keim erstickt: »Für die Kleinarbeit hat der Großinvestor seine Leute«, schreibt die faz (vom 5. September 2010). Berggruen verspricht, in den nächsten vier Jahren weitere 400 Millionen Euro für die Modernisierung und Reorganisation des ins Straucheln geratenen Handelsriesens zu investieren. Das Geld dafür soll aus Karstadts laufendem Umsatz erwirtschaftet werden, oder wie Berggruen zu sagen pflegt: »aus dem Cash-Flow« – seinem besten Freund.

Der britische Hedgefondsanbieter GLG Partners wird mit hohem Verlust an die britische Man Group verkauft. Die Abwicklung betrifft Nicolas Berggruen allerdings nicht mehr. Zu seinen herausragenden Eigenschaften gehört, dass er mit seinem siebten Sinn, genau den Moment erspüren kann, »bevor die Musik aufhört zu spielen«. Nicolas Berggruen steigt aus, bevor der große Crash einsetzt. Dies bringt ihm in Branchenkreisen Anerkennung und Respekt ein. James Hauslein, inzwischen zum Direktor von einem von Berggruens Blank-Check-Unternehmen aufgestiegen, erklärt die *Bloomberg Businessweek* (vom 21. November 2011): »Nicolas ist ein sehr einflussreicher Investor. Er hat in seiner langen und erfolgreichen Karriere zahlreiche Unternehmen erfolgreich aufgebaut und Marken wiederbelebt.«

2011 Justice Holdings heißt die neue Zweckgesellschaft von Nicolas Berggruen und Martin Franklin in London. Ihr Geschäftsführer ist der ehemalige Finanzstaatssekretär Lord Paul Myners. Der Ex-Minister der Labourpartei war seinerzeit Nicolas Berggruens erster Lehrmeister, als er im Sommer 1978 als 17-Jähriger in seinem Londoner Immobilienbüro ein Praktikum absolvierte. Für den Aufsichtsrat gelingt es dem Gespann Berggruen-Franklin, den prominenten amerikanischen Nationalökonomen Nouriel Roubini zu gewinnen. Der Sohn iranischer Juden aus Istanbul wuchs im Iran, in Israel und Italien auf. Seit 1995 arbeitet er als Ökonomieprofessor an der New York University, an der auch Nicolas Berggruen studiert hatte. Der Kontakt zu Nicolas Berggruen erfolgte über das Alumni-Netzwerk. Als Prophet der Finanzkrise betreibt er die Roubini Global Economics, einem Anbieter von Informationen für den Kapital- und Wirtschaftsmarkt. Mit Hilfe von Roubinis Prognosen sammelt Berggruens Justice

Holdings an der Londoner Börse rund 1,44 Milliarden Dollar ein. Zu diesem sensationellen Erfolg soll nicht zuletzt Roubinis aufsehenerregendes Buch *Das Ende der Weltwirtschaft und ihre Zukunft* (Originaltitel: *Crisis Economics: A Crash Course in the Future of Finance*) beigetragen haben, das ein Jahr zuvor erschienen war. Um seine Thesen weiter zu forcieren, ließ sich Roubini in Nicolas Berggruens Denkfabrik als eines der Zugpferde einspannen. Auf dem Podium provoziert er: »Wir müssen das Biest namens Wall Street aushungern.« Im gleichem Atemzug verteidigt er die Macht der Banken: »Die Politiker glauben, man könnte, wenn es wieder hart auf hart kommt, so einen Bankenriesen kontrolliert runterfahren. Aber wie will man in der Hitze einer Krise einen global operierenden Finanzriesen wie Goldman Sachs oder Morgan Stanley einfach dichtmachen? Das wäre zu riskant, und am Ende würde es doch wieder eine Rettung durch den Steuerzahler geben.«

Nachdem er Justice Holdings in Windeseile kapitalisiert hat, kauft Berggruen den Haferflocken-König Weetabix, dessen Vollkornweizenkekse seit über 60 Jahren zu jedem britischen Frühstück gehören. Die Produktpalette wird außerdem durch die Marken Alpen, Ready Brek und Weetos vervollständigt. Somit ist Weetabix nach Kellogg's der zweitgrößte Frühstückslieferant auf dem britischen Cerealien-Markt. Die Übernahme erfolgt über die Börse. Bislang gehörte Weetabix der englischen Private-Equity-Firma Lion Capital. Nach Verlusten wurde das Unternehmen von chinesischen Investoren aufgekauft, die bereits britische Traditionsmarken wie United Biscuits, den Hersteller von Jaffa Cakes und den Snack-Produzenten Twiglets für 1,5 Milliarden Euro erworben hatten. Justice Holdings übe in ihrem Sinne Gerechtigkeit aus und verteidige auf dem britischen Finanzmarkt nationale Interessen, sagte ein Sprecher des Unternehmens.

Burger King ist der nächste große Deal. Das Trio Berggruen-Ackman-Franklin steigt mit dem Kapital von Justice in die Fastfood-Kette ein. Eine Investition für 1,4 Milliarden

Dollar, die Berggruen mit seinem Engagement für die Nachhaltigkeit begründet. Er wolle damit erreichen, dass bei Burger King künftig nur Fleisch aus artgerechter Haltung verwendet werde. Dieses Ziel soll aber erst 2017 erreicht werden. Nicht alle US-Medien nehmen Berggruen sein Versprechen ab. Viele sehen darin nur ein Ablenkungsmanöver. Die geplanten Streichungen von Arbeitsplätzen sind für die Kritiker ein zusätzliches Indiz dafür, dass es sich bei der Burger-King-Übernahme nur um eine weitere Börsenspekulation handelt. Berggruen hat bislang kein eigenes Geld in Burger King investiert. Demselben Vorwurf sieht er sich auch in Deutschland bei seinem Karstadt-Engagement ausgesetzt. Hie und da beruft sich Nicolas Berggruen auf »Cash-Flow« – sein bevorzugtes Rezept für Firmensanierungen.

ALLE WEGE FÜHREN NACH BEUSICHEM

2012 Ein Geheimnis der verschachtelten Berggruen Holdings steckt im niederländischen Flachland. In Beusichem (sprich: Böjskem), einer Gemeinde mit etwa 2000 Einwohnern, ließ Nicolas Berggruen nach der Karstadt-Übernahme eine neue Firma, Karstadt-Holding Ltd., im Handelsregister eintragen. Seit der Anmeldung am 4. Januar 2012 findet sich der Eintrag auch auf der Liste der Securities Exchange Commission (SEC). So heißt die US-Börsenaufsicht, die für die Kontrolle des Wertpapierhandels in den Vereinigten Staaten zuständig ist. Aus dieser Quelle stammen die absolut zuverlässigen Informationen über das Berggruen Firmengeflecht. Es besteht aus:

- Berggruen Acquisition Holdings S.A.R.L., Director: Ton Trentelman
- Berggruen Holdings North America Ltd., Director: Jared Bluestein
- BH Stores I N.V., Managing by Intertrust, Curaçao, niederländische Antillen

- BH Stores IV B. V., Managing Director: IMS Benelux Holding Coöperatieve U. A.
- IMS Benelux Holding Coöperatieve U. A., Director: Ton Trentelman
- Karstadt Holding Ltd., Director: Jared Bluestein
- Berggruen Holdings Ltd., Director: Jared Bluestein
- Nicolas Berggruen Charitable Trust, Managing by Maitland Trustees Ltd. as Trustee. Als zeichnungsberechtigter Vorstand der Stiftung ist Jared Bluestein *(authorized signatory)* eingetragen.

Eine der Schlüsselfiguren in dieser Konstruktion ist Antonius Theodorus »Ton« Trentelman. Im Gegensatz zu den anderen *managing directors* ist er mit seinem Firmensitz in Beusichem registriert und hält die Fäden für weitere Berggruen Unternehmen in der Hand: IMS Benelux Holding, Coöperatieve U. A., Markt 6, 4112 JS Beusichem, The Netherlands. Trentelman ist niederländischer Staatsbürger. Den Kopf der ganzen Firmenhydra bildet Jared Bluestein, der als *director* der Berggruen Holdings in New York gemeldet ist. Er besitzt einen amerikanischen Pass. Bei den ebenfalls involvierten *directors* David Catala und Philippe Toussaint ist eine Adresse in Luxemburg angegeben: 65, Boulevard Grande, Duchesse Charlotte, L-1331 Luxembourg. David Catala ist luxemburgischer Staatsbürger, Philippe Toussaint stammt aus Belgien. Auch eine Anschrift von Nicolas Berggruen, die als Ersatz für einen festen Wohnsitz firmiert, findet sich: c/o Greenberg Traurig, P.A., 401 East Las Olas Blvd., Suite 2000, Fort Lauderdale, FL 33301.

Aufschlussreich für das Versteckspiel ist auch die Adresse des Aufsichtsrats seiner Stiftung, eingetragen als MOMATS Ltd., c/o Midocean Management and Trust Services (BVI), Ltd. Midocean Chambers, 9 Columbus Centre, Pelican Drive, Road Town, Tortola, British Virgin Island. Zu der Firma namens Intertrust, als Zuspieler der Berggruen Holding, findet sich der Eintrag: Berg Ararat 1, Curaçao, Niederländische Antillen, Karibik. Das Büro teilen sich Gosse de Vries, Reuse

Boks und Michael de Man, die wiederum ein weltumfassendes Netzwerk mit Büros in 22 Ländern unterhalten. Für Kunden von New York über Moskau bis Shanghai erledigen sie die Administration, Buchhaltung und Bilanzierung. Sie besorgen Zertifikate für den globalen Emissionshandel und kümmern sich um *escrows*. Darunter versteht man Treuhandverträge mit Anderkonto, »die sicherstellen, dass eine komplexe Finanztransaktion zur vollen Zufriedenheit von Käufer und Verkäufer abgeschlossen wird«, heißt es auf der Homepage von Intertrust. Wer Berg Ararat 1 für eine Ortsbezeichnung hält, irrt sich. Es handelt sich hierbei um den Decknamen für ein Büro im Zeelandia Office Park, Kaya W.F.G., Mensing 14, 2nd Floor, Willemstadt, Curaçao. Den Weg in die Karibik kann man sich aber sparen, Intertrust verfügt auch über ein Büro in Amsterdam.

DAS EINMALEINS DER STIFTUNGSFÜHRUNG

Wie das Stiftungssystem funktioniert, ist ziemlich einfach zu erklären: Der Vermögende *(settlor)* gründet die Stiftung *(trust)* und ernennt einen Vorstandsvorsitzenden (*protector*, z.B. den Freund, Anwalt, Treuhänder der Familie), der eine Gewährsperson zum Aufsichtsrat *(trustee)* bestellt, welche wiederum ein Freund oder Anwalt der Familie sein kann. Diese Gewährsperson ist verantwortlich für die Stiftungsführung und kann entscheiden, wer von ihr Geld bekommt. Der Begünstigte *(beneficiary)* kann identisch sein mit dem Vermögenden *(settlor)*.

Ob Sachs, Flick, Rothschild, Thyssen-Bornemisza oder Berggruen – mit dieser Konstruktion kann der Stiftungsgründer jederzeit flexibel über sein Vermögen verfügen, das er vor der Steuer »umgeleitet« hat. Der Modus ist legal, denn der Status einer Stiftung ist immer mit Wohltätigkeit, Bildung und Mäzenatentum definiert. Dazu gehört auch die Beschaffung neuer Bestände für Museen, weil es sich bei diesen um kulturelle Bildungsinstitutionen handelt. Damit ist die Investition voll steuerabschreibungsfähig. Die Museen erhalten die millionenschweren Kunstwerke zunächst als Leihgaben. Somit kann man sie nach einer gewissen Zeit wieder zurückziehen und als Kapitalanlage wiederverwerten. In Zeiten niedriger Zinssätze gehen solche Spekulationen mit großen Gewinnen einher.

Als Stiftungsbeteiligter sollte man darauf achten, möglichst wenig Korrespondenz entstehen zu lassen und ganz auf E-Mails zu verzichten. Als Faustregel gilt, dass man nur über Anwälte kommunizieren sollte. Bei Nicolas Berggruens Charitable Trust ist Jared Bluestein der Freund der Familie. Als Aufsichtsrat fungiert die Anwaltskanzlei Maitland mit Sitz in Tortola auf den Britischen Jungferninseln in der Karibik. Als Stiftungssitz ist das holländische Städtchen Beusichem eingetragen, dort wird Nicolas Berggruen als *settlor* mit der Adresse seines Anwalts in Fort Lauderdale geführt.

Greenberg Traurig vertritt generell die gesamte Berggruen Holdings North America. Es ist die größte Anwaltskanzlei Amerikas. Das Unternehmen wurde 1967 von Robert H. Traurig in Miami gegründet. Der 1925 geborene deutschstämmige Anwalt zählt zu den Urgesteinen der amerikanischen Jurisprudenz. 1950 berief er einen berühmt-berüchtigten Anwaltszirkel und taufte ihn als ein Bewunderer Hemingways auf den Namen The Florida Bar. Das martialische Motto lautete: *Protecting Rights, Pursuing Justice, Promoting Professionalism* – Rechte schützen, der Gerechtigkeit folgen, Professionalität fördern. Die wie ein Clan geführte Organisation zählte bald 98 000 eingeschworene Mitglieder, die härtesten Anwälte Amerikas. Der fast 90-jährige Traurig rangiert immer noch unter den Top 10 der besten amerikanischen Anwälte. Als solcher zählt er auch zu den teuersten. Heute umfasst die Kanzlei Greenberg Traurig LLP in Fort Lauderdale rund 29 Büros weltweit – von Amsterdam über Tel Aviv bis Shanghai. Die Zahl der angeschlossenen Fachanwälte wird auf 1800 geschätzt. Solche Dimensionen übertreffen sogar den Film *Die Firma* oder die Romane von John Grisham.

Zu den Spezialgebieten von Greenberg Traurig gehören Unternehmens- und Wertpapierrecht, Rechtsstreitigkeiten, Immobilien, Arbeit und Beschäftigung, Business Reorganisation und Sanierung, Umwelt- und Landentwicklung, Steuern, Gründung von Trusts und Regelung von Nachlässen. Für einen Milliardär wie Nicolas Berggruen ist es eigentlich unnötig, eine eigene Verwaltung zu unterhalten. Was an Arbeit anfällt, erledigen für ihn Anwälte wie Greenberg Traurig.

2013 Es sprengt jegliche Vorstellungskraft, welchen Umfang die unglaubliche Welt des Nicolas Berggruen hat. Anfang des Jahres listet seine Firmenhomepage rund 45 (!) Investmentobjekte auf. Die Investments lassen sich einzeln aufblättern, die Objektbeschreibungen sind werbewirksam verfasst. Das jeweilige Volumen fängt bei 35 Millionen an und schwankt im oberen Bereich zwischen 200 und 300 Millionen Dollar. Rechnet man das ganze Projektpaket zusammen, ergibt sich eine Gesamtsumme von 7,4 Milliarden Dollar, zerstreut über den ganzen Globus.

Wie Nicolas Berggruen in diesem Wirrwarr den Überblick behält, nötigt gehörigen Respekt ab. Allein sich die Bezeichnungen der vielen Firmen, Association Groups und Holdings – von Dienstleistern bis Produzenten – zu merken, ist kein leichtes Unterfangen. Zum Glück ist die Namensliste der leitenden Personen überschaubarer. Ein Team von neun Managern lenkt die Geschicke des Berggruen'schen Imperiums. Nicolas Berggruen steht als Vorstand ganz oben, sein langjähriger Wegbegleiter Jared Bluestein als Präsident der Holding figuriert unter ihm. Die Holding ist nach amerikanischem Vorbild aufgebaut, bei dem jede Firma eine Menge Präsidenten *(president)*, aber nur einen Vorsitzenden *(chairman)* hat. Und der macht, was er will. Und weil er schon von Haus aus so viel Macht besitzt, will Nicolas Berggruen seinen Einfluss nicht nur festigen, sondern weiter ausbauen. Deshalb hat er auch die Politik für sich auserkoren.

Am 4. Juni 2013 stellt er sein Buch *Klug regieren. Politik für das 21. Jahrhundert* vor. Zur Premiere lädt er nach Berlin ein. Der Friedrichsaal der Deutschen Bank ist gut gefüllt, mehr als hundert Menschen sind gekommen, um mit ihm über die Zukunft der Welt zu diskutieren. Mit Berggruens Tätigkeit als Karstadt-Eigentümer hat dieser Abend nichts zu tun. Es geht einzig und allein um die Buchpremiere. Sein Ratgeber über Politik ist beim katholischen Herder Verlag in Freiburg erschienen, der einer messianischen Berufung folgt: »den Menschen in ihrer Zeit zu helfen, dass sie das Leben meistern und in seiner Tiefendimension verstehen«. Dieser Satz steht in der Festschrift zum 200. Verlagsjubiläum. Bisher verstand man diese Art von Hilfe überwiegend in der Veröffentlichung von religiös orientierten Schriften. Die Päpste von Johannes Paul II. über Benedikt XVI. bis hin zu Franziskus bilden die Säulen des Verlagsprogramms. Nun zählt Nicolas Berggruen auch zu dieser geheiligten Reihe. Dem Leser wird er nur als Vorsitzender des Berggruen Institute on Governance vorgestellt. Dass er zugleich ein milliardenschwerer Finanzinvestor ist, darüber verliert der Verlag kein Wort, was auffällig ist und geradezu an Faktenmanipulation grenzt. Oder will man etwa einer Kontroverse zwischen Berggruen als Kapitalist und Berggruen als Politikexperte aus dem Wege gehen?

Der Verlag nimmt dazu keine Stellung. Immerhin adelt aber Gerhard Schröder das Buch mit einem Vorwort. Zugleich schränkt der ehemalige Bundeskanzler die Anwendbarkeit von Berggruens Thesen ein: »Nicht in allen Punkten wird man mit den Autoren übereinstimmen. Das gilt insbesondere für den Vorschlag, demokratische Systeme um Expertengremien zu ergänzen. Solche Gremien nicht nur mit Beratungs-, sondern auch mit Entscheidungsfunktionen auszustatten, könnte jedenfalls in Deutschland verfassungsrechtliche Fragen aufwerfen.«

KAPITEL X

HEIMATGEFÜHLE EINES »HEIMATLOSEN« MILLIARDÄRS

»Heimat ist, wie man sich fühlt, Heimat ist im Kopf. Wenn ich interessante Sachen mache, wenn ich mit interessanten Leuten rede, wenn manchmal doch die Sonne scheint, das ist gute Heimat.«

NICOLAS BERGGRUEN

Nicolas Berggruen erhält viele Einladungen. Auf den Wohltätigkeitsveranstaltungen von Warren Buffett, George Soros oder Bill und Melinda Gates ist er ein gern gesehener Gast – auch wenn er für andere Organisationen grundsätzlich nicht spendet.

Abends wird Nicolas Berggruen häufig mit attraktiven Frauen wie der britischen Schauspielerin Gabriella Wright fotografiert. Das Magazin *Vanity Fair* (vom März 2011) berichtet: »Man könnte leicht auf sein Leben schauen und sagen: ›Oh, mein Gott, er hat immer ein hübsches Mädchen an seinem Arm. Er ist auf jeder Party der ganzen Welt zugegen. Ist er nur ein großer Playboy?‹« Die Kolumnistin Vicky Ward, die den Artikel verfasst hat, meint: »Vielleicht. Jedes Jahr veranstaltet Berggruen eine Party im *Chateau Marmont* in Hollywood während der Oscar-Woche und lädt alle seine Freunde ein. Es ist die Party, auf der man sich die Schulter an Stars wie Paris Hilton, Woody Harrelson und Leonardo DiCaprio reibt.« Als *Bloomberg*-Journalist Devin Leonard bei seinem Interview im *Carlyle* auf Wards Beobachtungen zu sprechen kommt, korrigiert ihn Nicolas Berggruen: »Ich besuche Partys nicht mehr so häufig. [...] Ich habe dafür keine Zeit mehr. Es gibt wichtigere Dinge ...«

Zum Beispiel China! Das Land der Mitte fasziniert ihn, es bildet inzwischen das Kernthema seiner Aktivitäten. »Nicolas Berggruen traue China mehr als den USA zu, weil sich die amerikanische Demokratie tief in Grabenkämpfen verstrickt hat«, schreibt das *Handelsblatt* (vom 15. März 2013). Darüber, »wie viel autoritäre Meritokratie das Land [China, Anm. des Autors] braucht oder wie viel Demokratie mit der Aufrechterhaltung der ›Harmonie‹ und Stabilität vereinbar ist«, diskutiert er als Gastautor. Der Artikel ist mit »Eine verkehrte Welt« betitelt. Darin erklärt er, dass ihn vor allem interessiere, woher die Vitalität der chinesischen Wirtschaft, das ungeheuere Leistungspotential, die Antriebskraft dahinter komme, weil die Motivation dafür nur schwer vorstellbar sei. Für chinesische Jugendliche sei Bill Gates ein Idol, was ihn fasziniere. Das sind die Themen, über die er auch mit Leonard reden will. Alles andere interessiert ihn, wie er zu sagen pflegt: »Nicht so sehr ...« Den Satz bringt er nicht zu Ende, schreibt Devin Leonard in seinem Porträt, stattdessen stöpselt er sich die Knopfohrhörer ins Ohr und widmet sich wieder seinem BlackBerry. Während er telefoniert, beantwortet er die Interviewfragen und schaut dabei aus dem Fenster. Das sieht nach *business and pleasure* aus, beides geht auch nahtlos ineinander über.

Äußerlichkeiten seien ihm nicht so wichtig, erzählt Berggruen. Reichtum und Glamour würden ihn nicht zufrieden machen. Man sei auch nicht reich oder arm, man sei, was man tue. Leonard schenkt seinen Aussagen Glauben, deckt sie sich doch mit den Ansichten anderer Millionäre wie zum Beispiel Bill Gates: »Das Business ist nicht das Schwierige und auch nicht das Wichtige, sondern der Inhalt, womit man sich beschäftigt.« Zur dieser These gelangte auch der amerikanische Wirtschaftsjournalist John A. Byrne in seinem Buch *World Changers*, in welchem er die Biographien von 25 namhaften Unternehmern analysierte: »Wer sich ausschließlich für Geld interessiert, nur hinter dem Geld nachjagt, wird nie reich. 90 Prozent der Persönlichkeit muss eine echte Begeisterung für eine Sache ausmachen, eine Leidenschaft fürs Unternehmen. Für die geschäftlichen Dinge reicht es aus, nur zehn Prozent seiner Gedanken zu investieren.« Von Bill Gates (Microsoft) über Ted Turner (CNN), Richard Branson (Virgin Group) und Jeff Bezos (Amazon) bis zu Mark Zuckerberg (Facebook) – die Top-Liga der zeitgenössischen angloamerikanischen Wirtschaftspioniere lebt dieses Erfolgsprinzip vor. Eine Einschränkung gibt es jedoch, wie Byrne schreibt: »Es ist erstaunlich wie viel Pech, aber auch Glück mit den Gründergeschichten einhergeht.«

Von Byrnes Ideen sei auch Nicolas Berggruen wie besessen, hört man aus seinem Umfeld. Das Geld würde ihm wie von selbst hinterherlaufen. Die eigentliche Formel für Nicolas Berggruens Erfolg sei aber nachweislich Glück. So sei das schon bei seinem Vater gewesen.

DER *PIERRE*-DEAL

Sein Wunsch, sich von Besitztümern zu befreien, hat bei Nicolas Berggruen schon vor geraumer Zeit begonnen. Seit 2000 besitzt Nicolas Berggruen auf dem Papier nichts mehr. Sein Haus im Art-déco-Stil auf einer Privatinsel bei Miami hat er veräußert, die französischen Antiquitäten versteigert und sein leeres Appartement im 31. Stock des *Pierre* losgeschlagen. Kaum war Berggruen ausgezogen, wurde dieser Wolkenkratzer mit seiner nach französischen Loire-Schlössern gestalteten Dachkrone an die indische Taj Group verkauft. Mit insgesamt 106 luxuriösen Hotels gehört dieses Unternehmen dem Milliardär Jamsetji N. Tata aus Mumbai. Als Besitzer des gleichnamigen Mischkonzerns TATA lässt er von Fahrzeugen über IT und Elektronik bis zu Chemie alles produzieren, was man unter Industrieherstellung zusammenfassen kann. Sein Firmenschild hängt praktisch an allen Baustellen Indiens. Bagger, Beton, Brücken, Kräne und Bauarbeiter – alles stammt von TATA. Gerüchten zufolge soll Nicolas Berggruen an dem Megadeal um das *Pierre* beteiligt gewesen sein. Die Wege in Berggruens Labyrinth sind verworren. Branchenkenner verweisen auf Berggruens Homepage, dort wird seine indische Niederlassung genannt. In Mumbai ist sie in einem gläsernen Büroturm zu finden, der zum TATA-Immobilienimperium gehört: Notan Plaza, 6th Floor, 898, Turner Road im Nobelviertel Bandra West. Wieder ein Konglomerat. Von Mumbai aus werden die Berggruen-Hotels verwaltet. Unter der Marke Keys Resorts, die seit September 2006 existiert, kauft das Unternehmen Grundstücke für den Ausbau einer eigenen Hotelkette, die den Namen Key Hotels trägt. Die Expansion weist ein beachtliches Tempo auf. Von 0 auf 15 Hotels hat es die Kette innerhalb von vier Jahren und an Standorten wie Mumbai, Chennai, Bangalore (jeweils 3 Hotels), Puna (2 Hotels), Goa, Trivandrum, Ludhiana, Aurangabad und Mahabaleshwar geschafft. Die Gesamtzimmeranzahl soll rund 1200 Zimmer betragen. Für das Kalenderjahr 2013 sind weitere 19 Neueröffnungen geplant, die nach dem mittleren Segment der Business-Kategorie ausgerichtet sind. Dies entspricht dem wachsenden Markt mit indischen Geschäftsreisenden.

Meine Anfrage an Kabir Kewalramani, Berggruens Statthalter in Indien und Geschäftsführer von insgesamt elf Investmentobjekten, darunter Keys Hotels, Accentia Technologies, Car Club, GEAR, United Education Institutes (UEI), bleibt zunächst unbeantwortet. Als ich anrufe, meldet sich eine Frauenstimme: »Bergren Properties …« Höflich weist sie mich darauf hin, dass Mr. Kabir verreist sei, er sich aber melden werde, sobald er wieder zurück sei.

Aus welchen Dividenden, Provisionen und Renditen sich der Milliardentopf füllt, den Nicolas Berggruen eines Tages der Menschheit schenken will, lässt sich kaum erschließen. Man muss sich auf Schätzungen der Medien und Berggruens eigene Angaben verlassen. *Bloomberg* beziffert das Volumen seiner jährlichen Investitionen auf rund 250 Millionen Dollar. Man muss sich also um Nicolas Berggruen keine Sorgen machen. In seiner Gulfstream IV wird er weiter um die Welt fliegen können, um diese zu verbessern. Zwar gibt es inzwischen größere und schnellere Flugzeugtypen, aber sein gebrauchter Privatjet passt gut zu seinem selbstgewählten neuen Image als *»homeless billionaire«*. *»Homeless«* kann sowohl mit »obdachlos« als auch mit »heimatlos« übersetzt werden. *I'm homeless* steht beispielsweise auf den Pappschildern der Menschen, die kein Zuhause mehr haben und nun unweit des *Carlyle* am Central Park kampieren. Nicht nur dort, überall in New York sieht man sie. Als Randexistenzen, die von der Gesellschaft wie Strandgut auf die Straße gespült wurden, vegetieren sie vor sich hin. In Anbetracht solcher Verhältnisse wirkt es mehr als zynisch, dass jemand wie Berggruen, der in einem der teuersten Hotels der Welt lebt, für sich das Wort »obdachlos« beansprucht. Aber anscheinend kommen solche Aussagen bei den Journalisten gut an. Je mehr er sich zu einem »heimatlosen Milliardär« stilisiert, desto geschützter ist seine Privatsphäre. Er gehört nur sich selbst, ist niemandem Rechenschaft schuldig. Trotzdem hört er nicht auf, immer wieder in Interviews zu betonen, wie sehr ihn sein Besitz belaste (»... alles andere nicht so sehr ...«).

DAS *CARLYLE*-NETZWERK

Laut *JSpace* ist Nicolas Berggruen auch am *Carlyle* beteiligt. Jennifer Cooke, die Presseleiterin der Rosewood Group, bedauert mir gegenüber in einer E-Mail vom 13. Februar 2013, dass sie leider nicht befugt sei, diese Information zu bestätigen. Der Besitzer sei ein in Hongkong ansässiges Unternehmen. Auch Nicolas Berggruen verfügt über Firmen in Hongkong. Man kann davon ausgehen, dass das kein Zufall ist. David Kronberg, Online-Redakteur bei *JSpace*, verweist in seiner E-Mail vom 22. Januar 2013 auf gut informierte Kreise, die besagen, dass Nicolas Berggruen seine Aktien in Hotelimmobilien angelegt hat. Den Award Merger & Acquisition of the Year 2011 erhielt die Immobilienfondsgesellschaft Maritz,

Wolff & Co. Ein jüdisches Unternehmen, das unter anderen den Verkauf einiger Rosewood Hotels abgewickelt hat. Auch das *Carlyle* befand sich darunter, das für 800 Millionen Dollar an New World China Land Ltd. verkauft wurde. Der Besitzer ist der Milliardär Cheng Yu-Teng aus Hongkong, dessen Immobilienholding auf den Cayman Islands registriert ist. Das Eiland in der Karibik gehört zu den zehn größten Steueroasen der Welt. Die Immobilienmultis Maritz, Wolff & Co. sind die erklärten Spezialisten auf dem Gebiet der Luxushotels. Der Verkauf des *Pierre* mitsamt der Wohnung von Nicolas Berggruen geht auf ihr Konto. Das zu verwaltende Immobilienpaket wird laut *Forbes* mit 2,7 Milliarden Dollar bewertet. Zum Portfolio gehören neben den sieben Rosewood Hotels – bislang sind aus der Kette 16 der 24 Hotels veräußert worden – noch die Marken Four Seasons, Fairmont und Ritz-Carlton. Allesamt äußerst lukrative Objekte, an denen Nicolas Berggruen, wie es auf *JSpace* heißt, privat Anteile hält. Allein das Eigenkapital von Maritz, Wolff & Co. soll nach eigenen Angaben eine Rendite von 25 Prozent abwerfen. Darüber hinaus sollen Berggruen Anteile am *Claridge's* in London gehören. Jenes Hotel also, in dem schon sein Vater wohnte, und in dem deshalb auch Nicolas, Olivier und sogar John Berggruen nächtigen, wenn sie sich in der britischen Hauptstadt aufhalten. Die Brüder sollen sich untereinander gut verstehen und sich gelegentlich auch in London treffen, um den alten gemeinsamen Zeiten nachzuhängen. Bei den Oscar-Partys von Nicolas Berggruen im Hotel *Chateau Marmont* in Los Angeles war auch schon John mit seiner Frau Gretchen zweimal zu Gast. Der Familienzusammenhalt soll, so scheint es, im Sinne des Vaters gewahrt werden. Sein Ruhm ist es schließlich, auf den die Berggruens bis heute bauen. War Nicolas Berggruen bislang der Kronprinz, macht er sich nun daran, zum König zu werden.

»Er ist wirklich außergewöhnlich«, schreibt mir Devin Leonard. »Kein Wunder, dass sich auch Politiker gern an seinen Erfolg dranhängen. Seine mitreißende Dynamik verspricht, es mit ihm weit bringen zu können. Das unterscheidet ihn von anderen Millionären.«

Um etwas zu erreichen, muss man Freunde haben. Das gilt auch für Berggruen. In Devin Leonard hat er anscheinend einen neuen Verbündeten gefunden. In seinem Artikel für *Bloomberg* wird Leonard kein schlechtes Wort über Berggruen verlieren. Ein weiterer Sympathiebonus für »Mister Karstadt«.

KAPITEL XI

DER KARSTADT-DEAL

»Karstadt macht mir sehr große Freude. Gerade gestern habe ich noch einmal in Ruhe die Berichterstattung zu unseren Neueröffnungen gelesen, zum Beispiel des Loftfloors im KaDeWe oder die modernisierten Warenhäuser. Außerdem ist unser neues Konzept KTown gerade als ›Warenhaus des Jahres‹ ausgezeichnet worden. Da habe ich mich sehr gefreut.«

NICOLAS BERGGRUEN

Eigentlich war Nicolas Berggruen an Karstadt nicht interessiert. Auch als er nach eigenem Bekunden über die Karstadt-Pleite zufällig aus der Zeitung erfuhr, eilte er nicht gleich als »weißer Ritter« herbei, um den Deutschen ihre alte Kaufhauslegende zu retten. Zumindest nicht im Juni 2009, als der Handelskonzern mit dem Phantasienamen Arcandor AG, zu dem unter anderen Karstadt, Hertie, Quelle, Primondo und der Reiseanbieter Thomas Cook gehörten, in die Insolvenz ging. Zu einem unüberschaubaren Riesen mit weit über 150 Unternehmen in den letzten 20 Jahren angewachsen, geriet der Konzern ab 2005 in eine bedenkliche Schieflage.

Solche Firmenimperien zu bilden, entsprach dem Wirtschaftstrend der 1990er Jahre. Weltweit grassierte damals die »Fusionitis«. Alle Unternehmensberater – von Roland Berger bis McKinsey – indoktrinierten dasselbe Expansionsprinzip und empfahlen den Unternehmen, andere Firmen aufzukaufen. Die Großen fraßen buchstäblich die Kleineren auf, und in den Führungsetagen saß man dem Irrglauben auf, dass man Autos und Bügeleisen bloß addieren müsse. Mercedes-Benz, um ein konkretes Beispiel zu nennen, hat sich den Elektrohersteller AEG einverleibt, und bei Karstadt glaubte man, wenn ein Kunde im ersten Stock eine Badehose kauft, wird er im Erdgeschoss eine Reise dazu buchen. Oder umgekehrt. In der Marketingsprache nennt man diese Handelsstrategie »Frequenz produzieren.« Die Zahlen sprechen zunächst für den Erfolg des Konzepts. Zu Karstadts besten Zeiten gingen täglich bis zu einer Million Kunden durch die Tür. Diesen Strom wollte man sich zu Nutze machen. Was die Zahlen aber nicht verrieten, war, dass das Konsumverhalten der Kunden gerade dabei war, sich zu ändern. Nicht mehr das Universalkaufhaus, in dem man vom Anzug bis zur Zahnbürste alles kaufen kann, war bei den Kunden gefragt, sondern cooles Erlebnisshopping in Einkaufszentren mit Gastronomie. Die neuen Trends räumten mit dem Karstadt-Mythos auf. Auf einmal war Karstadt nur noch ein betagter Warenschuppen, der höchstens noch bei Verwandten vom Lande Interesse hervorrief.

Was den Managern aber letztlich größere Sorgen bereitete, war die Frage, wie man den Firmengiganten am Laufen halten sollte. Stand doch fest, dass man mehr Geld verbrauchte, als zu erwirtschaften möglich war. Ein teuflischer Kreislauf begann.

EIN POLITISCHES WACHSKABINETT

Zu diesem Zeitpunkt, also 2009, drehte sich bei Nicolas Berggruen alles um die Weltpolitik. Er hatte sich in den Kopf gesetzt, endlich seinen Jugendtraum zu verwirklichen und die Welt mit seinen Mitteln zu verändern. Für seine Mission war er bestens ausgerüstet, schließlich hatte er es als Investor in den letzten 30 Jahren geschafft, zum Milliardär aufzusteigen. Ausgerechnet die Jahre 2007/2008, welche die schwerste Finanzkrise seit dem Zweiten Weltkrieg markierten, gerieten für ihn zu der erfolgreichsten Geschäftsperiode seines Lebens. Es lag an seinem Instinkt. Im richtigen Moment spürte er, wann es genug war. So entledigte er sich rechtzeitig fauler Papiere und machte keine Verluste. Während sogar Milliardäre wie der russische Oligarch Roman Abramowitsch, der viertreichste Mensch der Welt, Warren Buffett, oder der Weltfinanzier George Soros reichlich Federn lassen mussten, schienen sich die Bilanzen von Nicolas Berggruen hervorragend zu entwickeln. Das entging natürlich auch den Börsenhändlern, Treuhändern und Vermögensverwaltern nicht, und sie warfen ihm das, was der Finanzmarkt an fluktuierenden Geldern noch hergab, buchstäblich hinterher.

Ergo gründete Nicolas Berggruen mit seinen Partnern einen neuen Fonds namens »Justice« und ging auf Einkaufstour. Mindestens 20 von 38 Investments, die auf der Homepage der Berggruen Holdings aufgelistet sind, stammen aus dieser Zeit. Aber schon damals galt sein Hauptinteresse der Politik und er spielte mit dem Gedanken, eine Organisation zu gründen, die sich professionell mit dem Weltgeschick beschäftigen würde. Mit Leuten, deren Namen allein schon durch ihren Klang beeindrucken. Am besten lässt sich dieses Vorhaben vielleicht mit einem »politischen Wachskabinett« vergleichen. Eine Galerie, in der Köpfe aus Politik, Wirtschaft und Medien ausgestellt werden, vergleichbar mit den Picassos und Klees seines Vaters. Heinz Berggruen musste jedoch fast zehn Jahre lang auf die Chance warten, bis er auf Picasso traf. Für Nicolas Berggruen liefen die Dinge etwas schneller, nicht zuletzt weil er auf dem Ruhm seines Vaters aufbauen konnte und ihm dadurch Türen geöffnet wurden, die anderen verschlossen blieben. Kaum hatte er 2009 das Berggruen Institute on Governance gegründet, konnte er auch schon seinen ersten »Picasso« präsentieren: den ehemaligen Bundeskanzler Gerhard Schröder.

Kurz nachdem Karstadt am 9. Juni 2009 in Insolvenz ging, flog Nicolas Berggruen mit seiner Gulfstream IV auf die Nordseeinsel Borkum, auf der der ehemalige Bundeskanzler ein Ferienhaus besitzt. Was Berggruen und Schröder in dieser Idylle zwischen Sumpfgras und Watt verabredeten, darüber berichtete später die *Bloomberg Businessweek* (vom 26. Oktober 2011): »Schröder nahm Berggruens Initiative für mehr europäische Integration auf. Er half ihm, für dieses Projekt andere ehemalige Staatschefs zu rekrutieren.«

Das Wort »rekrutieren« bringt es auf den Punkt. Was Nicolas Berggruen mit seiner Denkfabrik, dem Berggruen Institute on Governance, anstrebt, kommt der Idee einer Partei sehr nahe. Nur, dass diese weder nach links noch nach rechts ausgerichtet ist. Was er forciert, gleicht einer Überpartei, die es zum Ziel hat, Politik mit Geld zu verknüpfen und dadurch Einfluss auf die Politik zu gewinnen. Nicolas Berggruen hat gründliche Basisarbeit geleistet, um sich eine Eintrittskarte in diese Kreise zu verschaffen. Er hat die Wahlkampagne von Senator Charles Schumer aus New York und von US-Präsident Barack Obama mitfinanziert. Ein Investment, das sich ausgezahlt hat. Profitiert er doch fortan von den erstklassigen Kontakte, die sich aus diesem Engagement ergeben haben.

DIE AKTE GERHARD SCHRÖDER

Die Sozialdemokraten suchen traditionell die Nähe des Kapitals, um ihre Wahlversprechen einlösen zu können. Es gehört zu ihrem ureigenen, seit über 150 Jahren verfolgten Traum, mit den Produktionsmitteln des Kapitalismus einen Sozialismus zu schaffen. Ein Bündnis mit dem Großkapital durch persönliche Kontakte zu den Milliardären, so glauben etliche, kann schon innerhalb einer Wahlperiode von vier Jahren spürbare Ergebnisse erzielen. »Die Sozis nämlich«, so spöttelt über sie das konservative Lager, »sind die Weltmeister im Ausgeben von Geld, das ihnen nicht gehört.« Mitunter arbeitet man aber auch an Geldvermehrung. Unter Rot-Grün wurde der Kapitalhandel dereguliert, um die Finanzmärkte zu stärken. Den Raubtierkapitalismus ließ Schröder aus dem Käfig, als er 2004 den Hedgefonds Tür und Tor öffnete. Bis dato war dieser Handel in Deutschland nicht zugelassen. Ende 2011 wurden in Deutschland rund 25 Hedgefonds vertrieben, seitdem ist der Markt für ausländische Hedgefonds auch in Deutschland stark angewachsen.

Unter Schröders Regierung hat die Anzahl der Millionäre in Deutschland beachtlich zugenommen. Der AWD-Chef Carsten Maschmeyer wurde als Schröder-Freund zum Milliardär. Schon 1998 unterstützte dieser Schröders Wahlkampf mit einer Anzeigenkampagne in Höhe von 650.000 D-Mark. Der Wikipedia-Eintrag, in dem es heißt, dass Maschmeyer die Rechte an Schröders Memoiren für rund eine Million Euro erworben haben soll, ist bisher nicht gelöscht worden, genauso wie »Schröders Liste« seiner Kapitalquellen:

- Berater für den Schweizer Ringier Verlag in Zürich;
- Vorsitzender im Aufsichtsrat des Pipeline-Konsortiums Nord Stream AG, mit Firmenhauptsitz in der schweizerischen Steueroase Zug;
- Berater der Libyan Investment Authority, eng vernetzt mit der Abu Dhabi Investment Authority;
- Berater der Rothschild Bank in Genf. Laut der Arte-Dokumentation »Das Milliardenversprechen«, gesendet am 16. April 2012, eine Finanzlegende mit der weltweit exklusivsten Kundenkartei.

Mit der Schröder-Connection erweitert sich Berggruens Akquisitionsfeld. Der Ex-Kanzler ist überaus aktiv im internationalen Polit-Geschäft. Laut einem *Spiegel*-Bericht (Nr. 11/2013) hat Schröder bereits mehrfach den Alleinherrscher Nursultan Nasarbajew in Kasachstan unter vier Augen gesprochen. Eine offizielle Beratertätigkeit dementiert Schröder aber entschieden. Die neuerlichen Glückwünsche an den kasachischen Diktator zum Zuschlag für die Expo 2017 in Astana seien rein privater Natur gewesen.

Schröder und Berggruen schätzen sich, und seit sie per Du sind, hat sich der Altkanzler in die Berggruen-Siedlung Gümüşlük an der türkischen Riviera eingekauft. Die 64 Ferienhäuser auf einem Hügel über Bodrum gehören zu den Vorzeigeobjekten von Berggruen Construction & Project Development. Schröder hat sich für ein weißes Haus entschieden, das vom schwedischen Architekten Thomas Sandell entworfen wurde. Wohnzimmer mit Kamin und offene Küche, drei Schlafzimmer, zwei Bäder, insgesamt 135 Quadratmeter Wohnfläche, kleiner Garten mit Pool sowie 45 Quadratmeter Dachterrasse. Als Preis gibt die Homepage rund 245.000 Euro an.

Als Bundeskanzler habe er mit seinen harten Arbeitsmarktreformen Deutschland zum wettbewerbsfähigsten Land in Europa gemacht, würdigt Berggruen Schröders Politik des sozialen Abbaus. Schröder gehört seit 2009 zu den Gründungsmitgliedern des Berggruen Instituts und gilt als graue Eminenz in Berggruens Netzwerk. Mit Schröder als Wegbereiter einer politischen Union, »die Europa zu einer starken Säule in der multipolaren geopolitischen Ordnung des 21. Jahrhunderts machen könnte«, endet auch das Europa-Kapitel von Berggruens Politik-Ratgeber *Klug regieren*.

Während sich Nicolas Berggruen der Politik zuwendet, funktioniert im Hintergrund sein Team zuverlässig wie ein Schweizer Uhrwerk. Es gibt kein einziges Investment in seinem Imperium, in dem Nicolas Berggruen als Finanzier allein dasteht. Er hat immer Partner an seiner Seite, die für ihn die exekutiv-operativen Aufgaben erledigen. Und egal, welchen Stein man auf seinen »Baustellen« – ein Wort übrigens, das er gern und häufig benutzt – umdreht, es kommt ein kompliziert geflochtenes Netzwerk darunter zum Vorschein.

Welche auf ihn eingeschworene Mannschaft Nicolas Berggruen stützt, zeigen die Aussagen seines Statthalters in Indien. Kabir Kewalramani zählt zu den neun *managing directors*, die das System Berggruen am Laufen halten. Als ich ihn per E-Mail frage, über welche herausragenden Eigenschaften Nicolas Berggruen verfüge, schickt er mir gleich einen ganzen Kodex:

- *Begabt, mit außergewöhnlichem Intellekt; fähig, mehrere Faktoren gleichzeitig zu analysieren.*
- *Er gehört zu den neugierigsten Menschen, die ich je getroffen habe.*

- *Mit seinem Wissen konfrontiert, sieht man die Dinge gleich aus mehreren Perspektiven.*
- *Er kann schnell den Kern der Dinge treffen und komplizierte Sachverhalte vereinfacht auf den Punkt bringen.*
- *Er trifft extrem schnell Entscheidungen.*
- *Gibt den Menschen, die für ihn arbeiten, viel Freiraum, um sich optimal einzubringen, selbst zu organisieren und eigene Ideen zu verwirklichen.*
- *Trotz seines Erfolgs hört er jedem zu, beschäftigt sich mit Menschen mit viel Respekt und ist außerordentlich höflich.*

Auch *Bunte*-Autor Paul Sahner diagnostiziert nach seinem Interview mit Nicolas Berggruen: »Er ist ein Mensch, dem man gern zuhört. Im Gespräch sucht er den direkten Augenkontakt. Nur manchmal schweift sein Blick kurz in die Ferne, oft nach oben, um seine Visionen kundzutun.«

IN DER ROBIN-HOOD-FALLE

Wie Nicolas Berggruen als selbsternannter Politikberater zu Karstadt gekommen ist, entbehrt nicht einer gewissen Komik, auch wenn die Auswirkungen verhängnisvoll sind. Letztlich kam Berggruen zu Karstadt wie die Jungfrau zum Kinde. Der Sohn des Kunstsammlers Heinz Berggruen wurde zum Heiland verklärt; ihm folgen zu dürfen, sahen viele als Privileg an. Der Rest ist ein lehrreiches Beispiel von Rudeljournalismus. Im Schwarm hinter der Arche Berggruen her zu schwimmen, versetzte die Medien geradezu in einen Kollektivrausch. Niemand schien zu hinterfragen, wer der Kapitän an Bord von Karstadt wirklich war. Als der von den Journalisten hochgeschriebene »Mister Karstadt« im *Bild*-Interview (vom 4. Juni 2013) halb Deutschland aus dem Traum erwachen lässt, ist es bereits zu spät. Er gesteht: »Ich habe nicht gewusst, wie krank Karstadt […] wirklich war.« Dass dies zutreffend ist, beweist die Chronologie der Karstadt-Ereignisse. Aufgrund seiner politischen Ambitionen hatte Berggruen für den Dauerpatienten Karstadt einfach keine Zeit. Möglicherweise hatte er auch nicht das wahre Interesse. Die ganzen Verhandlungen, um das Übernahme-Paket festzuschnüren, überließ er seinem Geschäftspartner Jared Bluestein. Ein Mann, dem nachsagt wird: Wenn bei anderen das Blut kocht, sinkt seines auf eisige Temperaturen.

DIE AKTE JARED BLUESTEIN

Ein Sonderplatz in der deutschen Wirtschaftsgeschichte ist ihm bereits sicher: der erste professionelle Pokerspieler als Aufsichtsrat eines deutschen Traditionsunternehmens. In der Hierarchie der Berggruen Holdings nimmt Jared Bluestein eine Schlüsselposition ein. Auf der Homepage wird er als *chief operation officer* geführt, zuständig für *»buyout activities, investment sourcing, portfolio oversight and firm administration«*. Wörtlich heißt *buy-out* »Aus-Kauf«, was den Nagel auf den Kopf trifft: Ein Unternehmen wird von einem anderen finanziell ausgehebelt, indem man zuerst einzelne Geschäftsteile erwirbt und dadurch später zur Übernahme des Ganzen gelangt. Zu Bluesteins Kompetenzen gehören außerdem Investmentakquisition, Controlling, Verwaltung – im Fall von Karstadt schließt dies auch den Posten des Aufsichtsratschefs mit ein.

Auf der Internetseite *The Hendon Mob* kommt sein zweites Gesicht zum Vorschein: Mit einer Sonnenbrille getarnt, sitzt er am Spieltisch. In einer Tabelle des Weltverbands der professionellen Pokerspieler sind die Ergebnisse zusammengefasst. Im Juli 2006 landete er beim Bellagio Cup in Las Vegas als Einsteiger auf dem unbedeutenden 51. Platz, lediglich mit einem mickrigen Gewinn von 1.213 Dollar. Im Mai 2007 kämpfte er sich bei der Mega Stack Challenge im Naturreservat Mashantucket bis auf Platz 7 vor. Im Januar 2008 erreichte er beim Borgata Summer Poker Open in Atlantic City mit Rang 4 seine beste Position auf der Weltrangliste der Top-300-Profis. Dennoch hatte er Pech: Sein Gewinn lag bei mageren 27.930 Dollar. Ein Jahr später beim Spitzenturnier World Series of Poker (WSOP) hatte er definitiv schlechte Karten: Nach dem fünftägigen Poker-Marathon kam er nur auf Platz 345 und kassierte lediglich eine schwache Prämie von 29.911 Dollar. Nach dieser Pleite unterbrach Jared Bluestein seine Spielerkarriere, um sich ausschließlich Berggruens Geschäften zu widmen. In seiner Holding vertritt er seit 1996 die Interessen seines Chefs in mehr als 50 internationalen Unternehmen. In Medienberichten erhält er gern den Zusatz: knallhart.

Sein Geburtsjahr datiert sich auf 1974, sonst weiß man nicht viel über ihn. Er hat International Business an der University of Pennsylvania studiert und schloss nach dem Abschluss kometenhaft zu den Mitgliedern der Young Presidents' Organization (YPO) auf, ein mächtiges globales Netzwerk für Manager. Mit Nicolas Berggruen verbandelte sich Bluestein geschäftlich schon 1996. Zu diesem Zeitpunkt war er gerade einmal 22 Jahre alt – ein Senkrechtstarter also wie Berggruen, der im Alter von 23 bereits seine ersten Millioneninvestitionen erfolgreich durchgeführt hatte. Die *Bloomberg Businessweek* bestätigt Bluestein eine außerordentlich schnelle Auffassungsgabe und Chuzpe, wie es im Jüdischen heißt. Bluestein sei ein unangenehmer Verhandlungspartner, heißt es weiter, einer, der es geschickt verstehe, seinem Gesprächspartner das Wort im Mund herumzudrehen und ihn mit psychologischen Tricks zu verunsichern. Von seiner Vorliebe für Poker blieb ihm inzwischen nur der »Dealer-Button« bei der Berggruen Holdings in der Hand: Dort verteilt er die Karten – auch für Berggruen. Nach dem Reglement braucht jede Stiftung einen Aufsichtsrat *(trustee)*, der den vermögenden Stiftungsgründer *(settlor)* kontrolliert. Diese Zuständigkeit hat Jared Bluestein inne. Als *trustee* hat er die Befugnis und die Pflicht, das Trustvermögen zu verwalten, darüber zu verfügen und über die Investitionen zu entscheiden. Demnach muss Berggruens Vertrauen in Jared Bluestein grenzenlos sein, um ruhig schlafen zu können.

Dezember 2008 Der Weihnachtsmann kann nichts mehr ausrichten: Am 15. Dezember meldet der Karstadt-Mutterkonzern Arcandor für das operative Geschäftsjahr 2007/2008 einen Verlust von 746 Millionen Euro. Im April 2009 wird als letzter Rettungsversuch der Verkauf der drei berühmten Luxuswarenhäuser – dem Alsterhaus in Hamburg, dem KaDeWe in Berlin und dem Oberpollinger in München – angekündigt. Letzteres ist ausgerechnet das Premium-Haus, in das der geschasste Konzernchef Thomas Middelhoff am meisten investiert hatte. Rund 80 Millionen Euro hatte allein der Umbau in einen Luxustempel gekostet. Aber es half nichts, am Ende wies die Münchener Vorzeigefiliale die höchsten Verluste auf. Offiziell hat Karstadt zu diesem Zeitpunkt rund 800 Millionen Schulden.

DIE AKTE THOMAS MIDDELHOFF

Der promovierte Betriebswirt Thomas Middelhoff, Jahrgang 1953, ist einer, der gewisse Ähnlichkeiten mit Nicolas Berggruen aufweist. Allerdings hat Middelhoff die Fortune vorzeitig verlassen. Dem gefeierten Visionär öffneten sich alle Türen wie von selbst. Bei Bertelsmann fing er 1986 als Druckereichef an und stieg bis zum Vorstandsvorsitzenden auf, eine Position, die er von 1998 bis 2002 innehatte. Unter seiner Rigide wurde der Konzern um die RTL Group erweitert. Heute ist sie Europas größter, durch Werbung finanzierter privater Fernseh- und Radiosender. Wie Middelhoff den amerikanischen Verlag Random House für Bertelsmann eingekauft hat, ist eine Legende für sich: Middelhoff flog nach New York und hielt vor den jüdischen Eigentümern des Verlages eine fulminante Rede. Fast wie Heinz Berggruen beim Verkauf seiner Sammlung an Deutschland schlug er eine »Brücke zur Versöhnung« zwischen Amerika und Deutschland, um eine neue historische Chance wahrzunehmen: »Dass künftig ein deutscher Konzern den Nachlass jüdischer Literatur und aktuelle jüdische Schriftsteller betreuen wird.«

In seiner Rede kam das Wort »jüdisch« in jedem Absatz mindestens zweimal vor. Middelhoff erntete stehende Ovationen und kehrte als der große Sieger nach Gütersloh zurück. Mit dem Kauf von Random House hatte er Bertelsmann zu einem

Global Player gemacht. Fortan agierte er, als würde ihm der Konzern gehören. Das missfiel dem Bertelsmann-Eigentümer Reinhard Mohn. Über Middelhoff schrieb er in seinen Memoiren: »Zu eigenmächtig, zu egoistisch.« Letztlich musste Middelhoff das Unternehmen verlassen. Er fand aber schnell einen neuen Job. Die Quelle-Erbin Madeleine Schickedanz suchte für ihr schlingerndes Karstadt-Unternehmen einen Retter. Middelhoff wurde ihr von Josef Esch von der Bank Sal. Oppenheim in Köln empfohlen. Schickedanz, die von Middelhoffs Charme und seinen Ideen sofort begeistert war, machte ihn nicht nur zum Aufsichtsratsvorsitzenden von Karstadt, sondern auch zu einem der bestbezahltesten Managern in Deutschland. Mit Middelhoff und der von ihm gegründeten Arcandor AG raste die Karstadt-Unternehmensgruppe in einem atemberaubenden Tempo in die größte Pleite der deutschen Nachkriegszeit.

Middelhoff wurde im Februar 2009 gefeuert, der Insolvenzverwalter Klaus Hubert Görg zog daraufhin Bilanz: »Herr Middelhoff war an den Fehlern, die KarstadtQuelle in die Insolvenz geführt haben, wesentlich mitbeteiligt.« Dem *Handelsblatt* sagte Görg, er habe noch nie ein Unternehmen erlebt, das finanziell so systematisch leer geräumt gewesen sei wie Quelle. Middelhoff wehrte sich gegen diesen Vorwurf: »KarstadtQuelle hätte auch durch schnelleres Handeln des Staates gerettet werden können.« Der schillernde, zugleich heftig umstrittene Middelhoff kam aber mit einem blauen Auge davon. Weder wurde er zu Schadenersatz verklagt, noch sonst auf irgendeine Weise gerichtlich belangt. Inzwischen leitet er die Marseille-Kliniken AG, die zu den führenden Pflegeheimbetreibern in Deutschland gehört, seit 2009 ist Middelhoff an dieser börsennotierten Unternehmensgruppe beteiligt. Doch so groß Middelhoffs Misserfolg auch gewesen ist, von einer Altlast hat er den Konzern befreit. Im jahrelangen Streit über die Entschädigung der jüdischen Wertheim-Erben, die aus der Hertie-Übernahme durch Karstadt resultierte, fand Middelhoff einen Kompromiss: Statt der geforderten 145 Millionen Euro musste Karstadt-Quelle am Ende nur 88 Millionen zahlen. So betrachtet, hat Nicolas Berggruen bei allen seinen künftigen Karstadt-Sorgen zumindest eine Sorge weniger: Mit Barbara Principe, der Sprecherin des Wertheim-Clans, muss er sich nicht herumschlagen. Auch die Jewish Claims Conference stellt keine weiteren Forderungen mehr. Dieses dunkle Karstadt-Kapitel aus der Nazi-Zeit gehört endgültig der Geschichte an.

Juni 2009 Das Statistische Bundesamt meldet zum ersten Quartalsende 2009: Die deutsche Wirtschaft befindet sich in der schwersten Rezession seit Gründung der Bundesrepublik. Das preisbereinigte Bruttoinlandsprodukt liegt um 6,7 Prozent niedriger als im Quartal des Vorjahres. Verantwortlich für diese Entwicklung ist vor allem ein drastischer Rückgang bei den Exporten um 17,2 Prozent.

Doch die Deutschen verfügen über Reserven. Durch ungebremsten Konsum halten sie die Wirtschaft am Laufen und gleichen die Verluste aus. Aber dieser Zustand hält nicht lange an. Schon im nächsten Quartal sind die Erlöse rückläufig. Die Finanzdecke der Verbraucher ist dünn, der Vertrauensverlust in die positive wirtschaftliche Entwicklung hemmt das Konsumverhalten der Verbraucher. Lediglich Supermärkte und Discounter verzeichnen leichte Zuwachsraten von plus 0,2 Prozent. Der Versand- und Internethandel meldet zeitgleich einen Umsatzrückgang von real 3,6 Prozent. In den Etagen der Warenhäuser macht sich Panik breit. Die Umsatzentwicklung tendiert zu einem Minus von über 10 Prozent. Hertie und Woolworth stehen vor der Pleite. Karstadt zieht die Konsequenzen. Die Konzernmutter Arcandor AG stellt am 9. Juni 2009 beim Amtsgericht Essen den Antrag auf Eröffnung des Insolvenzverfahrens.

Wegen der vorläufigen Zahlungsunfähigkeit übernimmt die Bundesagentur für Arbeit die Lohnzahlungen an die Karstadt-Mitarbeiter. Die Rechnungen, die noch aus der vorinsolvenzlichen Zeit in der Buchhaltung liegen, werden nicht mehr bezahlt. Die Bundesregierung lehnt die von Arcandor beantragten Staatsbürgschaften und Notkredite ab.

KARSTADT IST PLEITE

September 2009 Am Dienstag, den 1. September 2009 wird in Essen für alle relevanten Arcandor-Gesellschaften – darunter die Karstadt Warenhaus GmbH – das Insolvenzverfahren eröffnet. Das Amtsgericht Essen erteilt den Abwicklungsauftrag an die Wirtschaftskanzlei Görg & Partner. Mit seinen 180 Anwälten an den fünf Standorten Berlin, Essen, Frankfurt am Main, Köln und München gehört Klaus Hubert Görg zu den ungekrönten Königen der deutschen Sanierungsbranche. Er hat die Pleite des Baukonzerns Philipp Holzmann abgewickelt und kämpft für die Aktionäre gegen die Fusion der Commerzbank mit der Dresdner Bank. Kurze Zeit berät er auch die KirchMedia. Der *Kölner Stadtanzeiger* feierte ihn damals als »Lichtgestalt«, als einen, der Firmen aus der Katastrophe helfe, »über denen die Wogen der Pleite nahezu hoffnungslos zusammenbrechen«. Also der richtige Mann für Karstadt. Das Knäuel, das die Arcandor-Gesellschaften bilden, ist allerdings nur schwer zu entwirren. Insgesamt sind es 34 beteiligte Firmen, die in der ersten Runde von der Insolvenz betroffen sind: Arcandor AG, Karstadt Warenhaus GmbH, Karstadt Vermietungsgesellschaft GmbH, KarstadtQuelle Service GmbH, Karstadt Instore TV GmbH, KarstadtQuelle Kunden-Service GmbH, KarstadtQuelle Business Service GmbH, Le Buttet System-Gastronomie und Dienstleistungs-GmbH, Jung GmbH, Euro Papier NV, Corporate Service GmbH, Corporate Service Group Informationstechnologie GmbH, Itellium System & Service GmbH, Primondo CC N.V., Primondo GmbH, Primondo Operations GmbH, Primondo Marketing Solutions GmbH, Primondo Großgut Stückgut GmbH, Primondo Operations GmbH, Profectis Technischer Kundendienst GmbH, Quelle GmbH, Quelle Contact GmbH, Foto Quelle GmbH, SB-Gross Handels GmbH C+C Großhandel Objektausstattung, Quelle Contact Vertrieb GmbH, Quelle Contact Holding GmbH, Quelle

Contact GmbH, Quelle Communication Center GmbH Cottbus, Quelle Communication Center GmbH Magdeburg, Revue Vertriebs GmbH, RWA Regina Werbeagentur GmbH Frankfurt, Schaulandt Electronic GmbH, WOM World of Music Produktions- und Verlags-Gesellschaft mbH, WOM Media Network GmbH. Die Verfahren werden alle am selben Tag eröffnet und allesamt von der Kanzlei Görg betreut. Zuständiges Gericht ist das Amtsgericht Essen. Die Experten fragen sich, wie eine einzige Kanzlei, selbst wenn sie über 180 Mitarbeiter verfügt, eine so gigantische Leistung rechtsmäßig bewerkstelligen kann.

Noch problematischer gestaltet sich jedoch die sachliche Erfassung der Lage für die Richter. Dass ihnen die Insolvenzverwalter mit ihrem Fachwissen haushoch überlegen sind, gilt in Branchenkreisen als offenes Geheimnis. Den Gerichten bleibt nichts anderes übrig, als sich den Insolvenzverwaltern zu beugen und ihren Ausführungen zu folgen. Das Karstadt-Schicksal liegt fortan einzig und allein in der Hand von Klaus Hubert Görg.

November 2009 Die Dienstleistungsgewerkschaft Verdi stimmt einem Verzicht der Belegschaft auf 50 Millionen Euro pro Jahr zur Rettung der angeschlagenen Warenhauskette zu. Gleichzeitig geben die Gläubiger grünes Licht für den weiteren Teilverkauf von Karstadt an einen Investor. Harte Einschnitte stehen bevor.

Für das laufende Verfahren ist eine Gläubigerversammlung anberaumt. Die insgesamt 34 Teilnehmer werden von Klaus Hubert Görg vertreten. In der Grugahalle in Essen wird die Gläubigerversammlung einberufen. Klaus Hubert Görg und sein Kompagnon Hans-Gerd Jauch, von den Medien als »Dream Team« mit Vorschusslorbeeren bedacht, stehen vor fast leeren Rängen. Das ist keine Überraschung, schließlich haben über 50000 Gläubiger Forderungen in Höhe von fast 19 Milliarden angemeldet. Sie lassen sich durch ihre Anwälte vertreten. Der Sprecher des Amtsgerichts verkündet, es handele sich um den kompliziertesten Fall der deutschen Insolvenzgeschichte, das Verfahren könne bis zu zehn Jahre dauern. Am Ende der Veranstaltung wird bekannt, dass zehn Karstadt-Standorte mit teils mehreren Häusern geschlossen werden. Etwa 1200 Mitarbeiter sind von dieser Entscheidung betroffen.

Dezember 2009 Der Verkauf von Arcandor-Firmenteilen bringt weniger ein als erwartet. Der Versandkönig Otto übernimmt das Russland-Geschäft von Quelle, erwirbt dazu die Namensrechte für Quelle und Privileg. Alles zusammen für 65 Millionen Euro. Interesse zeigt der Otto-Konzern zudem an den Karstadt-Sport-Häusern, aber weil diese die lukrativste Sparte der Karstadt-Kette bilden, will Görg sie nicht gesondert verkaufen.

Nicolas Berggruen ist indes mit ganz anderen Dingen beschäftigt. An der University of California (UCLA) absolviert er einen Crashkurs in Sachen Politik. Bei Brian Walker vertieft er sein Wissen in politischer Vergleichstheorie. Walkers Spezialgebiet ist die Analyse des amerikanischen und des chinesischen Systems, außerdem untersucht er das Verhältnis zwischen den USA und Deutschland. Darüber hinaus nimmt Berggruen Privatstunden bei Brian Copenhaver. Der Philosoph und Historiker leitet an der UCLA die Abteilung Mittelalter und Renaissance. In seinen Seminaren lernen die Studenten, wie man lesbare Texte schreibt, außerdem werden sie in den Hegelianismus eingeführt. Professor Copenhaver lobt Berggruen als »einen ausgezeichneten Analytiker, der fordernde Fragen stellt«. Zu diesem Zeitpunkt spielt Karstadt in Nicolas Berggruens Gedanken keine Rolle.

DAS »PROJEKT ZEUS«

März 2010 Die Quelle-Erbin und Karstadt-Besitzerin Madeleine Schickedanz hat bereits zwei ihrer Häuser in St. Moritz verkauft. Angeblich für 47 Millionen Euro, um zumindest einen Teil der Arcandor-Schulden von geschätzten 200 Millionen zu tilgen. Ihre Arcandor-Aktien nützen jedoch nichts mehr. Sie sind wegen der Konzernpleite praktisch wertlos geworden. Die anfängliche Hoffnung, zumindest Karstadt könne sich noch aus eigenen Kräften erholen, hat sich zerschlagen. Der Insolvenzverwalter Görg will bis Ende April einen Investor präsentieren. Der sogenannte »Datenraum« ist seit dem 1. Februar geöffnet. Sechs streng geheim gehaltene Interessenten studieren die Bücher der Warenhauskette. Für Nicolas Berggruen analysiert die Bilanzen sein geschäftsführender Holdings-Chef Jared Bluestein. Der Vorgang erhält den Codenamen »Projekt Zeus«.

DIE AKTE LIECHTENSTEIN

Die Geschäfte von Karstadt führt seit Juni 2009 der von Görg bestellte Sanierungsexperte Thomas Fox. Er glaubt an die Gunst der Stunde, will sich den Beifall als »Karstadt-Retter« sichern und telefoniert mit Nicolas Berggruen. Man kennt und schätzt sich. Berggruen hat sich aus dem ebenfalls von Thomas Fox geleiteten Insolvenzverfahren bei Möbel Schieder ein Filetstück gesichert: Eine Niederlassung mit Sitz in Liechtenstein. In Bendern, das zur drittkleinsten Gemeinde des Fürstentums gehört, befindet sich ein Showroom, in dem Betten für »erhöhte Lebensqualität durch besseren Schlafkomfort« ausgestellt sind, »damit Träume wahr werden«. Von den darüberliegenden Büros aus werden die Marketingaktivitäten des Möbelherstellers IMS Group (Internationale Möbel Schieder) in West- und Osteuropa gelenkt. In dem Ort haben mehrere internationale Holdings ihren Sitz. Für die Finanzdienste bietet sich vor Ort die Valartis Group an, die sich selbst als »Privatbank-Boutique« bezeichnet. Ihre Krakenarme reichen von Zürich über Genf, Lugano, Wien, Liechtenstein, Luxemburg und Moskau bis nach Singapur. Etwa 300 Mitarbeiter verwalten 7,8 Milliarden Schweizer Franken, die zu 86 Prozent aus privaten Vermögen stammen.

Dem gar nicht so alpenidyllischen Ort, durch den eine breite, vielbefahrene Straße führt, kommt im System Berggruen eine wichtige Transitrolle zu. In Bendern kreuzen sich einige »Verwaltungswege«, die schließlich weiter ins holländische Beusichem führen. Schon der Firmengründer des Schieder-Imperiums, Rolf Demuth, kannte sich in der Topographie der Steuerschleichpfade bestens aus und nutzte diese im Rahmen der bestehenden Gesetze.

Nach der erfolgreichen Schlacht um Möbel Schieder, schlägt das Trio Fox, Weber-Thedy und Berggruen erneut zu. Thomas Fox und Wolfgang Weber-Thedy als strategische Drahtzieher und Nicolas Berggruen als Auftraggeber. Zum ersten Mal wird Berggruen als potentieller Investor in Erscheinung treten, denn der Kampf um die Karstadt-Übernahme wird noch bizarre Ausmaße annehmen. Politik, Kapital, Machtkampf und Großmannssucht liefern sich ein Duell, das es in Deutschland so noch nicht gegeben hat. Um für die Schlacht gerüstet zu sein, wird Berggruen von seinem Berater Weber-Thedy gründlich gebrieft.

DIE AKTE WOLFGANG WEBER-THEDY

Eine entscheidende Rolle bei der Schieder-Insolvenz 2007 spielte auch der Züricher Unternehmensberater Wolfgang Weber-Thedy. Zu seinen Spezialgebieten gehört die »atmosphärische PR«, mit der positive Stimmung für einen Investor erzeugt werden soll. Der Kontakt zu Weber-Thedy soll bereits auf Nicolas' Vater zurückgehen. Im Gründen und Verschieben von Stiftungen von einem Ort zum anderen war schon Heinz Berggruen sehr versiert. In Vaduz, Zug und Zürich hatten die Familienstiftungen der Berggruens firmiert. Nachdem diese eine gewisse Bekanntheit erlangt hatten, wurden sie wieder aufgelöst. Was aber blieb, war Weber-Thedys Beratermandat für Berggruens IMS Group im liechtensteinischen Bendern.

In gemeinsamer Harmonie – auch ein Wort, das Berggruen gern gebraucht –, bereitet Weber-Thedy Berggruens Präsentation für die Karstadt-Insolvenzverwaltung vor. Details der

Präsentation sind nicht bekannt, aber gut informierte Kreise bescheinigen, dass dem PR-Strategen mit dieser ein weiteres Meisterstück gelungen sei. Um mehr über seinen Plan der »Karstadt-Rettung« zu erfahren, wandte ich mich am 18. Januar 2013 mit folgender Anfrage an Wolfgang Weber-Thedy:

Sehr geehrter Herr Weber-Thedy,

wie allgemein bekannt, hat Nicolas Berggruen für den Ankauf von Karstadt Ihre Züricher PR-Agentur mit der strategischen Beratung und Konzeptentwicklung beauftragt.

Die Branche lobt Ihre Leistung als beispielhaft für die Nutzung der Synergien, die sich aus der Legende Berggruen ergeben. Sie soll sich sogar für Unterrichtsstoff für angehende Consulter und PR-Berater eignen.

Es heißt, Sie hätten zuerst die Strategie von Heinz Berggruen studiert und Schritt für Schritt für Berggruen Junior adaptiert, zielorientiert für das Projekt »Karstadt-Rettung« ausgerichtet. Ihre Strategie soll von Nicolas Berggruen in jedem Interview befolgt, von seiner Berggruen Holdings in jeder Mitteilung umgesetzt worden sein.

Die Angelpunkte der Strategie:

- *die Entdeckung der sentimentalen und familiären Bindung an Berlin*
- *die Jugenderinnerungen von Nicolas Berggruen an Karstadt als deutsche Kaufhausikone*
- *schmeichelnde Worte für Berlin, Deutschland, den Stülerbau und das KaDeWe*
- *Integration der wohltätigen Zukunftspläne durch Berggruens Mäzenatentum im kulturellen Bereich*
- *bei öffentlichen Auftritten sich mit einer bescheidenen und scheuen Attitüde zu präsentieren. Im Sinne von »ich bin nicht wichtig, wichtig ist Karstadt« – wichtig ist »Picasso und das Berggruen Museum«*

- *Selbstdarstellung als Feingeist, an materiellem Besitz nicht interessiert*
- *Mythos des Selfmademan mit Betonung der Eigenleistung: Nicolas Berggruen wurde nicht durch das Erbkapital seines Vaters zum Milliardär, sondern hat sein Geld selbst verdient. Mit seinem Know-how die Holdings aufgebaut.*

Gibt es dem noch etwas hinzuzufügen?

Mit freundlichen Grüßen
Thomas Veszelits

Eine Antwort erhielt ich bereits eine halbe Stunde später. Wolfgang Weber-Thedy schrieb:

Sehr geehrter Herr Veszelits

Besten Dank für Ihre freundliche Anfrage. Gerne hören wir, dass unsere Arbeit als professionell beurteilt wird.

Unsere Geschäftsprinzipien erlauben hingegen nicht, zu einzelnen Mandaten Stellung zu nehmen. Deswegen können wir Ihnen für Auskünfte nicht zur Verfügung stehen.

P.S. Das Buch über Nicolas Berggruen werde ich sicher mit großem Interesse lesen.

Mit freundlichen Grüßen von der Limmat an die Isar
Wolfgang Weber-Thedy

Auf der Homepage von Weber-Thedy werden als Mandanten unter anderen angeführt: Alfa Bank, Moskau / **Berggruen Holdings, New York, Berlin** / British American Tobacco, London / Capital Efficiency Group/PREPS, Zug / Chubb Insurance Company of Europe, London, Hamburg, Zürich / Delta Capital Management, Moskau / Hertie GmbH, Essen / Hypothekenbank in Essen, Essen / IMS, Bendern, Fürstentum Liechtenstein / **KARSTADT Warenhaus GmbH, Essen** / Münchener Rück, München / Österreichische Post (ÖIAG), Wien / Schieder Möbel Holding, Schieder-Schwalenberg, Deutschland / Stiftung Sammlung E.G. Bührle, Zürich / Swiss Re, Zürich / The Nasdaq Stock Market, New York, N.Y.

März 2010 Der Insolvenzverwalter Klaus Hubert Görg beschließt aufgrund der Bilanz, die 13 defizitärsten Karstadt-Standorte zu schließen. Es gibt immer noch 120 weitere Standorte, deren Überleben ein Insolvenzplan sichern soll. Darunter auch die Filiale in Wismar. Hier zählen die starken Verluste nicht. Es geht um das 1881 von Rudolph Karstadt gegründete Stammhaus. Nach der Wende war es das erste Karstadt-Haus in den neuen Bundesländern, das aufwendig saniert und mit einem großen Festakt eröffnet wurde. Es galt als Symbol für die von Helmut Kohl versprochenen »blühenden Landschaften« im Osten. Von der Konzernleitung über die Insolvenzverwaltung bis zu den Richtern am Amtsgericht Essen sind sich alle Beteiligten einig: Wenn überhaupt, dann wird das Wismarer Gründungshaus als allerletztes geschlossen.

Mittwoch, 3. März 2010, Los Angeles Vier Tage vor der Oscar-Verleihung lädt Nicolas Berggruen zu seiner alljährlich stattfindenden Pre-Oscar-Party ins *Chateau Marmont*. Der Besitzer André Balazs, ein gebürtiger Ungar aus Budapest, dem eine Reihe der traditionsreichsten Hotels der Luxuskategorie in New York und Los Angeles gehört, ist ein langjähriger Freund Berggruens. Das berühmte weiße Hotelschloss am 8221 Sunset Boulevard, dessen runder Turm und das spitze Dach ganz West Hollywood dominiert, ist das Stammquartier vieler Stars und Rockmusiker. Von hier aus startete im Januar 2004 der Fotograf Helmut Newton in seine Todesfahrt. Hinter der Ausfahrt prallte er mit seinem Cherokee Jeep gegen eine Mauer. Er war nicht angeschnallt. Ob Helmut Newton tatsächlich mit ihm befreundet gewesen ist, wie Heinz Berggruen immer wieder behauptete, ist nicht erwiesen. Aber einige von Newtons Fotografien sollen sich in Nicolas Berggruens Privatsammlung befinden.

An die glamourösen Jahre des *Chateau Marmont* will Nicolas Berggruen mit seiner Pre-Oscar-Party anknüpfen. An diesem Mittwochabend stehen unter anderen Stephanie Chao, Rick Heller, Aura Cercel, Jay Luchs, Carly Steel, Tamsin Lousdale und Patrick McMullen auf der Gästeliste. Die Familie Berggruen ist ebenfalls gut vertreten. Nicolas' Halbbruder John zeigt sich mit seiner Frau Greta bestens gelaunt. Unter den Gästen befindet sich auch der Regisseur Oliver Stone. Er ist Präsidiumsmitglied des von Nathan Gardels gegründeten Periodikums *New Perspectives Quarterly (NPQ)*. Gardels wiederum ist der Feldmarschall in Berggruens internationalem Beratungsgremium. So schließen sich immer wieder die Kreise, nichts geschieht zufällig. Die Pre-Oscar-Party verfolgt das Ziel, Berggruens Popularität zu steigern und seinen Einstand auf der »politischen Weltbaustelle« zu feiern. Die »Berggruen-Bibel«, in der verkündet wird, wie man »klug regiert«, ist zu diesem Zeitpunkt bereits in Arbeit. Sein Co-Autor Nathan Gardels arbeitet schon am Buchkonzept.

Montag, 15. März 2010, Essen Beim Essener Amtsgericht wird ein Insolvenzplan für Karstadt vorgelegt. Nach eingehender Prüfung sollen die Gläubiger am 12. April zustimmen.

Mittwoch, 31. März 2010 Nicolas Berggruen gibt sein Debüt als Gastkolumnist in der *New York Times*. Zusammen mit Nathan Gardels analysiert er unter dem Titel »The Fault Lines Of Democracy« die seiner Meinung nach falsche Linie der amerikanischen Demokratie, die zu einer Regierungsunfähigkeit der gewählten Politiker führt. Der Artikel gleicht einem Hochschulaufsatz und vertritt die These, dass Chinas Politik sich dynamischer und schneller verändert als jene in Amerika. Im Gegensatz zu China, wird ausgeführt, sind die USA unfähig, Verfassungsänderungen durchzuführen. Schon allein der Gedanke daran sei Washington ein Gräuel, meint Berggruen. Als Fazit heißt es: Amerika sollte bald anfangen, von China zu lernen – natürlich unter Berggruens Anleitung!

DIE SCHLACHT UM KARSTADT BEGINNT

April 2010 Bei der Schlacht um Karstadt taucht der erste Gegenspieler auf: Alexander Dibelius, seit 2004 alleiniger Geschäftsführer der US-amerikanischen Investmentbank Goldman Sachs in Deutschland, Österreich, Russland sowie Zentral- und Osteuropa. Der einstige Assistenzarzt, der mit 28 Jahren seine medizinische Karriere abgebrochen hat, 1987 als Berater bei McKinsey ins Finanzwesen gewechselt ist und sich dort rasch als Draufgänger profilierte, hatte seinerzeit den Arcandor-Chef Middelhoff zum Verkauf der Karstadt-Immobilien überredet. Als Konstrukteur des Konsortiums Highstreet machte er vorerst einen Schnitt unter die Karstadt-Geschichte und verwandelte den Immobilienbesitz der Kaufhauskette in ein hochlukratives Spekulationsobjekt.

Die deutsch-skandinavische Private-Equity-Firma Triton meldet Interesse an der Marke Karstadt mitsamt den Immobilien. Die Gewerkschaft Verdi, die sich von Anfang an für Berggruen stark gemacht hat, bremst den Eindringling zunächst aus. Die Unterhändler von Triton verfügen allerdings über gute Kontakte. Der CDU-Abgeordnete Dr. Michael Fuchs wird eingeschaltet. Der Lobbyist und Gründungspräsident des Handelsverbandes sitzt im Bundestag an der richtigen Schaltstelle: als Vorsitzender des Parlamentskreises Mittelstand ist er ein Freund und Helfer des Großkapitals.

Montag, 19. April 2010, Berlin Auf Bitten des Abgeordneten Fuchs findet in seinem Beisein ein Gespräch des Karstadt-Bieters Triton mit dem Wirtschaftsminister Rainer Brüderle und Staatssekretär Dr. Bernhard Heitzer statt. Triton stellt sein Konzept vor. Diese Information beruht auf einer parlamentarischen Anfrage von Brigitte Pothmer (Bündnis 90/Die Grünen). Sie versucht, das Karstadt-Gemauschel aufzuklären. Allerdings geschieht dies erst am 17. September 2012, also fünf Monate (!) nach besagtem Treffen. Ihre Ermittlungen ergeben dennoch ein lehrreiches Beispiel dafür, wie es hinter den Kulissen der Politik zugeht und wie Macht funktioniert.

DIE AKTE ANGELA MERKEL

Bereits Middelhoffs Nachfolger, der krisengebeutelte Arcandor-Chef Karl-Gerhard Eick, hatte versucht, für seine Rettungspläne die Politik zu gewinnen. Um die drohende Pleite im März 2009 abzuwenden, bemühte er sich, 650 Millionen Euro Staatsbürgschaften bei Kanzlerin Angela Merkel zu beschaffen. Er zog das Büßerhemd an, räumte Fehler ein, begründete die Schieflage von Karstadt vor allem mit der Finanzkrise und der damit verbundenen Kreditklemme bei den Banken. Fast wäre es ihm sogar gelungen, die Karstadt-Krise zum Wahlkampfthema zu machen. SPD-Kanzlerkandidat Frank-Walter Steinmeier sprang bereitwillig auf das Rettungspferd auf: »Die Beschäftigten bei Karstadt und Quelle haben es nicht verdient, dass ein ordnungspolitisches Exempel an ihnen statuiert wird«, wetterte er in Richtung Angela Merkel. Strategisch klug schaltete die Bundeskanzlerin daraufhin Brüssel ein. Am 3. Juni 2009 beriet der EU-Bürgschaftsausschuss, ob der deutsche Staat dem Arcandor-Konzern helfen dürfe. Doch bereits einen Tag später schob die EU-Wettbewerbskommission dem Ansinnen einen Riegel vor: »Arcandor ist nicht förderungswürdig, weil das Unternehmen bereits vor der Finanzkrise in Schwierigkeiten steckte.« Das Veto aus Brüssel nahm Bundeskanzlerin Merkel die Karstadt-Bürde ab. Der brüskierte Herausforderer Steinmeier zog sich zurück und überließ die Beschäftigten von Arcandor ihrem Schicksal. Die Option, das Kanzleramt in Sachen Karstadt um Unterstützung zu bitten, ergreift auch Berggruens Berliner Holding. Der Ablauf geht aus der parlamentarischen Drucksache 17/10737 vom 17. September 2012 hervor. Die Anfrage, inwieweit Kanzlerin Angela Merkel an den Verhandlungen um Karstadt beteiligt war, lautet wie folgt:

– 23. August 2010: E-Mail von Ute K. Kiehn, der persönlichen Referentin von Nicolas Berggruen, an die Leiterin des Büros

der Bundeskanzlerin mit der Bitte um einen Termin für Nicolas Berggruen bei der Bundeskanzlerin Angela Merkel. Ein Termin hat nicht stattgefunden. In Reaktion auf die Anfrage hat es ein Telefonat des damaligen Abteilungsleiters [Abteilung IV, Wirtschaft und Finanzpolitik, Anm. des Autors] im Bundeskanzleramt, Jens Weidmann, gegeben.

– 4. Oktober 2010: Schreiben des Insolvenzverwalters, Dr. Klaus Hubert Görg, an die Bundeskanzlerin Angela Merkel zum Abschluss des Insolvenzverfahrens. Eine Antwort auf den Brief ist nicht erfolgt.

Freitag 23. April 2010 Als Erster im Bieterrennen gibt der Finanzinvestor Triton ein Angebot für die Karstadt-Übernahme ab. Triton will bei Karstadt Stellen streichen und hat zudem bei der Bundesregierung nach Staatshilfe angefragt. Das soll im Rahmen des Treffens mit dem Wirtschaftminister geschehen sein. Brüderle lässt sofort jegliche Gerüchte um etwaige Absprachen dementieren und verkündet, er sei grundsätzlich nicht bereit, sich am Tauziehen um Karstadt zu beteiligen.

Alexander Dibelius erfährt vom Triton-Angebot sofort nach dessen Eingang. Angeblich war er auch über das Treffen von Triton mit Brüderle informiert. Er traut dem Burgfrieden nicht und fürchtet, dass sich die Politik in die Angelegenheit einmischt. Es erstaunt, wie viel allein schon ein Termin bei einem Minister bewirken kann. Es kommt auf die Stimmung an, oder wie schon Ludwig Erhard, der Vater des deutschen Wirtschaftswunders, sagte: »Wirtschaft ist zur Hälfte Psychologie.«

Dibelius reagiert sofort. Die Mieteinnahmen aus den Karstadt-Flächen sind als fester Bestandteil in Finanzprodukte von Goldman Sachs involviert. Sollte Triton zum Zuge kommen und Karstadt mitsamt den Immobilien kaufen, scheint Dibelius zu befürchten, bricht sein ganzes Fondsgefüge zusammen. Deshalb erwägt er, Karstadt selbst zu kaufen und mit Galeria Kaufhof zusammenzuführen. Der Plan fußt auf realem Boden: Dibelius ist mit Eckhard Cordes, dem Chef des Metro-Konzerns und Inhaber von Kaufhof, befreundet. Um Kaufhof ist es zu diesem Zeitpunkt ebenfalls nicht zum Besten bestellt. Die Umsatzeinbrüche reißen Bilanzlöcher auf. Ohne Finanzspritzen von Metro müsste Kaufhof die Zahl seiner Filialen radikal reduzieren und mit dem Abbau von Personal beginnen.

Von einer möglichen Fusion von Karstadt mit Kaufhof erfährt auch Berggruen. Er hat seine Informanten bei Metro. Die Idee eines Zusammenschlusses gefällt ihm auf Anhieb, weil darin auch eine kaufmännische Lösung steckt. Die Marktanalysen ergeben, dass es in Deutschland eine Überkapazität an Kaufhäusern gibt. Rund 346 große Warenhäuser zählt man hierzulande. Aber es bräuchte nur die Hälfte, um auf diesem Handelssektor wieder effizient und profitabel zu werden. Bevor Berggruen sein Angebot bei Insolvenzverwalter Görg abgibt, streckt er seine Fühler in Richtung Kaufhof aus. Befürworter und Gegner halten sich die Waage. Noch ist nicht abzusehen, wer gewinnen wird.

Mai 2010 Im Wirtschaftsmagazin *Forbes* verkündet Berggruen seinen Rettungsplan: »From California to Greece«. Für Kalifornien kündigt er ein Rettungspaket in Höhe von 20 Millionen Dollar an, eine Investition, die dabei helfen soll, die Regierungsarbeit zu verbessern. Für das von der Finanzkrise schwer gebeutelte Griechenland zeichnet sich für Berggruen ein Silberstreifen am Horizont ab. Der neu gewählte Premierminister Giorgos Andrea Papandreou sei mit seinem Sparkurs zur Vermeidung eines Staatsbankrotts auf dem richtigen Weg. Papandreou wird künftig bei Nicolas Berggruens politischen Town Hall Meetings in Paris und Berlin ein willkommener Gast sein.

Montag, 3. Mai 2010 Nicolas Berggruen gibt sein Angebot für Karstadt ab. Die Gewerkschaft Verdi und der Betriebsrat reagieren skeptisch. Sie glauben zuerst nicht an Berggruens Versprechen, keine Arbeitsplätze streichen zu wollen. Auch die Fondsgesellschaft Highstreet signalisiert Interesse an Karstadt. In ihrem Portfolio befinden sich zu diesem Zeitpunkt 86 Immobilien der insolventen Warenhausgruppe.

Freitag, 21. Mai 2010 Über die Presse wird bekanntgegeben, dass Berggruen Holdings sämtliche Karstadt-Geschäftsaktivitäten übernehmen will. Ein Sprecher der Berggruen Holdings begründet das Interesse an der Kultmarke Karstadt so, wie es von Berater Weber-Thedy festgelegt wurde: »Für Nicolas Berggruen ist Karstadt ein Teil seiner Kindheit. Berggruen hat eine starke Verbundenheit mit Berlin, die sich sicherlich auch in diesem Engagement zeigt.«

Der Kult um Heinz Berggruen in Berlin hält an, sein Mythos überträgt sich auf seinen Sohn. Die Presse hinterfragt die Informationen aus dem Hause Berggruen nicht. Niemandem fällt auf, dass es zwischen Nicolas Berggruen und Karstadt keine emotionale Verbindung gibt. Hinter seinen Statements steckt die PR-Strategie von Weber-Thedy. In Wirklichkeit hat Berggruen seine Kindheit in Paris, seine Lehrzeit in London und seine Studienjahre in New York verbracht. Entdeckt er jetzt seine Verbundenheit zu Berlin, hat das allein damit zu tun, dass er seit 2005 die Berliner Immobilien zu Schnäppchenpreisen wie Lego-Steine sammelt.

Wenn er in Berlin ist, residiert er im Hotel *Regent*, Ecke Charlottenstraße und Französische Straße. Der Blick von Berggruens Penthouse-Suite richtet sich auf die Kuppel der Friedrichskirche. Eine Karstadt-Filiale befindet sich hier nicht, dafür ist die Galeries Lafayette nicht weit. Lange hält es ihn aber nicht in der deutschen Bundeshauptstadt. Als er zum Tagesgespräch wird, befindet sich Berggruen bereits wieder in Los Angeles und heuert Kapitäne für seine politische Arche Noah an. Was auffällt, ist, dass die ehemaligen Staatschefs, die er um sich herum versammelt, alle schon einmal ihre Chance gehabt haben:

- **Felipe González** Früherer Ministerpräsident von Spanien, wurde 1996 aufgrund der Wirtschaftskrise, anhaltenden Korruptionsvorwürfen und rechtsstaatlichen Verstößen im Kampf gegen die baskische ETA mitsamt seiner Sozialistischen Arbeiterpartei abgewählt;
- **Shaukat Aziz** Vom Investmentmanager bei der Citibank stieg er zuerst zum Finanz-, dann zum Ministerpräsident von Pakistan auf. Seine Amtszeit bis 2007 markierte ein wirtschaftlicher Aufschwung, wurde jedoch durch die Unregelmäßigkeiten bei der Privatisierung von staatlichen Unternehmen und Teilen der Wirtschaft überschattet;
- **Festus Mogae** War bis 2008 Präsident von Botswana, trat nach zehnjähriger Amtszeit zurück. Für seine Verdienste wurde er mit dem Mo Ibrahim Prize for Archievement in African Leadership ausgezeichnet. Es ist der materiell einträglichste Preis der Welt: Nach einer Prämie von 3,7 Millionen Euro, die Mogae dem Kampf gegen Aids stiftete, erhält er vom britisch-sudanesischen Mobiltelephon-Milliardär Mo Ibrahim bis zu seinem Lebensende eine Rente von 200.000 Dollar im Jahr;
- **James Gordon Brown** Nach seinem Rücktritt im Mai 2010 durfte sich der britische Premierminister gleich bei Berggruens Politforum akkreditieren und nimmt seitdem regelmäßig an Veranstaltungen des Berggruen Instituts teil;
- **Fernando Henrique Cardoso** Brasiliens ehemaliger Staatschef gehört erst seit kurzem Berggruens Mannschaft an. Zum ersten Mal nahm er im September 2010 an dem von Berggruen in Berlin organisierten Town Hall Meeting teil;
- **George Young-Boon Yeo** Brigadegeneral und Politiker aus Singapur, der 2004 unter Premierminister Lee Hsien Loong zum Außenminister ernannt wurde und 2007 turnusmäßig den Vorsitz des Verbandes Südostasiatischer Nationen (ASEAN) übernahm;
- **Ernesto Zedillo** Bis 2000 Präsident von Mexiko, dessen Amtszeit von etlichen Skandalen überschattet wurde;
- **Paul Martin** Kanadischer Ministerpräsident, der nach an-

derthalbjähriger Regierungszeit an einem Misstrauensvotum scheiterte;

- **Ricardo Lagos** Der ehemalige Präsident von Chile ist wohl der einzige Ex-Politiker in Berggruens »Schattenkabinett«, der sich auch nach seiner Amtszeit großen Ansehens und hoher Popularität in seinem Land erfreut.

Wie Berggruen mit dieser abgemusterten Führungsgarde die Weltpolitik verbessern will, kann man sich nur schwer vorstellen. Aber er setzt alles daran, seinen Jugendtraum zu verwirklichen. Deshalb hat er auch keine Zeit und kein großes Interesse daran, die Karstadt-Filialen zu besuchen und sich persönlich ein Bild über die Schieflage des berühmten Warenhauses zu machen. Bei ihm dreht sich alles nur noch um Politik. Karstadt kauft er wie die Katze im Sack – in der irrlichternden Annahme, in diesem Sack stecke ein Schatz verborgen. »Ein deutscher Schatz«, wie Berggruen Karstadt gegenüber der Presse gern bezeichnet.

Donnerstag, 27. Mai 2010, Los Angeles *Zeit*-Autor Thomas Jahn trifft Nicolas Berggruen in Los Angeles. Nachdem er mit ihm am Pool gesessen hat und das Ambiente des Hotels *Peninsula* auf sich wirken ließ, ist Jahn der Überzeugung: »Der Mann ist ein Idealist, und er sucht nach einer Heimat. Nicht nach einem Ort, sondern nach einer Sache, der er sich widmen kann.«

Die Zeit stellt in der deutschen Medienlandschaft ein wichtiges Leitmedium dar, so dass es sowohl Gewicht als auch Tragweite hat, wenn Nicolas Berggruen hier rhetorisch fragt: »Wie kann ich mit meinem Leben einen Unterschied machen, wo am meisten helfen?«

Jahn stellt den »schüchternen Milliardär«, der sich um die Welt sorgt, ins beste PR-Licht: »Nach dem Tod des Vaters konzentrierte sich Berggruen auf sozial orientiertes Investieren: Eine Reisanbaufarm in Indonesien, eine Ethanolfabrik in Oregon, Innenstadtsanierung im verarmten Newark in New

Jersey. Er will mit Investitionen Gutes tun und zugleich Geld verdienen. Zufrieden ist er nicht.«

Auch beim Thema Karstadt bietet ihm Jahn eine Steilvorlage, indem er konstatiert: »Die Kaufhauskette kennt er von seinen Deutschlandbesuchen. Berggruen erwidert daraufhin: ›Karstadt ist ein wichtiger Name und verfügt über gute Standorte. Es lohnt sich, die Marke zu retten.‹«

Wer Nicolas Berggruen allerdings am Verhandlungstisch bei den Insolvenzverwaltern in Köln und Essen wähnt, wird durch Thomas Jahn eines Besseren belehrt. Nach dem Interview erreicht ihn eine E-Mail von Berggruen: »Ich bin unterwegs nach Afrika: Elfenbeinküste, Mauretanien, Togo, Sierra Leone, Kongo, Tansania, Zentralafrikanische Republik!«

Ohne seine Gulfstream IV könnte Nicolas Berggruen die immensen Strecken niemals zurücklegen, sein Aktionsradius wäre niemals so groß. Nicolas Berggruen nutzt jede Minute. Er telefoniert, mailt, faxt und simst. In seinem Headquarter am Wilshire Boulevard in Santa Monica herrscht Hektik. Unter Hochdruck wird an einem Plan gearbeitet, wie man Kalifornien retten könnte. Für den Bericht werden alle Basisdaten der kalifornischen Wirtschaft inklusive Einkommens- und Beschäftigungsstrukturen erfasst und anhand von Diagrammen und Schaubildern veranschaulicht. An den Texten arbeitet ein Expertenstab. Die Prognose, die dieser aufstellt, ist gewagt: Würde man die Probleme nach Berggruens Ansatz angehen, müsste der »kalifornische Patient« bereits wieder 2014 genesen sein.

Berggruens Denkfabrik wird von einer Frau geleitet: Dawn Nakagawa. Es heißt, Arnold Schwarzenegger habe sie Berggruen empfohlen. Sie sei in seinem Wahlkampfteam sehr tüchtig gewesen und habe rund um die Uhr Einsatz gezeigt. Für den Einstand des Berggruen Instituts in Kalifornien hat sie ein Video in Auftrag gegeben. Die einleitenden Worte spricht Condoleezza Rice, ebenfalls eine Unterstützerin von Berggruen. Mit der ehemaligen US-Außenministerin als Galionsfigur erhöhte sich die Glaubwürdigkeit von Berggruens

Denkergemeinschaft. Der Kontakt zu Rice geht allerdings auf Berggruens Partner Nathan Gardels zurück. Sein Chefideologe kannte die ehrgeizige Politikerin seit ihren Anfängen, noch als Studentin des Politologen und gebürtigen Tschechen Josef Korbel an der University of Denver, dem Vater von Madeleine Albright, der ersten weiblichen US-Außenministerin. Ihn betrachtet Condoleezza Rice auch als ihren politischen Mentor. Wieder ein Beispiel dafür, über wie viele Ecken sich die Kreise in der amerikanischen Politik ziehen und sich mitunter wieder beim Supernetzwerker Berggruen schließen. Zweifellos spricht es für sein Gespür, einen Netzwerker wie Nathan Gardels gefunden und für sich eingespannt zu haben. Das System Berggruen besteht aus einem erstaunlichen Puzzle von einflussreichen Personen, die er mit seinem Charme begeistern kann. Ein Insider sagt: »Hier fühlt sich jeder gebauchpinselt, wenn der Weltbürger Berggruen um einen Termin bittet.« – So war es schon bei seinem Vater.

DIE AKTE MARGRET MÖNIG-RAANE

Von Kigali, wo er seine Börsengründung vorbereitet, fliegt Nicolas Berggruen nach Berlin, um sich mit Margret Mönig-Raane zu treffen. Die stellvertretende Gewerkschaftsführerin von Verdi hat auch bei der Karstadt-Übernahme ein gewichtiges Wort mitzureden. Offenbar wirkt Berggruens Charme auch auf sie, jedenfalls schenkt sie seinem Versprechen, keine Arbeitsplätze zu streichen, Glauben und setzt sich fortan für ihn ein. Ohne den Zuspruch von Margret Mönig-Raane hätte Berggruen sich für die Karstadt-Übernahme bei der Belegschaft, die ihm zunächst kritisch gegenüberstand, mehr engagieren müssen. Als Berggruen ein Jahr später zum Jahrestreffen in das Museum seines Vaters lädt, befindet sich auch Margret Mönig-Raane unter den Gästen. Das Museum dient Berggruen als Bühne. Hier kann er sein Prestige zur Schau stellen. Wie ein König lässt er sich feiern, die Claqueure applaudieren. Zeitgleich laufen im Hintergrund die Vorbereitungen für die Karstadt-Übernahme.

Das Essener Amtsgericht hat seine Bestätigung des Insolvenzplans erneut verschoben. Als neuer Termin wird der 16. Juli genannt. Als Grund für die neuerliche Verschiebung werden fehlende Mietverträge angeführt, über die daraufhin ein erbitterter Streit entfacht. Nicolas Berggruen, der zwischenzeitlich wieder zurück nach Santa Monica geflogen war, macht sich sofort auf nach Berlin. Jetzt nimmt er sich persönlich der »Baustelle Karstadt« an.

Juni 2010 Der Handelskonzern Metro bekräftigt sein Interesse an Karstadt. Doch Nicolas Berggruen gilt bereits als heimlicher Favorit. Das Interesse an seiner Person wächst in Deutschland. Sein Ansehen vergrößert sich mit jeder Meldung, die über ihn verbreitet wird. Zudem entwickelt sich 2010 für ihn zu einem äußerst erfolgreichen Geschäftsjahr. Mit seinem Fonds Liberty ist er beim spanischen Medienkonzern Prisa eingestiegen. Im Juni verbringt er einige Tage in Berlin. Seine Büroleiterin Ute K. Kiehn bemüht sich, für ihn persönliche Termine mit einflussreichen Politikern zu vereinbaren. Wirtschaftsminister Rainer Brüderle lehnt ein Treffen ab. Er ist kein Freund der »Lösung Berggruen« und hält einen harten Sanierungskurs, der auch Schließungen von mehreren Karstadt-Standorten beinhaltet, für realistischer. Die Arbeitsministerin Ursula von der Leyen hingegen ergreift die mediale Chance, sich mit Berggruen als Karstadt-Retterin zu profilieren. Für einen schnellen PR-Erfolg wird sie sich über ordnungspolitische Prinzipien ihrer CDU-Partei hinwegsetzen und massiv Druck auf Mitbewerber und das Vermieterkonsortium Highstreet ausüben.

DIE KARSTADT-RETTUNG

Freitag, 4. Juni 2010 Nicolas Berggruen erhält vom Gläubigerausschuss den vorläufigen Zuschlag für die Warenhauskette. Er unterschreibt den Kaufvertrag unter dem Vorbehalt, dass die Highstreet Holding in London, der etwa zwei Drittel der Karstadt-Immobilien gehört, deutlichen Mietsenkungen zustimmt. In den nächsten zehn Wochen wird es nunmehr darum gehen, den Widerstand des aus Deutscher Bank und Goldman Sachs bestehenden Konsortiums Highstreet zu brechen.

Montag, 7. Juni 2010, Essen Nicolas Berggruen besucht zum ersten Mal die Karstadt-Zentrale in Essen. Der Termin ist sogar der *New York Times* eine Meldung wert. Unter dem Foto steht: *»Nicolas Berggruen walks through the Karstadt headquarters in Essen, Germany, 07 June 2010.«*

Dienstag, 8. Juni 2010 Es wird bekannt, dass SPD-Fraktionschef Frank-Walter Steinmeier in der Karstadt-Sache interveniert. Ein Sprecher der SPD-Fraktion in Berlin bestätigt dies. Steinmeier bringt seine russischen Kontakte ins Spiel. Per Eilzustellung schickt der Unternehmer Artur Pachomow ein Angebot an den Insolvenzverwalter Klaus Hubert Görg. Das fünf Seiten umfassende Schreiben erfüllt allerdings nicht die Anforderungen eines offiziellen Angebots. Bereits drei Tage später kommt Pachomow als Käufer nicht mehr in Betracht. Stattdessen wird in den Medien spekuliert, warum sich Steinmeier ausgerechnet für einen russischen Milliardär engagiert hat. Nach Informationen des *Welt*-Autors Hagen Seidel war es ein Gazprom-Mitarbeiter der Berliner Niederlassung, der das Schreiben von Pachomow ins Deutsche übersetzte. Gerüchte machen die Runde, dass Gerhard Schröder seine Finger mit im Spiel habe. Was allerdings erstaunt, ist, dass der ehemalige Bundeskanzler zugleich ein erklärter Helfer Berggruens ist und ihn tatkräftig dabei unterstützt, seine Denkfabrik aus der Taufe zu heben. Oder ist Schröder vielleicht ein Diener zweier Herrn? Als Aufsichtsratschef der Ostseepipeline Nord Stream, ein Unternehmensableger der Gazprom, muss er schließlich auch russische Interessen vertreten.

Mit der nächsten Entscheidung bei Karstadt ist am 14. Juni zu rechnen. Jetzt ist der Gläubigerausschuss gefragt, der über die drei vom Insolvenzverwalter ausgewählten Angebote von Hightstreet Holding, Triton und Berggruen Holdings entscheiden soll.

DIE INTERESSEN DER POLITIK

Freitag, 11. Juni 2010, Berlin Nicolas Berggruen spricht mit Kulturstaatsminister Bernd Neumann. Offiziell geht es um Kunstbelange, die das Berggruen Museum betreffen. Doch Nicolas Berggruen weiß die Museumsangelegenheiten geschickt mit dem Thema Karstadt zu verknüpfen. Neumann macht ihn daraufhin mit seiner Parteikollegin Ursula von der Leyen bekannt. Noch am selben Tag findet ein Gespräch zwischen der Arbeitsministerin und Berggruen über sein beabsichtigtes Investitionsvorhaben bei Karstadt statt. Der formale Weg, wie die parlamentarische Anfrage der Grünen-Abgeordneten Brigitte Pothmer ergibt, wurde eingehalten. Der Termin kam offiziell nicht auf Neumanns Vermittlung hin zustande, sondern »auf Bitten von Nicolas Berggruen«. Wie auch immer das Gespräch zustande gekommen ist, mit dem Ergebnis kann Nicolas Berggruen zufrieden sein. Die Ministerin wird sich ab sofort für ihn bereitwillig verwenden und tatkräftig Schützenhilfe leisten: in Form von offiziellen Anschreiben im Namen der Bundesregierung.

Freitag, 11. Juni 2010, Berlin Berggruens Terminkalender ist prall gefüllt. Am Abend eilt er zur Eröffnung des Künstlerhauses Bethanien in die Kottbusser Straße 10. Die ehemalige Fabrik für Leuchtkörper und Gaslampen der Gebrüder Israel soll nach einem Jahr aufwendiger Sanierung als Atelierhaus und Arbeitsstätte für Künstler dienen. Berlins Regierender Bürgermeister Klaus Wowereit hält die Eröffnungsrede. Strahlend sieht man ihn an Berggruens Seite, der als Besitzer dieser Immobilie künftig 25.000 Euro monatlich für die 4000 Quadratmeter große Nutzfläche kassieren wird. Das Künstlerhaus Bethanien ist eine vom Land unterstützte Einrichtung. Dass

Berggruen für die Räumlichkeiten Geld erhält, ist also keine mäzenatische Großtat, für die er an diesem Abend gefeiert wird, sondern das krasse Gegenteil davon. Ein Mäzen ist eine Person, die eine Institution, kommunale Einrichtung oder Person mit Geld oder geldwerten Mitteln bei der Umsetzung eines Vorhabens unterstützt, ohne eine direkte Gegenleistung zu verlangen. An diesem Abend erfüllt Nicolas Berggruen seine selbsterklärte Rolle nicht. Er stellt Künstlern zwar günstige Atelier- und Ausstellungsräume zur Verfügung, aber wie wenig sie am Ende auch kosten mögen, letztendlich verdient er auch an diesem Investment. »Mir ist dieser geistige Reichtum wichtiger als der materielle«, zitiert ihn die *Bild am Sonntag* an diesem Abend. »Ich sammle nur, wenn ich etwas gern habe oder wenn ich Museen damit helfen kann.« Die *Berliner Morgenpost* (vom 12. Juni 2010) würdigt grundsätzlich Berggruens Anwesenheit, als »ein sympathisches Statement, dass er an diesem Freitagmittag, in turbulenten Karstadt-Verhandlungstagen, überhaupt gekommen ist«. Diese zwei Beispiele machen deutlich, dass Berggruen als Projektionsfläche für alle möglichen Wünsche dient. Endlich, scheint man zu hoffen, verfügt Berlin über einen Robin Hood. Nicolas Berggruen und Klaus Wowereit prosten sich zu, fortan sind sie per Du.

Samstag, 12. Juni 2010, Berlin Berggruens Freunde präsentieren sich, allen voran der ehemalige Bundeskanzler Gerhard Schröder mit seiner Gattin Doris Schröder-Köpf. Rund 230 Gäste in Abendgarderobe treffen am Berggruen Museum gegenüber dem Schloss Charlottenburg ein. Das Ganze erinnert an die Bayreuther Festspiele. Nach einem ersten Get-together schreitet die feine Gesellschaft über die üppige Baumallee der Schlossstraße in den gegenüberliegenden Stülerbau, um das anschließende festliche Abendessen in der Remise einzunehmen.

Obwohl noch nichts unter Dach und Fach ist und die endgültigen Verträge noch nicht unterschrieben sind, greift die Berliner BZ den Ereignissen voraus und erklärt Nicolas Berggruen bereits zu »Mister Karstadt«. Alle Hoffnungen liegen nun auf ihm.

Am Sonntag revanchiert sich Christian Boros für den großartigen Berggruen-Abend und lädt zur Besichtigung seiner Kunstsammlung ein. Boros ist ein weiterer nützlicher Netzwerker für Berggruen. Der Inhaber einer Kommunikationsagentur betreut Ministerien, Verbände, Stiftungen und Institutionen bei der Entwicklung von Strategien, die sich an den Veränderungen der Gesellschaft orientieren – also genau das Gebiet, in dem Nicolas Berggruen aktiv werden möchte: »Wir richten uns an Organisationen, die den Wandel gestalten wollen.«

Der Wuppertaler Werbefachmann besitzt einen kolossalen Hochbunker in der Nähe des S-Bahnhofs Friedrichstraße in Berlin. Dort hat er sich ein Privatmuseum für Gegenwartskunst mit über 700 Objekten eingerichtet. Auf dem Dach erstreckt sich die größte Penthouse-Wohnung Berlins. Zu der exklusiven Besichtigung finden sich viele illustre Gäste ein. Neben Nicolas, Olivier und John Berggruen sind auch Prinzessin und Prinz d'Arenberg (deutscher Hochadel), André Balazs (Hotelier aus Los Angeles, in dessen *Chateau Marmont* feiert Berggruen seine Pre-Oscar-Partys) und Fernando H. Cardoso (ehemaliger brasilianischer Präsident, als Reformpolitiker gescheitert) mit von der Partie. Außerdem: Yoram Ben Zeev (israelischer Botschafter in Deutschland), Prinzessin und Prinz von und zu Liechtenstein (Prinzregent des steuerprivilegierten Fürstentums), Simon de Pury (Auktionator in New York, der für Heinz Berggruen fünf Cézannes für 64,7 Millionen Dollar versteigerte), Larry Gagosian (New Yorker Kunsthändler, zu dessen Kunden auch Nicolas Berggruen zählt) sowie Nathaniel Philip Rothschild (an dessen Atticus Capital in der US-Steueroase Delaware auch Berggruen beteiligt ist). Bemerkenswert ist vor allem, wie jede dieser Personen in das Berggruen-Schema passt: Michael Naumann (damals Kultusstaatsminister, der eine Schlüsselfigur beim Ankauf der Kunstsammlung von Heinz Berggruen und der Gründung des Berggruen Museums spielte), Bernard de Montferrand (Frankreichs Botschafter in Berlin) oder Michele Valensise (Italiens Botschafter in Deutschland, der inzwischen zum Generalsekretär des italienischen Außenministeriums aufgestiegen ist). Außerdem Andrea Dibelius, die Frau des deutschen Goldman-Sachs-Chefs Alexander Dibelius. Ihr Trauzeuge war Eckhard Cordes, der Metro-Boss. Um solche Kreise zu erschließen, knüpfen Trendsetter wie Christian Boros ihre Netzwerke.

DIE AKTE ECKHARD CORDES

Der ehemalige Topmanager des Handelsgiganten Metro Group (Umsatz: 66,7 Milliarden Euro, weltweit 287000 Mitarbeiter) gehört im Berggruen-Poker zu den Zwischenspielern. Zuerst strebte Cordes die Liquidation von Karstadt an, weil Kaufhof von den 112 Warenhäusern nur an etwa 50 Übernahmeobjekten interessiert war. Am Bieterverfahren beteiligte sich der Metro-Chef jedoch nicht. Als sich Nicolas Berggruens Sieg in der Karstadt-Schlacht abzuzeichnen begann, offerierte ihm Cordes die Galeria-Kaufhof-Kette. Doch innerhalb des Metro-Vorstandes gab es Widerstände gegen Cordes' Offerte. Als er 2011 aus dem Handelskonzern ausschied, prognostizierte er: »Irgendwann wird es zu einem Zusammenschluss kommen, wann und unter welchen Umständen auch immer.« Seine Prophezeiung hat sich bislang aber nicht erfüllt. Im Gegenteil: 2013 geht die Gewerkschaft gegen Nicolas Berggruen auf die Straße, der charismatische Milliardär ist entzaubert. Doch 2010 gilt er noch als neuer Heilsbringer.

Sonntag, 13. Juni, 2010 Der BZ-Autor Philipp von Studnitz berichtet, wie Nicolas Berggruen diese schweren Tage meistert: »Wegen der Verhandlungen mit dem gegenwärtigen Karstadt-Vermieter Highstreet (der in Wirtschaftskreisen plötzlich die Sanierungs-Pläne Berggruens anzweifeln lässt) sind Europas Flughäfen momentan die Hauptziele des Dauer-Reisenden. Umso faszinierender, wie er mit seinem Bruder voller präsenter Herzlichkeit die rund 230 Freunde zum alljährlichen Dinner empfängt, begrüßt und würdigt. ›Und wenn wir uns beim übernächsten Mal hier wieder sehen, dann freuen wir uns hoffentlich über den geplanten und dann fertigen Erweiterungsflügel für die Sammlung unseres Vaters in der Schloßstraße.‹«

Kritische Stimmen werden nur im Internet laut. Unter dem taz-Interview mit Nicolas Berggruen findet sich folgender Leserkommentar:

15.07.2010 16:50 Uhr von Michael Krüger:
Berggruen hat nicht das Künstlerhaus Bethanien mit 25 Ateliers gekauft. Das Künstlerhaus Bethanien ist vielmehr in einen von Berggrün gekauften Hinterhof in der Nähe vom Maybachufer gezogen. Wichtig ist zu bemerken, dass das »richtige« Bethanien noch an Ort und Stelle am Mariannenplatz steht und sich nicht hat kaufen lassen.

Montag, 14. Juni 2010 Die erste Verhandlungsrunde um die Höhe der künftigen Mieten endet ohne Ergebnis. Daraufhin lässt Ursula von der Leyen noch am selben Tag ein offizielles Anschreiben des Bundesministeriums an den Vertreter der Investoren der Highstreet Group, Bruno Roger, aufsetzen. Wie sich schon eine Woche später zeigen wird, verfehlt die Intervention der Ministerin ihre Wirkung nicht.

Montag, 21. Juni 2010 Das Highstreet-Konsortium ist zu Mietsenkungen von insgesamt mehr als 400 Millionen Euro bereit. Nicolas Berggruen lehnt den Vorschlag aber zunächst noch ab.

DAS TAUZIEHEN GEHT WEITER

Montag, 28. Juni 2010, Essen Kurz vor der Entscheidung über die Zukunft der insolventen Warenhauskette droht bei Karstadt eine interne Zerreißprobe. In einem offenen Brief an den Betriebsratschef Hellmut Patzelt bitten insgesamt 32 Betriebsräte aus Städten wie Trier, Gießen und Düsseldorf darum, »uns in dieser immer noch schwierigen Situation nicht alleine zulassen«. In einem zweiten offenen Brief vom selben Tag kritisieren 15 Betriebsräte aus Städten wie Hamburg, Dresden und Berlin hingegen »ein klares Fehlverhalten« ihres Gesamtbetriebsratsvorsitzenden Patzelt, weil dieser als oberster Arbeitnehmervertreter den Bonuszahlungen an den ehemaligen Karstadt-Chef Thomas Middelhoff zugestimmt hatte. Der interne Streit bei Karstadt eskaliert. Der Betriebsrat und die Gewerkschaft bezichtigen sich gegenseitig der Lüge. Die stellvertretende Verdi-Chefin Margret Mönig-Raane versucht zu schlichten, sie unterstützt Nicolas Berggruen. Dadurch stärkt sich seine Position für die Verhandlungen mit Highstreet Holding. Es gibt nur noch einen heimlichen Gegner: die Deutsche Bank. Sie wird im letzten Augenblick doch noch einen Mitbieter im Karstadt-Tauziehen ins Spiel bringen: den italienischen Kaufhaus-König Borletti. Scharf greift dieser die Gewerkschaften an, was ihn letztlich die Unterstützung der Verdi-Chefin Mönig-Raane kostet. Ein weiterer Etappensieg für Berggruen.

Dienstag, 29. Juni 2010 Das Geheimnis wird gelüftet: Klaus Hubert Görg erhält rund 50 Millionen Euro. Diese Summe wird der Insolvenzverwalter für den erfolgreichen Verkauf von Karstadt kassieren. Die Information stammt von der *Süddeutschen Zeitung* mit Bezug auf die Verhandlungskreise. Die 50 Millionen Euro entsprechen genau der Summe, die Verdi für die Rettung der angeschlagenen Warenhauskette durch den Jahreslohnverzicht der Karstadt-Belegschaft aufbringen will. Das Honorar bemisst sich am Wert der Insolvenzmasse am Tag ihres Weiterverkaufs. Von den ersten 25.000 Euro erhält Görg laut Vergütungsordnung 40 Prozent, danach sinkt der Anteil. Von Beträgen über 50 Millionen Euro hinaus stehen ihm 0,5 Prozent zu. Görg äußert sich nicht dazu. Kritik übt Hans Haarmeyer, Vorsitzender der Gläubigervereinigung Deutschland: »Statt die Gläubiger bestmöglich zu befriedigen, versorgt die Abwicklung eines Insolvenzverfahrens offenbar weitgehend und flächendeckend nur die Insolvenzverwalter und die mit ihnen verbundenen Strukturen.« Haarmeyer prangert auch die bestehende Praxis an, dass die Insolvenzverwalter »›Heerscharen von teuren Beratern‹ in die ihnen anvertrauten Firmen schicken, weil es ihnen entweder selbst an Kenntnissen mangele oder weil sie sich durch Gutachten absichern wollten«. Er kritisiert, »dass die Vergütung von Insolvenzrichtern allgemein zu wenig erfolgsorientiert sei. Erst, wenn ein Unternehmen tatsächlich gerettet ist, sollte der Insolvenzverwalter sein volles Honorar erhalten«.

Mittwoch, 30. Juni 2010 Das Bundeskartellamt in Bonn genehmigt die Karstadt-Übernahme durch Berggruen Holdings. Die Partie ist aber noch nicht gewonnen. Im Bieterverfahren gehen insgesamt vier Angebote ins Rennen. Die Kandidaten sind Hightstreet Holding, Triton, Berggruen Holdings und Metro.

DIE AKTE HIGHSTREET HOLDING

Es ist das Erbe Middelhoffs, wogegen Nicolas Berggruen im Juni 2010 ankämpfen muss: Middelhoff hatte, um die Umsatzzahlen von Arcandor zu steigern und Bilanzlöcher zu stopfen, die Karstadt-Häuser an die von der Deutschen Bank geführte Immobilientochter RREEF verkauft. Karstadt wurde in den vormals eigenen Häusern zum Mieter. Aus diesem Grund- und Häuserbestand bildete die Deutsche Bank zusammen mit Goldman Sachs einen Immobilien-Fonds namens Highstreet Holding. Aus steuerlichen Gründen wurde Highstreet nach holländischem Recht 2006 in Amsterdam angemeldet. Der Immobilienbesitz teilte sich in zwei Untergesellschaften auf. An der mosaikartigen Gläubigerstruktur beteiligten sich der italienische Reifenhersteller Pirelli, die Generali-Versicherungen sowie ein Oppenheim-Esch-Fonds. Das Dealen mit den Anteilen vollzog sich so lange, bis das Kartell über 200 verschiedene Investoren aufweisen konnte. Die unter Middelhoff ausgehandelten Mietverträge sind noch bis 2020 gültig. 280 Millionen Euro betragen die Mietsummen jährlich. Der Karstadt-Immobilienwert, der durch Highstreet Holding verwaltet wird, wird auf 4,5 Milliarden Euro beziffert. Nach dem letzten Stand halten die Deutsche Bank, Pirelli RE und das italienische Familienunternehmen Borletti Group an dem Immobilienpool genau 49 Prozent. Mehrheitseigner mit 51 Prozent ist Goldman Sachs. Im Laufe des Bieter-Verfahrens wird Alexander Dibelius im August nach einem offiziellen Brief von Ministerin von der Leyen auf Berggruens Seite umschwenken, was dessen Ausgangslage gegenüber den Mitkonkurrenten noch einmal erheblich verbessert.

Montag, 5. Juli 2010 Die Verhandlungen geraten ins Stocken, obwohl das Mietkonsortium Highstreet Holding bereits Kompromissbereitschaft signalisiert hat. Nicolas Berggruen scheint der offizielle Brief der Arbeitsministerin Ursula von der Leyen nicht auszureichen. Er legt erneut nach: In einem Interview mit dem *Handelsblatt* appelliert er an die Bundesregierung: »Es muss jemand für Deutschland und Karstadt aufstehen. Das kann am Ende des Tages nur die Politik sein.« Immerhin stünden 25 000 Arbeitsplätze auf dem Spiel.

Mittwoch, 7. Juli 2010 Mit der Frage »Hat Karstadt unter Berggruen überhaupt eine Chance?« meldet sich ein Leser auf *faz.net* zu Wort und trifft mit seiner Einschätzung direkt ins Schwarze.

> *Anton Etges (etikus) – 07.07.2010 14:21 Uhr*
> *Hat Karstadt unter Nicolas Berggruen überhaupt eine Chance?*
> *Ich meine eher nein.*
> *Diese Negativmeinung begründe ich ausschließlich mit dem Fremdbesitz der Immobilien. Denn viele dieser Immobilien sind altbacken und alles andere als kundenanziehend.*
> *Daraus folgt, dass in die notwendige Modernisierung der Immobilien, vom Interieur mal ganz abgesehen, Abermillionen*

gesteckt werden müssen. Aber das macht kein Vermieter, dessen Mieten sowieso schon bis zum geht nicht mehr gedrückt sind. Und Berggruen wird dieses Geld auch nicht investieren in Immobilien, die ihm nicht gehören. Verbleibt die Empfehlung an Highstreet: Verkauft dem Berggruen doch einfach die (Schrott-?)Immobilien, von mir aus ›nur‹ zum Einstandspreis. Damit könnte Berggruen auch seine Ernsthaftigkeit des langfristigen Engagements beweisen.

DIE SCHLÜSSELROLLE DES INSOLVENZVERWALTERS

Freitag, 16. Juli 2010 Der Insolvenzverwalter Görg steht auf Berggruens Seite. Er erreicht beim Amtsgericht Essen eine weitere Terminverschiebung, damit Berggruen noch genügend Zeit für die Verhandlungen mit Hightstreet Holding bleibt. Görg scheint die Essener Richter gut im Griff zu haben. Die gerichtliche Entscheidung zur Annahme des Insolvenzplans wird auf den 10. August vertagt.

Samstag, 17. Juli 2010 *News.de* berichtet über Nicolas Berggruen. Unter der Überschrift »Kiffen, Saufen und Geld spenden« macht die Online-Zeitung Gemeinsamkeiten zwischen ihm und zwei anderen Prominenten aus: Paris Hilton und Lindsay Lohan. Alle drei, heißt es in dem Artikel, befänden sich gerade in einer Lebenskrise. Während Paris Hilton kiffe und Lindsay Lohan sich betrinke, komme Karstadt-Investor Nicolas Berggruen mit dem Medienrummel nicht klar. »Mister Karstadt« empfindet seine plötzliche Prominenz als unangenehm. Zitiert wird aus einem Bericht des *Focus*. »Ich hätte nie gedacht, dass die Karstadt-Sache so ein Echo auslösen würde und es so schwierig wäre, sie zu einem Ende zu bringen.«

Im *Focus*-Interview verkündet Berggruen: »Ich habe eine Midlife-Crisis. Diese Lebenskrise sei »absolut positiv«. Was ihn interessiert, ist vor allem, »Energie und Intelligenz in Zukunftsvisionen zu investieren.« Was die Finanzen betrifft, da denke er amerikanisch: »Wer viel besitzt, sollte sehr großzügig sein.« Von seinem eigenen Vermögen von etwa drei Milliarden Dollar plane Berggruen, einen Großteil zu spenden: »Wenn man von seinen übrigen zehn Prozent leben kann, soll man ruhig 90 Prozent weggeben.«

DAS DUELL BERGGRUEN-BORLETTI

August 2010 Aus London kommen Signale, dass nach einem Treffen des Karstadt-Vermieters Highstreet am 28. Juli eine Einigung mit Berggruen »in greifbare Nähe« gerückt sei. Bislang haben aber noch nicht alle Beteiligten den Konditionen zugestimmt. Im Highstreet-Konsortium ist auch der italienische Warenhaus-König Maurizio Borletti vertreten. Überraschend gibt er am 1. August ein Angebot für die Karstadt-Übernahme ab. Es ist kein Geheimnis, wer ihn unterstützt: die Deutsche Bank, ebenfalls in der Highstreet Holding vertreten. Borlettis Imperium mit der italienischen Kaufhauskette Rinasscente und der französischen preisgünstigen Warenhausmarke Printemps ist zwar ebenfalls ins Wanken geraten, aber er kann sich bei seinem Karstadt-Angebot auf den US-Investor Gordon Brothers stützen. Gemeinsam schlagen sie 100 Millionen Euro als Kaufpreis vor. Der Insolvenzverwalter Görg lehnt das Angebot ab und verweist auf den bestehenden Vorvertrag mit Berggruen. Daraufhin kommt es zu einer Blockade: Borletti, Pirelli Real Estate und die Deutsche Bank, die an der Highstreet Holding mit 49 Prozent beteiligt ist, sprechen sich gegen die von Berggruen geforderten Mietsenkungen aus. Das Essener Amtsgericht muss wieder seine Entscheidung über den Insolvenzplan vertagen. Als endgültiger Termin für den Verfahrensabschluss wird der 3. September angesetzt.

Mittwoch, 25. August 2010 Nicolas Berggruen unterstützt die von Bill Gates und Warren Buffett ins Leben gerufene Kampagne »Giving Pledge«, bei der die Unterzeichner das Versprechen abgeben, eines Tages den Großteil ihres Reichtums zu verschenken. Alle »Menschenfreunde« sind zu einer solchen Schenkung eingeladen. Nicolas Berggruen erklärt:

> *Jeder erhält bei seiner Geburt eine Handvoll Karten. Mit diesen ergeben sich Möglichkeiten und Verantwortung. Was man daraus macht, muss jeder für sich selbst entscheiden; und die Summe dieser Entscheidungen bestimmt unser Leben.*
>
> *Ich bin mit der Chance gesegnet worden, die Nicolas Berggruen Charitable Trust aufbauen zu können. Mein Einsatz, diese Stiftung zu einem Erfolg zu machen, wird mit Non-Profit-Aktivitäten einhergehen. Ich glaube, dass sich mit diesem Vorgehen am besten meine Fähigkeiten und das Vermögen des Nicolas Berggruen Charitable Trust vereinen lassen.*
>
> *In diesem Sinne trete ich der Giving-Pledge-Initiative bei.*

Warren Buffett als Mitbegründer der Kampagne ist in seiner Erklärung etwas konkreter:

> *Hiermit verspreche ich, mehr als 99 Prozent meines Vermögens der Philanthropie noch zu meinen Lebzeiten oder mit Eintritt meines Todes zu schenken.*

Bei einem Vermögen von 53,5 Milliarden Dollar (*Forbes* 2012) würde das verbliebene eine Prozent für die Erben immer noch 53,5 Millionen (!) Dollar ausmachen. Wohin das große Kapital fließen soll, bleibt bei der Aktion »Giving Pledge« den Gönnern überlassen. Die Initiative selbst sammelt kein Geld ein. Die Milliardäre geben lediglich ein Versprechen für eine Spende ab. Der Investor Warren Buffett finanziert aus den Aktienpaketen seines Unternehmens Berkshire Hathaway seine eigenen privaten Wohltätigkeitsstiftungen. Seit dessen Gründung im Jahr 1994 hat er fast 30 Milliarden Dollar für Gesundheitsprojekte in Entwicklungsländern und soziale Zwecke in den USA ausgegeben.

Wie viel Nicolas Berggruen gespendet hat, dazu gibt es bislang keine ausreichenden Informationen. Die Kritiker von

Initiativen wie »Giving Pledge« bemängeln, dass private Spenden nicht einen funktionierenden Staat ersetzen können. Ein sinnvolles Steuersystem kann deutlich mehr für die Gemeinschaft bewirken. Sie postulieren: Der Staat muss ein besserer Geldverwalter als die Privatstiftungen sein, die durch gnädige Gaben der Milliardäre getragen werden und steuerlich voll absetzbar sind. Die Stiftungen sind ausgeklügelte Steuersparmodelle, um in erster Linie die Erbschaftssteuern zu umgehen.

Der Soziologe Hans-Jürgen Krysmanski, der auch der Attac-Bewegung beratend zur Seite steht, sieht in der »Giving Pledge«-Aktion nichts anderes, als eine Vorbereitung auf eine durch Klimawandel, Ressourcenprobleme und wachsende, unumkehrbare Arbeitslosigkeit geartete Welt, in der es nur noch ums nackte Überleben geht. Die Geldeliten rüsten sich durch Stiftungen für diesen Überlebenskampf auf, um gegenüber der wachsenden Armut und Arbeitslosigkeit gemeinsam zu operieren und ihre privilegierte Stellung als Superreiche zu verteidigen. Auf eine solche Allianz zielen auch Berggruens politische Bestrebungen, der inzwischen zu einem der bekanntesten Vertreter der »staatenlosen Nomaden« geworden ist. Rastlos fliegt er von einem Ort zum anderen. »Um den Kapitalismus zu überwinden, sucht er nach Plätzen, wo er sich dem staatlichen Einfluss entziehen kann«, stellt Autor Hans-Jürgen Krysmanski lapidar in seinem Buch *0,1 % – Das Imperium der Milliardäre* fest.

Samstag, 31. Juli 2010, St. Tropez Andrea Dibelius, die Frau des Goldman Sachs-Chefs, lädt zu einer privaten Party. Das Motto lautet »Love, Peace and Harmony«. 500 Gäste feiern ausgelassen im Garten der Zehn-Millionen-Villa. Dabei entsteht ein Foto, das Nicolas Berggruen später peinlich sein wird. Mit einem Stirnband als Hippie verkleidet, hat er den Arm um Fernanda Brandao gelegt. Die Sängerin der Latinoband Hot Banditoz hat vor allem als Ex-Freundin von Skandalrapper Bushido Schlagzeilen gemacht. Als im Juni 2013 die Demontage von Nicolas Berggruen als »Mr. Möchtegern« (*Der Spiegel*

25/2013) beginnt, holt die Presse das Bild wieder aus den Archiven hervor. In St. Tropez fällt der *Bild* und der BZ jedoch noch etwas anderes auf: »Nur der Ehemann fehlte. Alexander Dibelius hatte statt im Hippie-Kostüm noch im Nadelstreifenanzug zu tun.« Drei Jahre später strebt seine Frau nach zehn Ehejahren »Deutschlands teuerste Scheidung« an. Dibelius gilt als einer der cleversten Banker Europas. Sein Vermögen wird auf einen dreistelligen Millionenbetrag geschätzt.

Mittwoch, 25. August 2010 Der Tag, an dem Nicolas Berggruen in Los Angeles den »Giving Pledge«-Aufruf unterschreibt und damit das Versprechen abgibt, sein Vermögen der Menschheit zu schenken, ist auch für Karstadt schicksalshaft. Elf Wochen dauern die zähen Verhandlungen bereits an. Sie werden der deutschen Öffentlichkeit fast täglich mit emotionsgeladenen Schlagzeilen serviert. Das Wort Karstadt wird in einem Atemzug mit Begriffen wie »Poker«, »Drama«, »Krimi«, »Gezerre«, »Zitterpartie«, »Hängepartie« genannt. Den verfrühten Erfolgsschlagzeilen der *Bild* folgen schließlich die Hiobsbotschaften anderer Tageszeitungen. Nun ist auf einmal die Rede von »Schlammschlacht«, »Chaostagen« oder »Nervenkrieg«.

Das Hauen und Stechen führt sich auf das komplizierte Konstrukt der Highstreet Holding zurück. Der Verkehrswert der Karstadt-Immobilien lag 2006, als Goldman Sachs den Gedanken entwickelte, die Immobilien zu erwerben, bei 4,7 Milliarden Euro. Aber nicht einmal Goldman Sachs ist in der Lage, solche Summen zu stemmen. Auch nicht im Verbund mit der Deutschen Bank und dem Reifengiganten Pirelli. Eine solche Vorgehensweise ist allerdings auch nicht üblich. Denn schließlich geht es nicht darum, die Immobilien einfach zu besitzen. Man will sie übernehmen, um sie in einträgliche Finanzprodukte zu verwandeln. Nach 33 Jahren gelten in Deutschland gewerbliche Immobilien als steuerlich abgeschrieben und stellen in der Firmenbilanz eines Unternehmens nur noch eine passive Null dar. Dieser Umstand verführt dazu, Immobilien in Finanzprodukte umzuwandeln.

Mit diesen wird dann ein riskanter Handel betrieben. So geraten auch Immobilien in Hedgefonds, ohne dass die Anleger es wissen. Um die Karstadt-Immobilien mit einer Bruttofläche von 3,2 Millionen Quadratmeter (Mietfläche: 2,1 Millionen Quadratmeter) zu kaufen, wurde die Hightstreet Holding gebildet. Von den Fondsanlegern sammelte Goldman Sachs als Konsortialführer einen Kredit in Höhe von 1,4 Milliarden Euro ein. Die Deutsche Bank mit ihrer Immobiliensparte RREEF beschaffte für den Ankauf weitere 2,52 Milliarden Euro, teils von sogenannten Mezzanine-Gläubigern. Die restlichen 850 Millionen Euro steuerte die hauseigene Karstadt-Bank Valovis mit ihrem Darlehen bei.

Innerhalb dieses komplexen Gebildes ist die Valovis Bank mit ihrer Einlage zu einem großen Gläubiger des Vermieterkonsortiums Highstreet geworden. Sie kann die Highstreet-Gemeinschaft kontrollieren. Hinter dieser Zukunftssicherung stand angeblich Hans-Eberhard Schleyer. Der prominente Wirtschaftsanwalt, der in einem Hochhaus an der Berliner Friedrichstraße residiert, ist der Berater der Valovis Bank. Seine Kanzlei gehört zum amerikanischen Anwaltssyndikat WilmerHale mit Hauptquartier in Boston. Dem 2500-köpfigen Team sind noch weltweit über 1000 Anwälte angeschlossen. Das Jahreseinkommen beträgt laut eigenen Angaben rund 1,07 Milliarden Dollar. Als Referenzen werden angegeben: Deutsche Bank, Citigroup, Credit Suisse, Goldman Sachs, HSBC Finance, JPMorgan Chase, Morgan Stanley, UBS. Darüber hinaus die Unternehmen: Chrysler, Deutsche Telekom, General Electric, Honda, Lufthansa, Millennium Pharmaceuticals, Monsanto, Novartis, Oracle, Pfizer Pharma, Philips, Procter & Gamble, Staples, Statoil.

Mit Hans-Eberhard Schleyer trifft Nicolas Berggruen auf einen gewieften Kontrahenten. Schleyer gilt als Experte für Grund- und Gewerbesteuer. Was Karstadt betrifft, gibt es einen entscheidenden Haken, wie Schleyer in einem Interview mit der *Süddeutschen Zeitung* (vom 7. Juli 2010) verrät: »Die Mietreduktion«, die Berggruen verlange, »ist für uns kein

Problem [...] solange die drei Gruppen im Konzern zusammenbleiben.« Doch Berggruen plane als künftiger Eigentümer die Aufspaltung. Er verlange für die Premium-Häuser, die Sporthäuser und die übrigen Kaufhäuser drei getrennte Mietverträge.

Würde man diese Forderung erfüllen, käme dies für Karstadt einem Dolchstoß gleich. Mit getrennten Mietverträgen wäre es für Berggruen leichter, die Teile des Handelskonzerns zu verkaufen. Die rund 36 Karstadt-Häuser, welche die Valovis Bank mitfinanziert hat, würden dadurch an Wert verlieren, zudem wären die Valovis-Kredite schlechter abgesichert. Das könne die Bank nicht akzeptieren, stellt Schleyer klar.

WIDERSTÄNDE GEGEN BERGGRUEN

Keinesfalls zustimmen will die Valovis Bank Berggruens Forderung, die Mietnachlässe als sogenannte Mieterdienstbarkeiten erstrangig im Grundbuch festzuschreiben. Das meldet die *Frankfurter Allgemeine Zeitung* (vom 7. Juli 2010). Das sogenannte *tenant easement* bedeutet, dass ein Mietverhältnis zugunsten des Mieters in Form der Eintragung einer Mieterdienstbarkeit abgesichert ist. Damit kann der Mieter erreichen, dass im Falle einer Insolvenz des Vermieters die Dienstbarkeit aufgrund des Rangverhältnisses nicht unter die Masseverbindlichkeit fällt. Entscheidend hierbei ist, dass die Mieterdienstbarkeit im Range vor den Grundschulden, die der Finanzierung dienen, eingetragen wird. Solche Mieterdienstbarkeiten werden vor allem von jenen gewerblichen Mietern gefordert, die ein hohes Interesse an der Beibehaltung eines günstigen Standorts des Mietobjektes haben, aber auch dann, wenn der Mieter in das Mietobjekt erhebliche Mittel investiert hat, und schließlich in Fällen einer für ihn günstigen Gestaltung des Mietverhältnisses. Der Schutz der Mieterdienstbarkeit besteht hauptsächlich darin, dass das Sonderkündigungsrecht, das dem Mieter im Falle der Veräußerung der Immobilie zusteht, faktisch nicht durchsetzbar ist. In dieser Klausel sehen die

Gläubiger des Vermieterkonsortiums Highstreet ein »generelles Problem«, so Schleyer. Highstreet fürchtet, dass Berggruen durch die Mieterdienstbarkeit den Handel mit Karstadt-Immobilien unterbinden könnte. Am Kauf der Karstadt-Immobilien zeigt Berggruen jedoch kein Interesse, obwohl einige Experten, darunter auch Co-Vorstand der Deutschen Bank, Jürgen Fitschen, dies für sinnvoll halten.

Bei seinen Investitionen hat Nicolas Berggruen bislang kein eigenes Geld investiert, sondern zuerst Fonds mit seinen Partnern aufgelegt; erst danach ist er auf Einkaufstour gegangen. Johannes Neckermann, Sohn des Versandhaus-Königs Josef Neckermann, hat 1976 die Übernahme der Neckermann-Kaufhäuser durch Karstadt hautnah bei den Frankfurter »Nächten der langen Messer« miterlebt. Über Berggruens Strategie äußerte er sich mir gegenüber wie folgt: »Ich verfolge die Karstadt-Investition von Herrn Berggruen mit großem Interesse. Es ist ein US-Strickmuster. Ich musste auch erst lernen, dass die Amis in laufende Geschäfte immer lieber fremdes Geld investieren. Das Eigene geht eher in Immobilien und bleibende Wertgegenstände. Laufende Geschäfte bergen immer ein großes Risiko, wie man es bei Karstadt nun auch ganz klar erkennt. Bei so etwas vermeiden die Amis, persönlich in Obligo zu gehen. Diese Verpflichtung ist wohl Herrn Berggruen auch nicht eingegangen? Nach 33 Jahren in den USA verstehe ich die Dinge viel besser und sehe sie auch anders als die Deutschen.«

Gekauft wurden Unternehmen, die etwas produzieren: Sonnen- und Lesebrillen, Kekse oder Cornflakes. Er erwarb Medienkonzerne, die, wie er es ausdrückt, »Geld produzieren«. Bei der Fastfood-Kette Burger King sind die Buletten ein zuverlässiger Umsatzbringer. Doch ein marodes Kaufhaus aufzurichten, erfordert nicht nur Können und Geschick, sondern auch Glück in potenzierter Form. Wer sich an ein solches Unternehmen heranwagt, muss kommende Trends und das Kaufverhalten der Kunden kennen. Keine amerikanische Warenhauskette konnte in Deutschland dauerhaft Fuß fassen.

Woolworth musste seine Türen schließen, Amerikas führender Supermarkt-Gigant Walmart ist hierzulande gescheitert, und auch die englische Modekette Marks & Spencer konnte sich nicht durchsetzen. Dagegen steht wiederum der globale Erfolg von Marken wie Foster Grant, Schweppes oder Burger King. Diese zu kaufen, gehört zur Erfolgsstrategie des Duos Berggruen-Franklin.

BERGGRUENS SANIERUNGSPLÄNE

Karstadt ist Berggruens Alleingang. Was ihn antreibt, ist die Chance, zwei Fliegen mit einer Klappe zu schlagen. Er hofft darauf, neben Karstadt auch Kaufhof zu erwerben. Überlegungen für eine solche Fusion gibt es beim Kaufhof-Eigner, dem Metro-Konzern, schon seit 2006. Es war die große Vision von Eckhard Cordes, eine »Deutsche Warenhaus AG« zu erschaffen. Das Denkmodell dafür sei prinzipiell weiter auf dem Tisch, bestätigt 2010 Jürgen Fitschen, Co-Vorstand der Deutschen Bank. Mehrmals lässt Berggruen durchblicken, dass er diese Vision verwirklichen wolle. Was er sich davon verspricht, liegt klar auf der Hand: Mit Karstadt-Kaufhof würde sein Einfluss auf die Politik weiter wachsen. Ein Ziel, das sich gleichsam mit den Zielen seiner Denkfabrik, dem Berggruen Institute on Governance, deckt. Auch sein Intimus Gerhard Schröder sieht für sich neue Perspektiven: Mit Berggruens Unterstützung will er sich als Deutschlands Reformer positionieren. Endlich will er die Anerkennung erhalten, die ihm bislang für seine umstrittenen Reformen – von der Agenda 2010 bis zu Hartz IV – verwehrt wurden. Es wird ihm teils gelingen. Schröder steht ein zweiter politischer Frühling bevor.

Freitag, 27. August 2010 Hans-Eberhard Schleyer als Chefunterhändler der Valovis Bank scheint dem Frieden mit Berggruen nicht zu trauen: »Wenn Berggruen Karstadt, wie bekundet, als langfristige Investition sehe, gebe es keinen betriebswirtschaftlichen Grund für die Mieterdienstbarkeiten«, zitiert die *Frankfurter Allgemeine Zeitung* (vom 06. Juli 2010) Was Schleyer jetzt vermutet, hat bereits Maurizio Borletti gegenüber der *Bild* (vom 22. Juli 2010) zum Ausdruck gebracht. Der italienische Warenhaus-Besitzer ist als Highstreet-Investor an den Verhandlungen um die Karstadt-Mieten beteiligt. »Ich glaube, Herr Berggruen will Karstadt aufteilen und stückweise verkaufen.« Den Erlös von bis zu 300 Millionen Euro wolle Berggruen selbst einstecken, deshalb verweigere er auch die Garantie, den Konzern zusammenzuhalten.

RÜCKENDECKUNG VON DER BUNDESARBEITSMINISTERIN

Freitag, 27. August 2010 Die Deutsche Bank signalisiert ihre Unterstützung für Nicolas Berggruen. Den Gesinnungswandel soll ein Brief der Arbeitsministerin Von der Leyen bewirkt haben. Sie wird sich nach Berggruens Karstadt-Übernahme bei Co-Vorstand Jürgen Fitschen öffentlich bedanken und dessen »soziale Verantwortung« würdigen. Gleichwohl diskutieren die Vertreter der Deutschen Bank, Goldman Sachs und Highstreet Holding weiter über den wirtschaftlichen Sinn dieses Sales-and-lease-back-Verfahrens, also über den erfolgten Verkauf der Karstadt-Immobilien zu einem relativ hohen Preis an das Highstreet-Konsortium und die anschließende teure Anmietung durch Karstadt. Die Uneinigkeit der Beteiligten ist auch der Grund, weshalb sich die Verhandlungen weiter so in die Länge ziehen.

Der *Welt* (vom 28. August 2010) sagt Jürgen Fitschen: »Ob die […] Aufteilung eines Unternehmens in eine Firma, der die Immobilien gehören und in eine zweite, die das operative Geschäft betreibt, tatsächlich so sinnvoll ist. Darüber wird man noch nachdenken müssen. Im Fall einer Insolvenz macht das eine Einigung sehr schwer und erschwert in der Öffentlichkeit das Verständnis für die langwierigen Verfahren.«

Obwohl er zusammen mit der Deutschen Bank am Highstreet-Konsortium beteiligt ist, resigniert der Karstadt-Bieter Borletti nicht. Auf eigene Faust kämpft er weiter und ist bereit, mit seinen Millionen zu pokern. Mit Anteilen der Investoren von nachrangigem Eigenkapital, den sogenannten Mezzanine-Gläubigern, versucht er eine Sperrminorität gegen Berggruen zu erwerben.

DER BORLETTI-CLAN

In Italien ist der Name so bekannt wie Agnelli, Ferrari oder Pirelli. Seit 1867 schreiben die Borlettis Wirtschaftsgeschichte. Die Gründerväter stellten zuerst Wecker in Serie her und industrialisierten damit die Uhrenzunft. Danach ging es mit Textil und Chemie weiter. Im Ersten Weltkrieg produzierten sie Handgranaten. 1921 legten sie mit einem Verlagshaus und einer Versicherung nach und wurden Zulieferer für Fiat. 1931 beteiligten sich die Borlettis an der Gründung von Standa, dem Karstadt-Pendant Italiens. Standa wurde gekauft, wieder verkauft und das Vermögen vermehrt.

Der gegenwärtige Familienvorstand Maurizio Borletti, Jahrgang 1968, ist aus dem gleichen Holz geschnitzt wie Nicolas Berggruen. Ehrgeizig und zielstrebig. Schon während des Studiums an der Elite-Universität Bocconi in Mailand gründete er zwei Start-up-Firmen, die er mit hohem Gewinn weiterverkaufte. Einsteigen, sanieren, fusionieren – diesem Prinzip folgend kaufte er 2005 mit Investitori Associati, Deutsche Bank Real Estate (RREEF) und Pirelli Re die italienische Handelsgruppe La Rinascente, strukturierte sie um und führte sie mit der billigeren Warenhauskette UPIM zusammen. 2006 erwarb er mit der Deutschen Bank die französische Kaufhausmarke Printemps. Seitdem sitzt er an der Spitze des Aufsichtsrats. Als Vision schwebt ihm eine »Europäische Kaufhaus-Union« vor. Deshalb bemühte er sich zuerst auch um Kaufhof, und als seine Anstrengungen nicht von Erfolg gekrönt waren, kämpfte er hartnäckig um Karstadt. Das ist auch der Grund, weshalb er sofort in das Vermieterkonsortium Highstreet einsteigt, als es um den Verkauf der Karstadt-Immobilien geht. Damit hat er bereits einen Fuß in der Karstadt-Tür. Sein Warenhauskonzept ist auf »Shopping cool« für neue finanzstarke Kundenschichten ausgerichtet. Dass ein solches Konzept aufgehen kann, beweist das Stammhaus La Rinascente gegenüber dem Mailänder Dom. Allein mit diesem Shoppingparadies macht Borletti einen Jahresumsatz von 400 Millionen Euro. Zudem ist er Kunstsammler. Henri Rieben von der Jean-Monnet-Stiftung in Lausanne glaubt an *»bravo ragazzo«*, den braven Jungen, wie Borlettis Spitzname lautet: »Ich bin sicher, dass dem jungen Manager der Atem beim Aufbau seines europäischen Kaufhauskonzerns nicht ausgeht.« Im Gegensatz zu Berggruen ist Borletti verheiratet. Mit einer Amerikanerin und pendelt mit seinem Privatjet ständig zwischen Mailand, Paris und London hin und her. Am 9. August 2010 schickt er ein Schreiben an Wirtschaftsminister Rainer Brüderle mit dem Hinweis, dass dem Karstadt-Insolvenzverwalter ein Kaufangebot der Borletti Holding übermittelt wurde.

Dienstag, 31. August 2010 Insolvenzverwalter Klaus Hubert Görg weist das Angebot von Maurizio Borletti mit seinem Konzept einer europäischen Kaufhauskette als substanzlos zurück. Die Entscheidung über die Zukunft von Karstadt ist hinter den Kulissen längst gefallen. Nicolas Berggruen muss sich keine Sorgen machen und kann sich im fernen Kalifornien getrost seinem neuen Hobby, der Weltpolitik, widmen. Sein Konzept zur Sicherung Karstadts fußt auf dem Geschäftsplan, den die beiden von Insolvenzverwalter Klaus Hubert Görg eingesetzten Sanierungsfachleute Thomas Fox und Rolf Weidmann erarbeitet haben. Darin heißt es: »Ziel des deutsch-amerikanischen Milliardärs ist es, die ›Kultmarke‹ Karstadt zu erhalten, zu beleben und zu verjüngen.« Die Warenhauskette soll sich künftig auf die Segmente Mode (»Fashion«), Wohnaccessoires (»Living«), Sport und persönliche Accessoires sowie Schmuck und Kosmetik (»Personality«) konzentrieren. Hier haben die Sanierungsfachleute deutliche Schwachstellen im Vergleich zu den relevanten Wettbewerbern wie Douglas,

Peek & Cloppenburg, C & A, H & M oder Zara ausgemacht. Darin liegt gleichzeitig das Hauptproblem: Die Insolvenzverwalter glauben, wenn Berggruen die veralteten Strukturen ändert, wird Karstadt wieder auf der Gewinnerseite stehen. Der Wunsch der Insolvenzverwalter wird sich allerdings nicht erfüllen. Der Geschäftsplan zur Sanierung ist altmodisch, so wie schon die in die Jahre gekommenen Insolvenzverwalter selbst. Die einzige realistische Lösung, um Karstadt halbwegs eine erfolgreiche Zukunft zu sichern, wäre die radikale Zerschlagung gewesen, und so brutal es auch klingen mag: mindestens die Hälfte der Karstadt-Belegschaft zu entlassen. Dies entspricht einer altbewährten Wirtschaftsregel: »Manchmal ist das Exit die beste Lösung. Schließung statt Sanierung«, erklärt Unternehmensberater Roland Berger.

Gerade im Innenstadtbereich haben Kaufhäuser ihre einstige Marktvorherrschaft verloren. Der Hamburger Versandkönig Werner Otto gründete 1965 die ECE-Projektentwicklung GmbH – ein Immobilienentwickler, der Einkaufskathedralen in bester Lage baut und betreibt. Inzwischen ist ECE in 17 Ländern vertreten. In Deutschland managt ECE rund 187 Zentren, weitere 19 sind im Entstehen begriffen. Der Umsatz liegt bei 19 Milliarden Euro im Jahr, die Frequenz beträgt bis zu vier Millionen Kunden am Tag – viermal so viel wie in Karstadts besten Zeiten. In diesen ECE-Shoppingmalls siedeln sich die trendigen Textilhändler wie H & M und Zara an, bei denen Sortimente oft im Wochenrhythmus wechseln. Die Boutiquen von Pimkie, Tally Weijl und Desigual erreichen das junge, kaufkräftige Publikum ab 15 Jahren. Die Kaufhausbunker von Karstadt aus den goldenen 1960er und 1970er Jahren haben dagegen keine Chance. Alexander Otto, Sohn des Handelpioniers Werner Otto und Chef des ECE-Unternehmens, hatte die mehr als kritische Karstadt-Lage bereits 2004 erkannt. Seine Einschätzung zum Kauf von Karstadt-Filialen lautete: »Zehn bis zwölf Standorte könnten interessant sein.«

Karstadt ist eine in die Jahre gekommene Dame. Das ist den Beratern von Nicolas Berggruen bewusst. Deshalb raten sie zu einem PR-Gag. Daraufhin verkündet Nicolas Berggruen, man habe den Modedesigner Max Azria für Karstadt gewinnen können. Der 61-jährige Franzose tunesischer Herkunft, der auch schon auf Berggruens Pre-Oscar-Party gesichtet wurde, ist für seine trendigen Modelle bekannt. Für den US-Discounter Walmart entwickelte er mit »Hannah-Montana«-Star Miley Cyrus eine Billig-Kollektion. Jedes Stück kostete nicht mehr als 20 Dollar. In Deutschland gibt es seit 2009 Max-Azria-Läden – in ECE-Einkaufszentren in Köln und Düsseldorf und auf der Münchner Luxusmeile Maximilianstraße. Sein Label BCBG (Bon chic, bon genre) wird weltweit vertrieben. Als Azria in Los Angeles auf sein zukünftiges Engagement bei Karstadt angesprochen wird, dementiert er sofort: »Kein Interesse!« Diesbezüglich habe es keine Vorgespräche gegeben. Doch die »Azria-Ente« hat ihre Wirkung nicht verfehlt. Das *Handelsblatt* jubelt: »Für Karstadt sieht es immer besser aus.«

SIEG FÜR »MISTER KARSTADT«

Donnerstag, 2. September 2010, Berlin Mit einer Karstadt-Einkaufstüte in der Hand posiert Nicolas Berggruen in der Warenhausfiliale am Kurfürstendamm. Noch ist vom Amtsgericht Essen die Karstadt-Übernahme nicht rechtskräftig beschlossen und verkündet. Bedenken, die Richter könnten es sich noch einmal anders überlegen, bestehen aber offenbar nicht. Das Pressefoto, das die Übernahme durch Berggruen veranschaulichen soll, wird einfach vorweggenommen. Berggruen ist sich siegessicher. Vollmundig verkündet er: »Das Herz von Karstadt soll weiter schlagen.« In die Fernsehkameras sagt er: »Wir haben alle Unterschriften, die für uns wichtig sind. Jetzt fängt die richtige Arbeit für mich erst an, damit es eine gute Sache wird.«

Freitag, 3. September 2010, Berlin Großer Auftritt mit Fotografen, Presse und Fernsehen: In der Berliner Karstadt-Filiale am Kurfürstendamm geben Nicolas Berggruen und Bundesarbeitsministerin Ursula von der Leyen bekannt, dass alle notwendigen Unterschriften vorliegen und das Immobilienkonsortium Highstreet den geforderten Mietsenkungen zustimmt. Von der Leyen verkündet triumphierend: »Dies ist ein großer Tag der Freude für die Mitarbeiter.« Sie wirft Nicolas Berggruen dankbare Blicke zu. Er erwidert ihre Geste und erklärt: »Karstadt wird jetzt ein aufregendes Leben haben.« Mittlerweile ist es erwiesen: Von der Leyen war es, die Berggruens Einstieg bei Karstadt forcierte. Als Berggruen und Von der Leyen vor die Presse treten, ist davon aber nichts bekannt. Hinzukommt, dass dem Amtsgericht Essen noch einige Eingaben vorliegen, für deren Aufarbeitung sich die Richter knapp vier Wochen ausbedungen haben. Der endgültige Urteilsspruch wird erst am Donnerstagabend, den 30. September 2010 verkündet. Insider wissen, dass sich die Ministerin mit ihrem Eintreten für Berggruen aufs Glatteis begeben hat. Ihr Schützling Berggruen gibt sich indes cool. Gegenüber dem *Focus* äußert er, dass ihm das Timing im Ringen um Karstadt als neuer Eigentümer eigentlich ungelegen gekommen sei. Denn just an diesem Tag habe in Berlin eine Konferenz seiner kürzlich gegründeten politischen Denkfabrik stattgefunden.

Nach seinem Auftritt mit Ursula von der Leyen eilt er im Laufschritt zum benachbarten Karstadt-Luxuswarenhaus KaDeWe. Im sechsten Stock wartet voller Tatendrang in einem abgetrennten Bereich des Kundenrestaurants Gerhard Schröder auf ihn. Das Gespräch findet hinter geschlossenen Türen statt, doch die Ergebnisse sprechen für sich: Immer mehr ehemalige europäische Staatschefs stoßen zu Berggruens Institut dazu. Es ist ein offenes Geheimnis, wem Berggruen dies zu verdanken hat: Gerhard Schröder als »Türöffner«.

In Amerika interessiert man sich ebenfalls für Berggruens neueste Geschäftsaktivitäten. Die *New York Times* berichtet über die Karstadt-Übernahme: »Der Milliardär Nicolas Berggruen und die deutsche Arbeitsministerin Ursula von der Leyen kommen mit dem Aufzug zur Pressekonferenz in der Karstadt-Filiale am Kurfürstendamm in Berlin, am 3. September 2010. Die Arbeitsministerin sagte am Freitag, dass alle erforderlichen Unterlagen für eine Übernahme der Warenhausfirma Karstadt durch Nicolas Berggruen unterzeichnet worden sind.«

Der mediale Wirbel, der durch Berggruens Selbstinszenierung ausgelöst wird, zahlt sich zunächst auch für Karstadt aus. Laut Statistik des Fachverbandes rückt Karstadt im Ranking der umsatzstärksten Einzelhandelsunternehmen von Platz 20 im Insolvenzjahr 2009 auf Platz 12 vor. Daraufhin verkündet das Unternehmen stolz: »Man geht wieder zu Karstadt!«

DIE AKTE URSULA VON DER LEYEN

Als Karstadt in Insolvenz gerät, schlägt die Stunde der Arbeitsministerin. Mit allen ihr zur Verfügung stehenden Mitteln beteiligt sich Ursula von der Leyen an der »Rettung von Arbeitsplätzen«. Nach der parlamentarischen Anfrage der Abgeordneten Brigitte Pothmer (Bündnis 90/Die Grünen) offenbaren sich ihre Aktivitäten in vollem Umfang. Der Staatssekretär Dr. Bernhard Heizer erteilt in der Drucksache 17/10737 vom 17. September 2012 folgende Auskunft:

– 25. Juni 2010: Gespräch von Bundesministerin Dr. Ursula von der Leyen mit Betriebsratsvorsitzenden der Berliner Karstadt-Häuser und der stellvertretenden Verdi-Vorsitzenden Margret Mönig-Raane mit anschließendem Statement zum Stand der Verhandlungen um die Zukunft von Karstadt.
– 2. Juli 2010: Schreiben von Bundesministerin Dr. Ursula von der Leyen an Nicolas Berggruen mit der Bitte um Informationen zum Sachstand der Verhandlungen.
– 9. Juli 2010: Auf Bitte von Nicolas Berggruen fand ein Gespräch mit Bundesminister Rainer Brüderle zum beabsichtigten Investitionsvorhaben statt.
– 11. und 12. Juli 2010: Auf Wunsch der beteiligten Verhandlungspartner fanden mit Bundesministerin Dr. Ursula von der Leyen Vermittlungsgespräche in Sachen Vermietung statt. Teil-

nehmer waren Vertreter der Valovis Bank und der Nicolas Berggruen Holdings GmbH sowie die stellvertretende Verdi-Vorsitzende Margret Mönig-Raane.
– 8. Oktober 2010: Antwortschreiben von Bundesministerin Dr. Ursula von der Leyen auf ein Schreiben der Borletti Group vom 10. September 2010 zum Abschluss der Verhandlungen.

Samstag, 4. September 2010, Berlin Nicolas Berggruen stattet seiner künftigen Kaufhaus-Filiale am Hermannplatz einen Besuch ab. Die Pressefotografen begleiten ihn dabei. Die BZ bringt daraufhin eine Bildstrecke und kommentiert: »Karte oder cash? Nicolas Berggruen kauft Süßigkeiten im Karstadt am Hermannplatz.« Auf die BZ macht Berggruen einen bodenständigen Eindruck: »Mit den spontanen Standing Ovations weiß Herr Berggruen nichts anzufangen. Er wirkt fast peinlich berührt. Und diese Schüchternheit, man glaubt sie ihm.« Als die Durchsage »Liebe Kunden, wir schließen in wenigen Minuten« durch die Verkaufsräume hallt, sei Nicolas Berggruen sichtlich erleichtert gewesen. »Schnell schlüpft er in seinen schwarzen Trenchcoat. Tschüss, Chef!« Außerdem fällt der BZ auf, dass Berggruen mit seinem BlackBerry ein Kommunikationsjunkie ist.

Freitag, 17. September 2010 Nicolas Berggruen macht gut Wetter bei Karstadt, erscheint aber nicht persönlich in der Essener Zentrale. Zum Trost lässt er die verunsicherte Chefabteilung wissen: »Die Essener Hauptverwaltung wird nach seiner Übernahme im Stadtteil Bredeney bleiben, wo sie seit Mitte der 1960er Jahre residiert.« Die leitenden Mitarbeiter atmen auf. Das Essener Amtsgericht hat aber die endgültige Entscheidung über Karstadts Zukunft immer noch nicht bestätigt.

Mittwoch, 22. September 2010, New York Fototermin mit der *New York Times*: Nicolas Berggruen trägt ein weißes Hemd, oben aufgeknöpft, die Ärmel hochgekrempelt. Aus dem Fenster seiner Suite im 31. Stock des *Carlyle* in Manhattan öffnet sich ein abendlich leuchtendes Panorama. Unter dem Bild wird stehen: »Nicolas Berggruen, Milliardär, Investor und Gründer der Berggruen Holdings Inc., sitzt am Mittwoch, den 22. September 2010 für ein Porträt in New York, USA. Berggruen, der die deutsche Warenhauskette Karstadt AG erworben hat, äußerte, dass er bereits rund 73 Millionen Euro in das mit 400 Millionen Euro (545.000.000 Dollar) veranschlagte Investitionsbudget für Karstadt-Filialen auf fünf Jahre verteilt eingebracht habe.«

Die Information steht im krassen Gegensatz zu Berggruens in Deutschland verkündeten Plan. Hier spricht er ausdrücklich davon, dass die Investition von 400 Millionen Euro in die Erneuerung der Karstadt-Filialen »aus dem Cash-Flow« kommen solle. Bei den in der *New York Times* erwähnten rund 73 Millionen Euro handelt es sich in Wirklichkeit auch nicht um eine Kapitaleinlage in das Karstadt-Unternehmen, sondern um ein Darlehen in Höhe von 65 Millionen Euro, das sich Berggruen bereits kurz nach der Übernahme zurückzahlen ließ. Ob Berggruen selbst die Fakten manipulierte, flunkerte oder angegeben hat? Gegen solche Vorwürfe kann er sich leicht mit dem Hinweis wehren, er sei von der *New York Times* falsch verstanden worden. Die Journalisten seien daran schuld.

Donnerstag, 30. September 2010 Die Zitterpartie um Karstadt währt bis zur allerletzten Minute. Noch bis zum späten Nachmittag versuchen drei Gläubiger die Entscheidung zu torpedieren. Eine der Beschwerden stammt von einer Berliner Werbeagentur, die andere von dem ehemaligen Hertie-Besitzer Dawnay Day. In einem früheren Verfahren hat der Insolvenzverwalter Biner Bähr diesen britischen Finanzinvestor als eine »miese Heuschrecke« bezeichnet. Als Beleg verwies er auf die Investitionen, die zwar versprochen, aber nicht vorgenommen wurden. Selbst die dringend erforderlichen Ausgaben, etwa für die Modernisierung von Brandmeldern, seien unterblieben. Bis kurz vor 20 Uhr werden schließlich alle drei

Beschwerden zurückgenommen. Wäre dies nicht geschehen, hätten weitere monatelange Verhandlungen den Unternehmensverkauf verzögern können, was folgenschwere Konsequenzen gehabt hätte. Einige Prozessbeobachter mutmaßen, beim Rückzug der Beschwerdeführer wurde »nachgeholfen«.

Punkt 20.05 Uhr hebt das Essener Amtsgericht das Insolvenzverfahren auf. Mit dem Richterspruch ist Nicolas Berggruen zum 1. Oktober neuer Eigentümer der Karstadt Warenhaus GmbH. Rund 40000 Gläubiger verzichten auf zwei Milliarden Euro. Die Belegschaft verzichtet auf 150 Millionen Euro. Als Kaufpreis für Karstadt wird eine symbolische Summe ausgerufen – Berggruen erhält Karstadt für einen Euro! Der Volksmund auf der Straße raunt: »Für einen Euro würde ich Karstadt auch kaufen.«

DER HOFFNUNGSTRÄGER

Montag, 4. Oktober 2010, Essen Nicolas Berggruen tritt zum ersten Mal vor die versammelten Führungskräfte, den Betriebsrat und die Gewerkschaft. Auf Deutsch spricht er allen Mut zu: »Ihr seid stark … und mit dieser Gruppe von Leuten, glaube ich, können wir nur stärker in die Zukunft kommen …« Sein suchender Blick schweift hoch zur Decke. Es folgt eine rhetorische Pause. Dann beendet Berggruen seine Ansprache abrupt und bedankt sich. Die Anwesenden erheben sich und applaudieren. Das Ganze wird von Fernsehkameras festgehalten. Ein Jahr später finden sich die Bilder auch in einem Beitrag von »Frontal 21«. Die Euphorie des Neubeginns wird durch die Statements von zwei Karstadt-Angestellten verdeutlicht: »Uns geht es gut. Echt gut. Wir sind total happy, wir sind glücklich«, jubelt Ines Illmann im blauen Karstadt-Dress. Ihre Kollegin pflichtet ihr bei: »Wir sind total glücklich. Mit Kloß im Hals, mit Tränen inne Augen. Kann man nicht beschreiben.« Dieser Emotionsausbruch wird auch in den Abendnachrichten gezeigt. Der Presse erklärt Margret Mönig-Raane, Vize-Chefin von Verdi: Nun bestehe »eine reelle Chance, dieses Unternehmen wieder flott zukriegen.« Die Stellungnahme des Betriebsrats wird über eine Presseerklärung bekanntgegeben: »Die meisten der 25 000 Mitarbeiter sind froh und optimistisch, aber sie fragen sich auch, was jetzt an Veränderungen auf sie zukommt.« Bislang ist Karstadt mit der Schließung von 13 Häusern und dem Verlust von knapp 1000 Jobs relativ gut davongekommen. Weitere Personaleinsparungen seien nicht vorgesehen. Berggruen wolle alle bestehenden Jobs mindestens zwei Jahre lang erhalten und rund 400 Millionen Euro in die Häuser investieren. Das verkündet Berggruens Karstadt Holding. Die Gläubiger dagegen sollen zunächst einen bescheidenen Anteil von drei Prozent ihrer Forderungen erhalten: Die 62,7 Millionen Euro, die von Nicolas Berggruen bisher auf einem Konto als Darlehen deponiert sind, stehen zur Auszahlung bereit.

Die Spesen, die durch die Karstadt-Verhandlungen entstanden sind, trägt Nicolas Berggruen. NetJets, Betreiber der größten Privatflotte der Welt, schätzt die Kosten eines Vielfliegers wie ihm mit eigener Gulfstream IV auf 17 Millionen Euro jährlich. Hinter NetJets steckt das Finanzunternehmen Berkshire Hathaway von Warren Buffett. Der drittreichste Mensch der Welt besitzt selbst keinen eigenen Jet – aus Kostengründen, wie es heißt. Die Kosten für die Agenturvertretung, Anwälte, Gutachter, Finanzexperten und Wirtschaftsprüfer werden bei der Karstadt-Transaktion auf 1,2 Millionen Euro beziffert. Die Kosten für Beurkundung und Vertragswerke, Businesspläne und Dokumentation betragen weitere etwa 500.000 bis 800.000 Euro, so die Schätzungen aus Wirtschaftskreisen. Als erste Einnahme aus dem Karstadt-Deal kann Berggruen die Nutzungsgebühr für die Namensrechte von Karstadt verbuchen, die er sich für fünf Millionen Euro gesichert hat. Es kursiert das Gerücht, dass die Gebühr 12 Millionen Euro jährlich betragen soll. Nicolas Berggruen dementiert, nennt aber keine konkrete Zahl. Seine Karstadt Holding im holländischen Beusichem wird der bisherigen Karstadt-Zentrale in Essen vor die Nase gesetzt und eine Verwaltungsgebühr berechnet. Die

Höhe der Summe ist ein Betriebsgeheimnis. Karstadt ist künftig keine AG mehr, die internen Bilanzen müssen daher nicht länger öffentlich zugänglich gemacht werden.

Mittwoch, 6. Oktober 2010 Das große Stühlerücken beginnt: Nicolas Berggruen tauscht einige Mitglieder des Karstadt-Aufsichtsrates aus. Den 20-köpfigen Führungsstab soll zukünftig der Rewe-Chef Alain Caparros leiten. Der zweitgrößte Lebensmittelhändler in Deutschland (Jahresumsatz 48 Milliarden Euro) betreibt im Rahmen einer Kooperation rund 42 »Perfetto«-Feinkostabteilungen bei Karstadt. Allein in diesem Bereich sind 2600 Mitarbeiter beschäftigt. Ein Holdings-Sprecher bestätigt: »Alain Caparros zählt zu den Top-Führungskräften im europäischen Einzelhandel.« Man sei davon überzeugt, »dass Karstadt vielversprechende Perspektiven besitzt.«

Neben den Franzosen Caparros setzt Berggruen noch zwei Vertreter seiner Holdings an die Karstadt-Spitze: Samuel Czarny, der Berggruens Immobilien in Deutschland verwaltet, sowie Jared Bluestein, der das operative Geschäft seiner Beteiligungsholding in New York verantwortet.

KARSTADT MUSS ZAHLEN

Freitag, 8. Oktober 2010 Karstadt wird zur Kasse gebeten. Laut Beschluss des Essener Amtsgerichts sind rund 34 Millionen Euro an die Insolvenzverwaltung zu entrichten. Davon erhält Klaus Hubert Görg gut 27 Millionen Euro. Aus dieser Summe muss er die Gutachterhonorare begleichen. Zwei Millionen gehen an die zwölf Mitglieder des Gläubigerausschusses. Die Mitglieder sind Vertreter von Banken, Versicherungen, vom Betriebsrat, von der Bundesagentur für Arbeit und dem Pensionssicherungsverein.

Nach Angaben von Insolvenzverwalter Görg betragen allein die Gerichtskosten zehn Millionen Euro. Die Gesamtkosten belaufen sich für Karstadt auf 50 Millionen Euro. Das

Geld wird aus der Insolvenzmasse bezahlt. Das Insolvenzverfahren hat sich über einen Zeitraum von 16 Monaten hingestreckt. Auch nach der Aufhebung des Karstadt-Verfahrens bleibt Görg weiter Insolvenzverwalter für mehr als 40 Einzelgesellschaften des ehemaligen Arcandor-Konzerns. Zwischen Görg und der Berggruen Holdings soll ein gutes Arbeitsverhältnis herrschen. Das verwundert kaum, schließlich hat sich Görg beim Karstadt-Verkauf für Berggruen stark gemacht. Mit seiner Frau Gerda darf er dann auch 2011 beim Jahrestreffen von Berggruens Museumsfreunden dabei sein.

Mittwoch, 27. Oktober 2010, Sacramento Die Gründungssitzung von Berggruens 21st Century Council findet im Google-Hauptquartier in Kalifornien statt. Amerikas Regierungsveteran George P. Schultz, die ehemalige Außenministerin Condoleezza Rice, der ehemalige Bürgermeister von San Francisco Willie Brown, Philanthrop Eli Broad, Google-Chef Eric Schmidt und zwei Gouverneure sitzen in der ersten Reihe: Arnold Schwarzenegger und sein Vorgänger Gray Davis. Nicolas Berggruen stiftet *cash* 20 Millionen Dollar an den kalifornischen Verfassungskonvent. Der Sonnenstaat ist derart pleite, dass die Behörden kaum mehr arbeiten können. Berggruen kostet seinen Triumph am Rednerpult leise aus: »Wenn wir wirklich wollen, dass Kalifornien ein attraktiver Wirtschaftsort bleibt, gibt es eine Menge Dinge, die getan werden müssen. Wir werden dabei nicht auf der Ersatzbank sitzen.«

Der Einstand ist gelungen. *The Los Angeles Times* (vom 27. Oktober 2010) stellt den »bis vor kurzem in der Politik unbekannten Nicolas Berggruen« im Rahmen eines Interviews vor. Zum Prestige tragen seine geschäftlichen Erfolge bei, die der Reihe nach aufgezählt werden: Mehrheitsbeteiligung an Spaniens größtem Zeitungsverlag, erneuerbare Energien in der Türkei und seit jüngstem Besitzer der größten Kaufhauskette in Deutschland. Nicolas Berggruen erklärt: »Ich will mich, ehrlich gesagt, nicht direkt an der Politik beteiligen. Ich bin nur an positiven Reformen interessiert. Wenn es in Kalifornien funktioniert, wird es uns auch an anderen Orten gelingen. An einer politischen Karriere bin ich aber nicht interessiert.«

Donnerstag, 18. November 2010 Alain Caparros, der seit einem Monat neuer Aufsichtsrat von Karstadt ist, räumt der Suche nach einem neuen CEO oberste Priorität ein. Derzeit führt die Geschäfte noch Berggruens Intimus Thomas Fox – eine Übergangslösung. Er sei, so soll er sich geäußert haben, sicherlich ein erfahrener Sanierungsexperte, aber kein Spezialist für Warenhäuser. Gegenüber der *Lebensmittel Zeitung* (vom 18. November 2010) gibt Caparros bekannt. Zunächst solle die operative Führungsspitze bei Karstadt neu besetzt werden. Erst danach sollen die weiteren Projekte bei dem Warenhaus-Unternehmen, etwa die Ausgliederung der Premium- und der Sporthäuser in eigene Gesellschaften, in Angriff genommen werden. Die gut informierte *Lebensmittel Zeitung* mutmaßt, dass Nicolas Berggruen bereits einen Kandidaten aus dem angloamerikanischen Raum in petto habe. Caparros hingegen suche vor allem einen Manager, der sich im deutschen Handel auskennt. Er fordert das Aufsichtsratsgremium auf, »mit geeigneten Vorschlägen nicht hinterm Berg zu halten«. Mitte Dezember will er die Frage nach dem Karstadt-Chef vom Tisch haben. Und dann, zitiert ihn die *Lebensmittel Zeitung*, sollen endlich wieder wirtschaftliche Themen die Tagesordnung bestimmen.

EIN WOOLWORTH-MANAGER SOLL ES RICHTEN

Dienstag, 23. November 2010 Knapp eine Woche später steht der neue Karstadt-Chef fest: Der Engländer Andrew Jennings soll es richten. Der frühere Woolworth-Manager, zuletzt in Südafrika aktiv, befindet sich bereits im Ruhestand. Ein Jahrhunderttalent soll er sein, aber autoritär, unnahbar und verschlossen. Und er spricht kein Deutsch. Alain Caparros fühlt sich internen Informationen nach übergangen. Das Verhältnis zu Berggruen soll fortan gestört gewesen sein. Doch die Karstadt-Chefetage hält dicht, es sickern keine internen Informationen nach außen.

Montag, 3. Januar 2011 Doris Schröder-Köpf, die Gattin des Ex-Bundeskanzlers, wird Aufsichtsratsmitglied bei Karstadt. Ihre Aufwandsentschädigung von 12.000 Euro im Jahr, berichtet *Bild*, wolle sie spenden.

Donnerstag, 6. Januar 2011 Nicolas Berggruens nächster Großauftritt als Robin Hood. Dieses Mal verkündet er in einem Interview mit dem *Chronicle* sein Rettungsprogramm für Kalifornien. Er verspricht in eine Aufklärungskampagne über Sparmaßnahmen rund 100 Millionen Dollar zu investieren. Sein Schlachtruf lautet: *»California is worth saving«* – Kalifornien ist es wert, gerettet zu werden.

Montag, 10. Januar 2011, Berlin Nicolas Berggruen fliegt aus Los Angeles ein, um Karstadt-Chef Andrew Jennings bei seinem ersten Arbeitstag zu begrüßen. Punkt 10 Uhr beginnen sie mit einem Rundgang durch die Karstadt-Filiale am Kurfürstendamm. Die beiden geben ein komisches Paar ab: Berggruen trägt wie üblich einen dunkelblauen Blazer, Jennings kombiniert zum rosafarbenen Sakko eine grüne Krawatte, auf dem blaugestreiften Hemd sitzt steif der weiße Kragen. Jennings wirkt dynamisch, bewegt sich schnell, Berggruen schlendert lässig neben ihm her. Bei den Videoaufnahmen, die es von diesem Rundgang gibt, fehlt der Ton. Dennoch kann man erkennen, dass sich Jennings gegenüber Berggruen gesprächig zeigt. Berggruen lächelt wie eine Sphinx. Wie merkwürdig Jennings Führungsmethoden sind, zeigt sich den ZDF-Autoren Lutz Ackermann und Christian Esser, als ihnen eine Motivations-CD mit Jennings Ratschlägen zugespielt wird. Esser macht aber noch bei einer anderen Gelegenheit Bekanntschaft mit Jennings Eigenheiten. Als er um ein Interview zu Karstadt bittet, erhält er vorab eine schriftliche Verpflichtungserklärung zur Unterschrift. Jennings diktiert die Bedingungen: Die Fragen, auf die er zu antworten hat, will er selbst zusammenstellen, und die Antworten erst nach dem Schnitt freigeben. Esser lehnt dankend ab.

Sonntag, 16. Januar, Berlin Nicolas Berggruen lädt eine Handvoll Journalisten in sein Berliner Büro ein. Im artverwandten George-Clooney-Stil entschuldigt er sich, dass die Kaffeekapseln für die Maschine ausgegangen seien. Er würde gern zu Karstadt rübergehen, »die haben guten Kaffee«, sagt er. »Aber das Kaufhaus am Hermannplatz ist geschlossen. Ja, das ist Deutschland«, stöhnt er. Resigniert stellt er fest: Die gesetzlichen Regelungen der Öffnungszeiten in Deutschland zu ändern, werde wohl auch er nicht schaffen können. Zugleich kommt er auf sein Treffen mit Nicolas Sarkozy in Paris zu sprechen. Frankreichs Staatspräsident hat gerade die Leitung der G20-Staaten übernommen. Berggruen nutzte die Gelegenheit, um sich mit ihm über die Finanzkrise zu unterhalten. Das, was Sarkozy ihm gesagt habe, sei brisant gewesen: »Frau Merkel vertritt dort immer nur die deutschen Interessen, Obama die amerikanischen und so weiter.« Sie müssten sich ja zu Hause vor ihren Wählern und Parlamenten rechtfertigen. Deshalb seien die Resultate dieser Treffen […] so schwach.

Donnerstag, 27. Januar 2011 Die *New York Times* berichtet: »Nicolas Berggruen, der heimatlose Milliardär, der 2000 seine Wohnungen in Manhattan und Miami verkauft hat, flog gestern in die Schweiz, um am Weltwirtschaftsforum teilzunehmen.«

Zum Weltwirtschaftsforum in Davos reisen etwa 2500 Vertreter aus Wirtschaft, Politik, Wissenschaft, Sport und Gesellschaft an. Sie diskutieren die globalen Trends, sei es in der Finanzbranche oder der IT-Welt. Nicolas Berggruen spricht über entwicklungspolitische Themen. In diesem Forum, das als »Netzwerke der Macht« beworben wird, sieht der Reichenforscher Hans-Jürgen Krysmanski nur eine bunte Show-Veranstaltung. Auch Arcandor-Chef Thomas Middelhoff folgte der Einladung nach Davos. Er referierte darüber, wie man ökonomische Transformationen erfolgreich durchführt.

Dienstag, 8. Februar 2011 Nicolas Berggruen plant einen neuen milliardenschweren Deal. Der Milliardär will mit einem Börsengang rund 700 Millionen Pfund einsammeln. Einziger Zweck des Fonds, den Berggruen auf den Namen »Justice« getauft hat, ist die Übernahme weiterer Fonds. Für dieses Projekt sucht sich der Milliardär prominente Unterstützer. Aus Finanzkreisen heißt es, dass der ehemalige britische Finanzstaatssekretär Paul Myners als *chairman* (Vorstand) den Fonds kontrollieren solle. Außerdem beabsichtige Berggruen, den prominenten Ökonomen Nouriel Roubini als Berater zu verpflichten. Konkrete Übernahmeziele habe der Financier aber noch nicht ins Auge gefasst. Das *Handelsblatt* (vom 8. Februar 2011), das diese Meldung bringt, bestätigt: »Berggruen zählt zu den prominentesten Investoren weltweit.«

Dienstag, 5. April 2011 Gegen Thomas Middelhoff wird ein weiterer Prozess eingeleitet. Vor dem Essener Landgericht verklagt der Insolvenzverwalter Klaus Hubert Görg den ehemaligen Arcandor-Konzernchef und seine Manager auf insgesamt 175 Millionen Euro Schadensersatz. Sämtliche Vorwürfe werden im Laufe des Verfahrens zurückgewiesen. Middelhoff verklagt daraufhin Görg wegen Betrugs und auf Schadensersatz – »Seiner Majestät«, wie einer der Spitznamen Middelhoffs lautet, kann man nicht so einfach an den Karren fahren und gefallen lässt sie sich schon gar nichts.

KARSTADT OHNE FÜHRUNG

Montag, 11. April 2011 Alain Caparros tritt nach knapp sieben Monaten von seinem Posten als Karstadt-Aufsichtsratsvorsitzender mit sofortiger Wirkung zurück. In seiner Begründung attackiert er öffentlich Nicolas Berggruens Pläne, Karstadt zu spalten. Er habe sich wie eine Marionette von Berggruen gefühlt, kommentiert der rbb. Berggruen agiere aktionistisch und ohne ein Zukunftskonzept. Die Stelle von Caparros übernimmt – ebenfalls mit sofortiger Wirkung – Jared Bluestein. Berggruen braucht fortan keine Widerstände mehr vonseiten des Aufsichtsrats zu befürchten. Als ich Alain Caparros am 28.11.2012, also ein Jahr nach seinem Rücktritt, um ein Interview für dieses Buch bitte, wird mir wenig später mitgeteilt:

Sehr geehrter Herr Veszelits,
vielen Dank für ihre Anfrage.
Wir müssen Ihnen jedoch mitteilen, dass Herr Caparros grundsätzlich nicht mehr über Karstadt spricht, weder in Interviews noch als Hintergrundgespräch.
Mit freundlichen Grüßen
Marlene Waas
Unternehmenskommunikation (Z U)
REWE Group
Köln

Sonntag, 1. Mai 2011, New York Berggruens 21st Century Council Meeting in New York wurde auf Facebook nur 137 Mal »geliked«, wie man auf Neudeutsch sagt. Eine Zahl, die inzwischen sogar bei Vorständen der DAX-Konzerne Besorgnis erregen würde. Aber Nicolas Berggruen lässt sich nicht beirren. Er gefällt sich als passionierter Moderator seines höfischen Kongresses der ergrauten Eminenzen. Die Gästeliste in New York ist mit Gerhard Schröder, Brasiliens ehemaligem Präsidenten Fernando Cardoso, Spaniens ehemaligem Ministerpräsidenten Felipe González Márquez und Pakistans Ex-Premier Shaukat Aziz wieder einmal hochrangig besetzt. Sie diskutieren mit Joseph E. Stiglitz, Amerikas führendem Wirtschaftswissenschaftler, NBI Senior President Nathan Gardels als Verfechter des Marktradikalismus sowie Dambisa Moyo. Die eloquente Ökonomin aus Sambia wurde 2009 vom *Time Magazine* in die Liste der 100 einflussreichsten Menschen weltweit gewählt. In ihrem Buch *Dead Aid* entlarvt sie die Entwicklungshilfe von außen als verfehlt und zerstörerisch. Sie plädiert für die Selbstfinanzierung der Entwicklungsländer durch Marktfundamentalismus. Moyos Buch wurde mit sieben Millionen verkauften Exemplaren zum Weltbesteller. Nur wenige Kritiker wagen es, ihr zu widersprechen. Dambisa Moyo ist Berggruens Ass, mit ihr will er Afrika reformieren.

KARSTADT WIRD MIETER

Donnerstag, 9. Juni 2011, München Das Karstadt-Premium-Kaufhaus Oberpollinger in München bekommt einen neuen Hausherren. Das Immobilienkonsortium Highstreet hat das Traditionshaus und das danebengelegene denkmalgeschützte Karstadt-Sport-Haus an ein Gemeinschaftsunternehmen des Düsseldorfer Projektentwicklers Centrum und der österreichischen Signa Holding verkauft. Das Immobilien-Joint-Venture mit einer kumulierten Gesamtfläche von knapp 40 000 Quadratmeter wird auf einen Wert von 250 Millionen Euro beziffert. Zur Finanzierung schlossen sich mit Krediten die Eurohypo AG (für Karstadt Oberpollinger) und die Bayerische Landesbank (für Karstadt Sport) zusammen.

Für Berggruen soll sich dadurch aber zunächst nichts ändern, die Mietkonditionen bleiben unverändert, gibt ein Sprecher von Centrum bekannt. Man setze auf eine »langfristige Partnerschaft mit dem Mieter Karstadt« und will gemeinsam »Lösungen für Optimierungen« finden. Dem Verkauf der Münchener Karstadt-Immobilien ist im Monat zuvor die Veräußerung von drei weiteren Karstadt-Immobilien in Hamburg und Münster aus dem Highstreet-Pool vorausgegangen. Als Käufer für ebenfalls 250 Millionen Euro figurierte ein Spezialfonds der Hamburger Quantum-Gruppe. Hinter Signa verbirgt sich ein Draufgänger par excellence, der Tiroler René Benko. Im Ranking der 100 reichsten Personen Österreichs ist er bereits auf einen der mittleren Plätze vorgerückt, sein Vermögen wird auf 300 bis 400 Millionen Euro geschätzt.

Samstag, 11. Juni 2011, Berlin Nicolas Berggruen lädt zum vierten Jahrestreffen des International Council Museum Berggruen in Berlin ein. Es kommen mehr als 250 Gäste. Wie im Vorjahr diniert die feine Gesellschaft in der Remise des Stülerbaus. Dieses Mal ist auch Berggruens Mutter anwesend, die sonst eher selten bei solchen offiziellen Anlässen gesichtet wird. Die Geschwister John, Nicolas und Olivier Berggruen begrüßen Stammgäste wie das US-Botschafterehepaar Philip D. und Tammy Murphy, den Kunstsammler Christian Boros, die Bank-Erbin Beatrice Caracciolo de Rothschild, die Maler-Erbin Almine Ruiz-Picasso oder New Yorks Paradiesvogel im Kunsthandel Larry Gagosian. Zu den Neuzugängen zählen der Springer-Vorstand Mathias Döpfner, der Insolvenzverwalter Klaus Hubert Görg mit seiner Ehefrau Gerda, die Gewerkschafterin Margret Mönig-Raane, der Bildhauer Thomas Schütte, die Journalistin Elisabeth von Thurn und Taxis, Tochter von Gloria von Thurn und Taxis, Peter Soros, Sohn der Spekulanten-Legende George Soros, sowie Pakistans ehemaliger Premier Shaukat Aziz, der seit kurzem auch für Berggruens Denkfabrik aktiv ist. Manche Feuilletonisten sehen in dieser bunten Mischung unterschiedlichster Persönlichkeiten eine Bereicherung für Berlins Kulturleben.

Freitag, 3. Juli 2011 Nicolas Berggruen tritt als Robin Hood der Berliner Kunstszene in Erscheinung. Er schenkt der Alten Nationalgalerie eine Skulptur von Thomas Schütte. Der rbb berichtet über dieses Kunstereignis und schmückt Berggruen mit dem Prädikat »Heilsbringer für Karstadt«. Nicolas Berggruen reagiert gereizt. Er will kein »Karstadt-Chef« sein. Die BZ rätselt, wie viel er für die »Skulptur aus patinierter Bronze« wohl gezahlt hat. Berggruen, der grundsätzlich mit Informationen geizt, schweigt sich auch zum Wert des Kunstwerks aus. Die Feuilletonisten können nur Schätzungen abgeben, sie tippen auf 200.000 bis 300.000 Euro.

NEUES KONZEPT, ALTE ANSÄTZE

Mittwoch, 6. Juli 2011 Karstadt-Chef Andrew Jennings legt das Konzept »Karstadt 2015« vor: Modernisierung der Warenhäuser, stärkeres Online-Geschäft und Expansion der Sport-Häuser bilden den Kern der neuen Strategie. Die *Lebensmittel Zeitung* (vom 7. Juli 2010), Deutschlands führendes Informationsblatt für den Einzelhandel, verfügt über gute Verbindungen zur Vorstandsetage und berichtet: »Am Mittwoch dieser Woche beriet der Karstadt-Aufsichtsrat das Konzept von CEO Jennings. Doch noch immer scheint nicht detailliert festzustehen, wie die 86 Warenhäuser auf Wachstumskurs getrimmt werden sollen.«

Als über die Unternehmensstrategie diskutiert wurde, soll es im Konferenzraum des Karstadt-Hauses am Kurfürstendamm ziemlich heftig zugegangen sein. Nicolas Berggruen habe an der Besprechung nicht teilgenommen. CEO Andrew Jennings soll nach Informationen der *Lebensmittel Zeitung* um Details einen Bogen gemacht und auf weiteren Klärungsbedarf verwiesen haben. Das Investitionsvolumen, wie bisher mit 70 Millionen Euro pro Jahr veranschlagt, solle nicht wesentlich verändert werden, heißt es weiter. Branchenkenner halten jedoch höhere Investitionen für unabdingbar, um die Karstadt-Häuser auf Vordermann zu bringen. Jennings macht klar, dass nur das ausgegeben werden kann, was im operativen Geschäft verdient wird. Zusätzliche Millionen stellt Eigentümer Berggruen nicht in Aussicht. Immerhin will Karstadt die Kampagne zum 130-jährigen Firmenjubiläum nutzen, um Umsätze und öffentliches Image aufzubessern. Einige Karstadt-Manager geben sich damit nicht zufrieden. »Wir reden seit Jahren über Sortimentsbereinigungen etwa im Bereich Multimedia«, sagt einer von ihnen der *Lebensmittel Zeitung*. »Es wird Zeit, dass mal entschieden wird, was in den Regalen bleibt.«

30. September 2011 Karstadt übt sich in Zweckoptimismus. Finanzchef Harald Fraszczak prognostiziert einen baldigen Umsatz- sowie Gewinnzuwachs von bisher 3,23 Milliarden Euro auf 3,71 Milliarden. Den Gewinn vor Zinsen, Steuern und Abschreibungen schätzt er auf 272 Millionen Euro und erklärt, dass man dieses Ziel bis 2016 erreichen könne. Die Euphorie hält allerdings nicht lange an. Schon ein Jahr später wird Fraszczak seinen Hut nehmen müssen.

»Mister Karstadt« ist währenddessen mit anderen Dingen beschäftigt. Nicolas Berggruens Interesse gilt zunächst seiner Denkfabrik, danach den Zahlen des Rivalen Kaufhof, der einen Jahresumsatz von 3,5 Milliarden Euro vorweisen kann. Allerdings befindet sich auch Kaufhof in finanziellen Schwierigkeiten, deshalb erscheint es den Marktbeobachtern so, als würde sich der bisherige Inhaber, der Handelskonzern Metro, von diesem Verlustfaktor doch noch trennen wollen. Berggruen bringt sich als potentiellen Käufer in Position. Unter dem kryptischen Namen »Projekt Zeus« setzt sich seine Karstadt-Strategie fort. Nicolas Berggruen macht deutlich: »Wir sind die logischen Käufer, denn wir könnten die beiden großen deutschen Warenhausketten unter einem Dach bündeln.« Bei der Gewerkschaft Verdi läuten die Alarmglocken. »Die Zusammenlegung der beiden Warenhäuser könnte nicht nur Filialen schließen, sondern auch Tausende von Stellen sparen«, argwöhnen Belegschaft und Betriebsräte. Bei den Medien meldet sich Skepsis. In der Causa Kaufhof stellt die Presse von Anfang an eine Front gegen Berggruen auf. Der Karstadt-Retter aus Los Angeles komme einem, obwohl er um das Gegenteil bemüht ist, immer unheimlicher vor. Selbst die Schütte-Skulptur, die er der Stadt zum Geschenk gemacht hat, kann an diesem Eindruck nichts mehr ändern. Die Politik lässt sich aber von der aufkommenden Kritik nicht beirren und hofiert Nicolas Berggruen weiter. Gerhard Schröder gibt sich als Berggruen-Fan, ebenso Ursula von der Leyen, und auch Klaus Wowereit greift jederzeit hilfsbereit zum Telefon, um für Berggruen zu intervenieren, wenn es nötig ist. Auf die Metro AG wirkt dieser Lobgesang offenbar nicht, und der Vorstand brüskiert Berggruen mit einer E-Mail, die auch zur *Lebensmittel Zeitung* gelangt. Das Unternehmen zögere, sich mit seinem Kaufhof-Angebot überhaupt auseinanderzusetzen, so der Inhalt. Bei dieser Haltung bleibt es auch, als Nicolas Berggruen nachdrücklich einen »sauberen Verkaufsprozess« verlangt und Einblick in die Bilanzen fordert.

Montag, 24. Oktober 2011, Berlin In den USA nimmt man wieder Notiz von Nicolas Berggruen. Das Bild in der *New York Times* (vom 26. Oktober 2011) ist allerdings recht untypisch für seine Verhältnisse: Mit Smoking und schwarzer Fliege betritt »Mister Karstadt« die Philharmonie in Berlin. Unter dem Taktstock von Daniel Barenboim beginnen die Jubiläumswochen zum 10-jährigen Bestehen des Jüdischen Museums. Auf einem Forum wird über Fragen der Ausgrenzung und Zugehörigkeit in einer globalisierten Welt diskutiert – ohne Nicolas Berggruen. Dieser hat andere Pläne.

Mittwoch, 26. Oktober 2011, Berlin – Straßburg – Paris Abflug vom Flughafen Tegel nach Paris. Mit an Bord ist das ZDF-Team. Unangemeldet taucht Gerhard Schröder auf. Der Altkanzler kündigt eine Zwischenlandung in Straßburg an. Martin Schulz, Präsident des Europäischen Parlaments, wird Nicolas Berggruen kurz empfangen. Das ZDF-Team darf bis zur Begrüßung mitfilmen, dann schließen sich die Türen, und Esser und Ackermann müssen draußen bleiben. Gibt man auf der Homepage von Martin Schulz (SPD) den Namen von Nicolas Berggruen ein, ergibt die Suche bis heute keinen Treffer.

Donnerstag, 27. Oktober 2011, Paris Im Hotel *Le Bristol*, nur einen Steinwurf vom Élysée-Palast entfernt, beginnt das 21st Century Council des Berggruen Institute on Governance. Das ZDF-Team darf dieses Mal ohne Einschränkung drehen. Die Teilnehmerliste ist wieder einmal hochkarätig besetzt: Nicolas Berggruen (Präsident des Berggruen Institute on

Governance), Shaukat Aziz (früherer Premierminister von Pakistan), Gordon Brown (früherer Premierminister von Großbritannien), Fernando Henrique Cardoso (früherer Präsident von Brasilien), Juan Luis Cebrián (Vorstand des spanischen Medienkonzerns Prisa), Jack Dorsey (Gründer von Twitter), Mohamed A. El-Erian (CEO der kalifornischen Investmentgesellschaft PIMCO), Jendayi Frazer (Senior Advisor des Berggruen Institute on Governance und Afrika-Beauftragte), John Gray (Ökonomieprofessor aus London), Reid Hoffman (Gründer von LinkedIn), Chad Hurley (Gründer von YouTube), Francis Fukuyama (Professor an der Stanford University), Felipe Gonzalez (früherer Premierminister Spaniens), Fred Hu (Gründer und Vorstand von Primavera Capital), Arianna Huffington (Gründerin der *Huffington Post*), Mohamed Ibrahim (Gründer von Celtel International), Pascal Lamy (Generaldirektor der Welthandelsorganisation WTO), Eric X. Li (Gründer von Chengwei Capital), Kishore Mabhubani (früherer UN-Botschafter in Singapur), Festus Mogae (früherer Präsident von Botswana), Elon Musk (Gründer von PayPal), Dambisa Moyo (Ökonomin und Bestsellerautorin), Pierre Omidyar (Gründer von eBay), Nouriel Roubini (Mitbegründer und Vorstand von Roubini Global Economics), Gerhard Schröder (früherer Bundeskanzler von Deutschland), Eric Schmidt (Vorstand von Google), Amartya Sen (Nobelpreisträger für Armutsforschung), Michael Spence (Nobelpreisträger für Marktanalyse), Joseph Stiglitz (Nobelpreisträger für Forschung über Information und Märkte), George Yeo (früherer Außenminister von Singapur), Ernesto Zedillo (früherer Präsident von Mexiko), Ahmed Zewail (Chemiker, der für seine Arbeit in der Femtochemie mit dem Nobelpreis ausgezeichnet wurde) sowie Bijian Zheng (Chefideologe der kommunistischen Parteischule in China).

Die Denkfabrik genießt Berggruens volle Aufmerksamkeit. Karstadt spielt im Vergleich dazu nur eine untergeordnete Rolle. Die Kosten der Pariser »Berggruen-Konferenz« werden auf etwa 1,2 Millionen Euro geschätzt. Für Berggruen offensichtlich ein Pappenstiel. Sein zwanghafter Drang, sich in die Politik einzumischen, wird im Internet kritisch bis hämisch kommentiert. Der Tenor: Berggruen schart um sich Besserwisser und Unbelehrbare. Einige haben ihre Wähler belogen, andere haben schlichtweg versagt und wurden wieder abgewählt.

»Die Präsenz der millionenschweren Firmengründer, Investment-Bosse und Ökonomie-Gurus bei solchen Think Tanks«, sagt der amerikanische Soziologe Richard Sennett, »zeigt deutlich, wohin die politische Macht abwandert: In die Hände einer neuen Finanzelite, Manager und Milliardäre. Der moderne Kapitalismus ist in seiner Grundtendenz ausgeprägt antidemokratisch.«

Nicolas Berggruen bestätigt diese Entwicklung in besonderem Maße, wie die oben aufgeführte Liste beweist. Namen, die fast jeder kennt. Eine ganze Generation von Politikern folgt Berggruen wie dem Rattenfänger von Hameln. Diese alte Sage erfährt mit Berggruen eine schillernde Neuauflage.

Donnerstag, 1. Dezember 2011, New York Nicolas Berggruen gönnt sich eine Verschnaufpause. Im *Café Boulud*, unweit des *Carlyle*, trifft er sich mit Jessica Pressler zum Mittagessen. Der Wirtschaftskolumnistin des *New York Magazine* (vom 10. Dezember 2011) vermittelt er seine Eindrücke: »Brüssel ist eine schreckliche Stadt« – »Europa war so chaotisch« – »Ich habe Jetlag, ich brauche einen Cappuccino. Nein! Einen Espresso.« – »Er studiert die Speisekarte und sagt: Brunch ist langweilig. Aber das macht den Charme aus.«

Zwischen seinen politischen Statements lässt er immer wieder Namen wie Tony Blair, Gerhard Schröder, Condoleezza Rice, Paris Hilton und George Clooney fallen. Dabei fährt er sich durch sein leicht gegeltes Haar, was Pressler ebenfalls sympathisch findet. Sie bezeichnet ihn als »Ken Doll«, den Partner von Barbie. Dass diese Beschreibung ironisch gemeint ist, wird anhand der Schlussepisode deutlich. Als der »*homeless billionaire*« Berggruen durch das Fenster des Cafés einen

»echten Obdachlosen« auf dem Bürgersteig ein Instrument spielen hört, begeistert er sich: »Oh, Musik! Aber ich habe kein Geld bei mir.« »Ich«, schreibt die Autorin Pressler, »gebe ihm einen Zwanziger, der Milliardär Berggruen strahlt mich an: ›Du hast ein gutes Werk getan.‹«

FUSIONSPLÄNE MIT GALERIA KAUFHOF

Freitag, 16. Dezember 2011 Es ist eine gute alte Tradition, dass die Immobilien-Könige sich kurz vor Weihnachten selbst beschenken. Galeria Kaufhof wäre ein solches Geschenk, das Berggruen Freude machen würde, und wie man allgemein vernehmen kann, steht die Entscheidung über die Zukunft der Metro-Warenhaustöchter kurz bevor. Als Kandidaten in der Übernahmepartie gehen ins Rennen:

- Kandidat A: Nicolas Berggruen, seit 2010 Karstadt-Eigentümer ohne festen Wohnsitz, dafür aber aus gutem Elternhaus. Er bastelt an seinem Traum von einer deutschen Warenhaus AG. Das Schweizer Wirtschaftsmagazin *Bilanz* nennt ihn einen »Finanzjongleur«.
- Kandidat B: René Benko, österreichischer Immobilienunternehmer, überaus erfolgreich und geschäftstüchtig, aber aufgrund eines Geldwäscheverdachts aktuell im Visier der Staatsanwaltschaft.
- Kandidat C: Wolfgang Urban, früherer und nicht gerade erfolgreichster KarstadtQuelle-Chef, derzeit ohne Job. Mit einem finanzstarken Konsortium in der Hinterhand traut er sich, beim Kaufhof-Poker mitzumischen.

Die besten Chancen soll laut *Handelsblatt* (vom 16. Dezember 2011) Nicolas Berggruen haben. Er hat sein Angebot nachgebessert, allerdings lässt er offen, wer bei der Fusion von Karstadt und Kaufhof den neuen Konzern führen soll. Zu den befürchteten Stellenkürzungen finden sich ebenfalls keine Angaben in Berggruens Konzept.

Montag, 19. Dezember 2011 Berggruen bessert noch einmal nach. Jetzt bietet er einen deutlich höheren Preis für die Übernahme, und wie ein Metro-Sprecher gegenüber dem *Handelsblatt* (vom 19. Dezember 2011) bestätigt: Berggruen macht deutlich, dass er »an Kaufhof mit eigenem Management und einem eigenen Mitarbeiterstamm festhalten will.« Das entscheidende Argument aber ist monetär: Berggruen hat den Finanzinvestor Blackstone als Partner gewinnen können. Der Metro-Konzern will für seine Kaufhof-Kette rund zwei Milliarden Euro – eine völlig andere Preiskategorie im Vergleich zu Karstadt.

Dienstag, 17. Januar 2012 Der Handelskonzern Metro legt die Verkaufspläne für Kaufhof auf Eis. Vorstandsvorsitzender Olaf Koch sagt: »Die aktuelle Lage am Kapitalmarkt bietet keine geeigneten Rahmenbedingungen für eine so wichtige Transaktion.« Die neue Strategie geht auf den Wechsel an der Metro-Spitze zurück. Olaf Koch hat Eckhard Cordes abgelöst. Der Grund hierfür: Cordes ist es nicht gelungen, Kaufhof gewinnbringend zu verkaufen. Berggruen und Benko hoffen dennoch darauf, Kaufhof irgendwann einmal zu übernehmen. »Aufgeschoben ist nicht aufgehoben«, kommentiert Benko den Verkaufsstopp.

Mittwoch, 22. Februar 2012, San Francisco Vier Tage, bevor die Oscars verliehen werden, steigt Berggruens legendäre Pre-Oscar-Party im *Chateau Marmont*. Das Motto in diesem Jahr lautet: »Für jeden Mann zwei Frauen«. Unter den Gästen befinden sich unter anderen der Kunsthändler Larry Gagossian, die Shoppingberaterin Dori Cooperman mit ihrer Freundin Lindsay Lohan, Alexander von Fürstenberg, Sohn der Mode-Ikone Diana von Fürstenberg, Hotelier und Berggruen-Freund André Balazs sowie der Schauspieler Owen Wilson. Am nächsten Tag bedauern die Klatschspalten: »Der ewige Junggeselle Berggruen ist immer noch nicht in festen Händen.«

DIE ENTZAUBERUNG DES »MISTER KARSTADT«

Dienstag, 6. März 2012 Berggruens Prestigeprojekt in Newark kämpft mit Startproblemen. Für das Großprojekt Charter School in Verbindung mit einer Shopping Mall (SoMa) fehlt die Finanzierung.

Dienstag, 13. März 2012 Zweifel am »weißen Ritter«? In der Sendung »Frontal 21« wird der Karstadt-Eigentümer Nicolas Berggruen attackiert. »Nach seinen Beteuerungen, das Unternehmen langfristig erhalten zu wollen, folgten bisher keine Taten«, beklagt Gewerkschafter Johann Rösch, der für Verdi im Karstadt-Aufsichtsrat sitzt. Nach seinen Informationen habe der Eigentümer bis auf den symbolischen Kaufpreis von einem Euro immer noch kein eigenes Geld in Karstadt investiert.

Mittwoch, 14. März 2012 Ein schwarzer Tag für Nicolas Berggruen. Um 22.45 Uhr beginnt seine Entzauberung als »Mister Karstadt«. Die ZDF-Dokumentation von Christian Esser und Lutz Ackermann demontiert Berggruens Image als integrer Finanzinvestor. Auch an der Presse, die Nicolas Berggruen bislang immer hochgejubelt hat, üben die beiden Fernsehmacher Kritik. So schrieb *Die Zeit* im Mai 2010 beispielsweise, dass sich Berggruen nach dem Tod seines Vaters 2007 »auf sozial orientiertes Investieren« konzentriere: »eine Reisfarm in Indonesien, eine Ethanolfabrik in Oregon, Innenstadtsanierung im verarmten Newark in New Jersey. Er will mit Investitionen Gutes tun und zugleich Geld verdienen«.

Drei dieser Vorzeigeobjekte haben Esser und Ackermann für ihren Film untersucht und kamen dabei zu folgenden Ergebnissen:

- In Newark bestätigt der städtische Projektmanager, dass es tatsächlich um acht große Gebäude geht. Drei Schulen im Public-Private-Partnership, eine Tagesstätte für Kinder, zudem große Ladenflächen und 250 Wohnungen. Doch außer zugesagten Steuernachlässen vom Staat in Höhe von rund hundert Millionen Dollar ist noch keine weitere Investition erfolgt. Wie viel Geld Berggruen in das Projekt investieren will, ist von ihm nicht zu erfahren.

- In der Türkei suchten die ZDF-Autoren vergeblich nach den Windrädern und Wasserkraftwerken des Nicolas Berggruen. Trotz der vorliegenden staatlichen Genehmigungen ist noch kein Bau erfolgt. Gegen die ökologischen Folgen der geplanten Wasserkraftprojekte regt sich zudem Widerstand der Bauern im Pontischen Gebirge am Schwarzen Meer.

- Die Ethanolfabrik in Oregon ist nur noch Schrott wert. Der Bundesstaat investierte 25 bis 30 Millionen Dollar in die Infrastruktur. Es wurden Steuernachlässe und ein Subventionskredit über 20 Millionen Dollar gewährt. Als Berggruen vor der Kamera darauf angesprochen wird, kann er sich an die Zuschüsse nicht erinnern. In der Dokumentation erklärt der Landrat, der Landkreis sei inzwischen so klamm, dass Behörden und Gerichte freitags geschlossen bleiben müssten. Das Biosprit-Werk sei insgesamt nur einige Wochen in Betrieb gewesen, dann habe es technische Probleme gegeben. Berggruen ließ das Werk pleitegehen, die Investitionen und Kredite sind verloren.

DIE AKTE UTE K. KIEHN

Büroleiterinnen sind mächtige Frauen. Das ist auch bei Nicolas Berggruen nicht anders. In Berlin zieht für ihn Ute K. Kiehn die Strippen. Keiner weiß über die Familie Berggruen besser Bescheid als sie. Wer in Deutschland Nicolas Berggruen sprechen möchte, kommt an ihr nicht vorbei. Sie studierte Theaterwissenschaften und hat sich schon früh für die jüdische Kultur begeistert. Nach eigenen Angaben fühlt sie sich dem Judentum besonders stark verbunden. Sie sei Assistentin bei Heinz Galinski gewesen, erzählte sie mir am Telefon. Der erste Vorsitzende der Jüdischen Gemeinde in Berlin war auch zweimal Präsident des 1950 in Frankfurt am Main gegründeten Zentralrats der Juden in Deutschland. Als Heinz Berggruen nach Berlin zurückkehrte, hat Ute K. Kiehn ihn bei seinen Museumsaktivitäten unterstützt. Im Sinne des Vaters hat Nicolas Berggruen die Geschäftsführung vom Förderkreis des Museum Berggruen Berlin e.V. an sie übertragen. Seit der Gründung seiner Immobilien Holding 2005 in Berlin ist sie auch für den Internetauftritt des Unternehmens zuständig. Zudem gibt sie die Pressemitteilungen der Karstadt Holding heraus, die von Berggruen nach der Karstadt-Übernahme gegründet wurde und im holländischen Örtchen Beusichem registriert ist. Bei Medienauftritten ist sie immer an Berggruens Seite, agiert wie sein Schatten. Als in der ZDFZoom-Dokumentation »Mister Karstadt« kritische Fragen gestellt werden und Berggruen in Bedrängnis gerät, souffliert sie ihrem Chef aus dem Hintergrund. Das Porträt über ihren Arbeitgeber hatte Ute K. Kiehn zunächst noch befürwortet, in der Annahme gute PR für »den Investor, den alle mögen«, zu bekommen. Zwischen Oktober 2011 und März 2012 durften die ZDF-Autoren Lutz Ackermann und Christian Esser Nicolas Berggruen an mehreren Terminen begleiten. Das Resultat war die Entzauberung des »Mister Karstadt«. Der 45-minütige Beitrag wurde 2012 mit dem Deutschen Fernsehpreis in der Kategorie »Beste Reportage« ausgezeichnet. Vom Ergebnis zeigt sich Ute K. Kiehn allerdings zutiefst enttäuscht und wirft den Machern »gravierende 25 Fehler« vor. Der Sitz der Berggruen Holdings befindet sich in der Berliner Fasanenstraße 77. In der unmittelbaren Nachbarschaft, in Haus Nr. 79, befindet sich das Haus der Jüdischen Gemeinde. Das Objekt wird rund um die Uhr von der Polizei bewacht. Deshalb, sagt man auch, müsse Berggruen sich auch keine Sorgen um Demonstranten vor seinem Büro machen.

Montag, 30. April 2012 Doris Schröder-Köpf scheidet aus dem Karstadt-Aufsichtsrat aus. Die Gattin des ehemaligen Bundeskanzlers will in die Politik. Bei der Landtagswahl 2013 strebt sie einen Parlamentssitz in Niedersachsen an. Bei einer Wahlkreiskonferenz in Hannover-Döhren gelang es ihr, in einer Kampfabstimmung 25 von 40 Delegiertenstimmen auf sich zu vereinen.

ENTGEGEN ALLEN VERSPRECHUNGEN: KARSTADT STREICHT STELLEN

Montag, 16. Juli 2012 Karstadt plant bis Ende 2014 rund 2000 von 25 000 Stellen zu streichen. Auf der Homepage scheint die Zeit stehengeblieben zu sein. Dort steht immer noch unter »Mission Statement«: Karstadt hat »mehr als 24.400 Mitarbeiter, mehr als 1,6 Millionen Kunden am Tag und 119 Waren- und Sporthäuser. Nach einem schwierigen Jahr 2010 ist Karstadt in seinem 130. Jubiläumsjahr nun wieder auf dem Weg nach vorne. Wir möchten Ihnen mit www.karstadtnachrichten.de Informationen aus dem ganzen Unternehmen zur Verfügung stellen, aus allen Regionen und allen Bereichen. Bleiben Sie dran: bei Karstadt bewegt sich etwas.«

Bislang wurden 86 Karstadt-Häuser geschlossen und nur 24 modernisiert. Sämtliche Modernisierungsmaßnahmen und Investitionen in IT und Infrastruktur seien aus dem laufenden Geschäft finanziert worden, sagt Schmitz. »Das ist zu wenig, das geht zu langsam. Jetzt muss der Investor aus seinem Kapital den Umbau vorantreiben«, moniert Verdi-Sprecher Christoph Schmitz im »ARD-Mittagsmagazin« am 18. Juli. Einen Tag später legt Peter Tuch auf *Zeit Online* nach: »Der Edelmut von Herrn Berggruen ist ja wohl eher eine Erfindung der Medien. Berggruen selbst hat immer gesagt, dass er mit seinen Unternehmen Geld verdienen und profitabel arbeiten will. Dass er der Darstellung des Edlen durch die Presse nicht widersprochen hat, kann man ihm nicht vorwerfen, und dass er diesen Eindruck irgendwie für sich nutzen wollte, auch nicht.«

Donnerstag, 2. August 2012 War Berggruens Karstadt-Deal ein abgekartetes Spiel? Knapp zwei Jahre nach der Karstadt-Übernahme durch Nicolas Berggruen erhebt der italienische Warenhausbetreiber Maurizio Borletti erneut schwere Vorwürfe. Der damalige Konkurrent greift jedoch weniger Berggruen selbst als vielmehr dessen damaligen Partner an: Die Dienstleistungsgewerkschaft Verdi hatte sich gegen Borlettis Einstieg ausgesprochen und stattdessen Nicolas Berggruen den Rücken gestärkt. Borletti erinnert an sein Angebot: »Wir forderten damals mehr Flexibilität und längere Arbeitszeiten, im Gegenzug aber wollten wir auf Stellenstreichungen verzichten.« Borletti beschuldigt auch Karstadt-Chef Andrew Jennings der Trickserei: Jennings würde immer nur über Vollzeitstellen sprechen, nehme man allerdings die gestrichenen Teilzeitstellen hinzu, käme man bereits auf eine Zahl von über 3000. Das sei ein großer Unterschied. Mit italienischer Theatralik dramatisiert Borletti die Lage: »Verdi hat Blut an den Händen.« Außerdem, heißt es, habe sich Berggruen entgegen einer Absprache eine Einlage von 65 Millionen Euro kurz nach der Übernahme wieder zurückzahlen lassen.

VERKAUFSGERÜCHTE UND DEMENTIERUNGEN

Montag, 6. August 2012 *Der Spiegel* (Nr. 32/06.08.2012) berichtet über angebliche Pläne von Nicolas Berggruen, er denke über den Verkauf der prestigeträchtigen Premiumsparte nach. Dazu zählt neben dem KaDeWe in Berlin auch das Alsterhaus in Hamburg. Laut internen Informationen soll Aufsichtsratschef und Berggruen-Intimus Jared Bluestein persönlich mit zwei Interessenten verhandeln – zum einen mit dem kanadischen Unternehmen George Weston und zum anderen mit Qatar Holding, einer Tochter der staatlichen Investitionsbehörde des saudiarabischen Wüstenemirats. In deren Portfolio würde das Alsterhaus sehr gut passen. Die von Qatars Premier Hamad bin Jassim bin Jabr Al-Thani geleitete Firma scheint eine Vorliebe für Shoppingtempel zu haben. Im Mai 2010 erwarb Quatar Holding bereits das britische Nobelkaufhaus Harrods. Berggruen Holdings lässt das Gerücht aber sofort dementieren: »Das ist alles aus der Luft gegriffen.«

Knapp zwei Monate später, am 8. Oktober 2012, erscheint im Titelverzeichnis des *Spiegel* unter der Überschrift »Gegendarstellung« folgende Meldung:

In »Der Spiegel« Nr. 32 vom 6. August 2012 heißt es auf Seite 4: »Berggruen will Karstadt aufspalten ... Weil das Geschäft nicht läuft, plant Investor Berggruen einen Teilverkauf.«

Hierzu stelle ich fest:
Ich will Karstadt nicht aufspalten. Ich plane auch keinen Teilverkauf.
Los Angeles, 6. August 2012
Nicolas Berggruen

Auf meine Anfrage, warum diese Gegendarstellung zu besagtem *Spiegel*-Bericht im August erst zwei Monate später im Oktober erschienen ist, antwortet mir Jan Siegel, Rechtsreferent des *Spiegel*: »Die Verzögerung entstand aus formal prozessualen Gründen. Für einen sofortigen Abdruck der Gegendarstellung hätte Nicolas Berggruen auch eine eidesstattliche Erklärung abgeben müssen, dass er ›Karstadt nicht aufspalten will und auch keinen Teilverkauf plant‹. Das hat er aber nicht getan.«

Solange er also keine eidesstattliche Erklärung abgegeben hat, steht für Nicolas Berggruen nach wie vor die Spaltungs- und Verkaufsoption von Karstadt offen, ohne dass er dafür unter Umständen strafrechtliche Konsequenzen zu befürchten hätte. Bekanntlich enthalten Gerüchte immer einen wahren Kern. Auch Mohamed Al-Fayed, früherer Harrods-Besitzer, stritt 2010 alle Verkaufsabsichten ab: »Kunden kommen aus Kuwait, Saudi-Arabien, Katar in unser Warenhaus. Das ist fair genug. Aber es ist nicht zu verkaufen«, so der 79-Jährige im April 2010. Zwei Wochen später war der Deal mit Scheich

Hamad bin Jassim bin Jaber Al-Thani, vormals Premierminister von Qatar, unter Dach und Fach.

Die Basis für Berggruens Finanzgeschäfte bildet nicht New York, sondern London. Dort hat er schon mit 17 Jahren die Kniffe der Investmentbranche erlernt. Von London aus steuert er seine Fonds, kauft Mantelfirmen und streut seine Beteiligungen. Auch seine Investments in Indien hat er über London eingefädelt. Schlüsselfigur ist der Ägypter Tarek Shoeb, ein gewiefter Asset Manager. Bereits 2007 hatte er für Berggruen das indische Terrain sondiert. Nach Brancheninformationen gehört Shoeb zu den Netzwerkern, die den Verkauf des Londoner Harrods in die Wege geleitet haben. Er soll es auch gewesen sein, über den der Kontakt zum neuen Harrods-Besitzer zustande gekommen ist.

Dienstag, 7. August 2012 Die Schätzungen für eine generelle Modernisierung der Karstadt-Häuser belaufen sich auf eine halbe Milliarde Euro. Die *Berliner Morgenpost* (vom 7. August 2012) zitiert dazu den Handelsexperten Thomas Roeb: »Eine solche Summe kann Berggruen trotz seines Milliardenvermögens nicht stemmen. Seine Kapitalreserven sind mit seinen Projekten bereits gebunden.«

Mittwoch, 22. August 2012 »Ab sofort schreibt Karstadt schwarz« – ein flotter Spruch von Hans Sarpei. Der Fußballprofi, der zuletzt bei Schalke 04 als Linksverteidiger in der Abwehr spielte, hat es auch im Internet zu einiger Bekanntheit gebracht. Auf seiner Facebook-Seite kopiert er die Witze von Chuck Norris und persifliert die Härte, Stärke, Männlichkeit und Kampfkunst des US-Serienhelden. Mit seinem Revierjargon kommt Sarpei bei den Schalke-Fans gut an. Seine 25 000 Followern scheinen für Karstadt-Sports bereits werberelevant zu sein. Hans Sarpei wird von Karstadt als Social-Media-Berater verpflichtet. Der Spaßvogel twittert sofort: »Morgen erster Arbeitstag … bin gespannt.« Der Schuss geht nach hinten los. Die Medienberichte weisen auf den baldigen Abbau von

2000 Stellen bei Karstadt hin. Auch im Management müssen demnächst bis zu 500 Führungskräfte gehen.

Montag, 1. Oktober 2012 Nicolas Berggruen kündigt das nächste Town Hall Meeting an. Unter der Schirmherrschaft von Altkanzler Helmut Schmidt sollen am 30. Oktober 2012 führende Politiker nach Berlin kommen, um mit Publikumsgästen zu diskutieren, was nach der Krise in Europa geschehen soll. In der Ankündigung heißt es:

> *Bitte beachten Sie, dass die Teilnehmerzahl begrenzt ist, deshalb bitten wir Sie um baldige Anmeldung unter Angabe aller relevanten Kontaktdaten unter: nbiberlin@googlemail.com. Die Konferenz wird im Internet live übertragen unter www.myropa2012.de – Mit besten Grüßen, Nicolas Berggruen*
>
> *Teilnehmerliste Town Hall Meeting Berlin: Council on the Future of Europe: Marek Belka, Tony Blair, Juan Luis Cebrián, Jacques Delors, Mohamed el Erian, Niall Ferguson, Anthony Giddens, Felipe Gonzalez, Otmar Issing, Jakob Kellenberger, Pascal Lamy, Doris Leuthard, Alain Minc, Mario Monti, Robert Mundell, Romano Prodi, Jean Pisani Ferry, Rodrigo de Rato, Nouriel Roubini, Gerhard Schröder, Michael Spence, Peter Sutherland, Matti Vanhanen, Guy Verhofstadt, Franz Vranitzky, Axel Weber*
>
> *Chairman: Nicolas Berggruen – Senior Advisor: Nathan Gardels*

In SPD-Kreisen, so erfährt man, ist man erstaunt, dass Helmut Schmidt bereit war, die Schirmherrschaft von Berggruens Berliner Town Hall Meeting zu übernehmen. Viele haben noch einen beflügelten Spruch des Alt-Kanzlers in Erinnerung: »Wer Visionen hat, soll zum Arzt gehen.« Dass Schmidt bei Berggruen von seinem Grundsatz abgewichen ist, lag an der Fürsprache von Peer Steinbrück, der ebenfalls in Berlin zugegen war. Er hielt den Auftritt für seine Kanzlerkandidatur für eine hilfreiche PR. So schließen sich auch bei der SPD die Kreise.

MIT K-TOWN IN KARSTADTS ZUKUNFT

Dienstag, 2. Oktober 2012 Das Pilotprojekt K-Town läuft seit einem Jahr mit großem Erfolg – Karstadt muss dafür nicht einmal Werbung machen. Nach dem Start in Göttingen wird in Köln der zweite K-Town-Store eröffnet. Modern und jung wirken die Räumlichkeiten. Hinter dem Konzept steht die Frankfurter Agentur Jazzunique. Für die Gestaltung zeichnet der Innenarchitekt Börries Götsch verantwortlich. Bei seinem Mix-and-Match-Stil kombiniert er bunt lackierte Wasserröhren mit Vintage-Möbeln, variiert raumbildende Cubes aus Stahlprofilen mit künstlerischen Readymades und setzt Lichteffekte hinzu. In dieser Art verwandelt er die Verkaufsflächen zu trendigen Erlebnisräumen. Auf der Homepage der Agentur heißt es dazu: »Zur Erstellung des Konzepts orientierten wir uns an der Zielgruppe von K-Town. Die jungen Kunden zwischen 25 und 39 Jahren lassen sich auf ihrer Suche nach neuen Modetrends von den europäischen Szenemetropolen wie London, Paris oder Amsterdam inspirieren. Das haben wir aufgegriffen und ein Konzept entwickelt, das das Look-and-Feel dieser Shoppingwelten für Fashion Victims auch im Nahbereich erlebbar macht.«

K-Town wird vom renommierten Fachmagazin *Retail Week* zum »International Store of the Year« und »International Department Store of the Year« gewählt. Bei der Wahl setzte sich Karstadt gegen internationale Handelsgrößen wie Selfridges, John Lewis, Marks & Spencer und Topshop durch. »Diese Auszeichnung macht uns sehr stolz und es ist eine enorme Bestätigung, dass wir mit unserem neuen, jungen, life-style-orientierten Konzept K-Town auf dem richtigen Weg sind«, erklärt Andrew Jennings den englischen Fachjournalisten. Nicolas Berggruen scheint nicht an der Preisverleihung teilgenommen zu haben, zumindest finden sich keine Bilder von ihm.

Als ich bei der Agentur Jazzunique anrufe und wissen möchte, »warum Karstadt mit diesen Pfunden nicht wuchert«, kommt von einem Agentursprecher zuerst ein Kichern, dann bekundet er sein Bedauern: »Alle Fragen zu K-Town kann nur Karstadt beantworten«.

Die Pressestelle von Karstadt hatte ich hierzu bereits im November 2012 per E-Mail kontaktiert. Auf meine telefonische Rückfrage hieß es: »Schildern sie uns den Sachverhalt in einer E-Mail.« Bis Juni 2013 kam auf mehr als ein Dutzend E-Mails keine Antwort.

In Göttingen kommt K-Town gut an, auch bei der Belegschaft: »Alles stimmig, sehr cool! Regale aus verschraubten Rohren. Diese Art von Ambiente wird als Industrial Look bezeichnet. Die neuen Trendmarken sollen ein junges Publikum anlocken. Liebeskind, Superdry oder UGG.«

Marktbeobachter wie Waldemar Toporowski, Professor für Handelsbetriebslehre an der Uni Göttingen, geben sich dennoch skeptisch, was Karstadts Zukunft in Göttingen betrifft. Unweit der alten Markthallen steht eine Altlast von Karstadt, das Haupthaus in der Groner Straße. Es ist ein unscheinbarer Bau aus den 1950er Jahren, der an ein Bürohaus erinnert. »Ein Kaufhaus, das eher in die Vergangenheit passt«, heißt es auf Google Maps. Es findet sich dort auch ein Erfahrungsbericht: »Cafe & Restaurant in der zweiten Etage. In diesem SB-Restaurant wird es immer zur Glückssache, was man erwischt. Schnell zusammengepapptes Essen oder frisch gebraten. Meist ist die Qualität den Preis aber nicht wert! Ich war schon öfters mal hier und habe einiges durch. Ob Heringsfilets mit völlig ungenießbarem Kartoffelsalat oder das schnellfrittierte, aber dennoch matschige Zigeunerschnitzel mit Pommes, die entweder schon wieder hart und [...] kalt [sind] oder frisch frittiert [wurden] ... Ein absolutes No-Go ist die Sauce-Hollandaise!!!«

Mittwoch, 31. Oktober 2012, Berlin Am zweiten Tag von Berggruens Town Hall Meeting in Berlin ist Gerhard Schröder der

Hauptredner. Am werbeträchtig beschrifteten Pult der Allianz Versicherung spricht er fast eine halbe Stunde lang über seine Europa-Vision. Sein Beitrag ist nicht nur in voller Länge auf YouTube abrufbar, sondern findet seine Verbreitung auch über die *Huffington Post*. Gerhard Schröder dürfte sich über eine derartige Plattform und Medienpräsenz in Amerika freuen, und auch für Berggruen zahlt sich diese PR aus.

Geradezu etwas Prophetisches hatte der Auftritt des Schirmherrn Helmut Schmidt. Als ein Student unter den Saalgästen den Altkanzler fragt, was seine Generation denn für Europa tun könne, lächelt Schmidt milde und ermuntert ihn, einfach »zehn, zwanzig, dreißig, vierzig Jahre europäisch gesonnen« zu bleiben. Dann habe er schon viel geleistet. Die Vereinigten Staaten von Europa aber, der Traum von Winston Churchill und Ursula von der Leyen, die hätten noch etwas Zeit. Sie sind eher ein »Fernziel für das 22. Jahrhundert«.

Montag, 12. November 2012, London Nicolas Berggruen ist zu Gast bei der BBC-Sendung »HARDtalks«. Er kritisiert das amerikanische Wahlsystem. »*Money talks*«, erklärt Berggruen, was sinngemäß so viel bedeutet wie »Geld stinkt nicht«, aber Berggruen meint damit etwas anderes: »Die Wahlkampagnen, die mit Millionensummen geführt werden, stinken schon. Sie sind höchst undemokratisch.« Nach weniger als einer halben Stunde verabschiedet sich Berggruen von seiner Interviewpartnerin Sarah Montaque mit dem Versprechen, sein Vermögen eines Tages komplett in Non-Profit-Projekte zu investieren. Fragen zu Karstadt werden nicht gestellt. Das ist inzwischen seine Bedingung, wenn diese nicht erfüllt wird, ist er zu keinem Interview bereit.

Donnerstag, 29. November 2012 Jared Bluestein, Aufsichtsratschef von Karstadt und *chief operating officer* der Berggruen Holdings, kämpft gegen Verkaufsgerüchte. Seine Erklärung vermeldet *Wirtschaftmagazin.de*, das Online-Forum der Berliner Gewerbeauskunft: »Nicolas Berggruen ist ein langfristig orientierter Investor und dementiert erneut und entschieden, dass Teile des Karstadt Geschäfts verkauft werden sollen. Er unterstützt Karstadt-CEO Andrew Jennings und dessen Strategie ›Karstadt 2015‹ uneingeschränkt. Medienberichte, wonach Berggruen Holdings in Verhandlungen sei und/oder die Karstadt Premium Gruppe und/oder Karstadt Sports plane zu verkaufen, sind unwahr und entbehren jeglicher Grundlage.«

Montag, 24. November 2012 Die Anwälte von Nicolas Berggruen und Karstadt gehen massiv gegen kritische Medienberichte vor. Es hagelt an kostenpflichtigen Unterlassungsforderungen wegen Verbreitung von angeblich falschen Informationen. Das Fachblatt *Der Handel* (Nr. 12/2012), das selbst von den Anwaltsschikanen betroffen ist, berichtet auch über Fälle, in denen die Presseabteilung von Karstadt versucht habe, die Berichterstattung zu beeinflussen. Der Chefredakteur Marcelo Crescenti weist darauf hin, »dass Karstadt es vermeidet, wichtige Kennzahlen wie Umsatz oder Ertrag zeitnah zu veröffentlichen«.

Montag, 26. November 2012 Auf meine Anfrage, ob Nicolas Berggruen für dieses Buch in Form eines Interviews zur Verfügung stünde, teilt mir seine persönliche Assistentin Ute K. Kiehn mit: »Er legt grundsätzlich großen Wert darauf persönlich nicht im Mittelpunkt der Öffentlichkeit zu stehen. Es geht ihm primär um die jeweiligen Themen, Inhalte und Ziele.«

Samstag, 1. Dezember 2012 In *Lufthansa Exklusiv*, dem Prime-Magazin, das an die Vielflieger der Fluglinie als »der Türöffner zum Erfolg« verschickt wird, erscheint ein ausführliches Interview mit Nicolas Berggruen. Auf dem ganzseitigen Foto wirkt er, als hätte die Visagistin zu viel Make-up benutzt. Seine Lippen sind weinrot wie auf einem Gemälde von Picasso, und seine Augen leuchten karibikblau. Der Starfotograf Edgar Rodtmann versichert mir auf meine Anfrage hin:

»Berggruen wurde nicht nachgeschminkt. Das Bild ist auch nicht mit Photoshop bearbeitet. Es war das Wunder des Lichts, schön weich von hinten und vorne die Sonne, genau nach den Vorgaben der Lufthansa entstanden.« Wie die Bildunterschrift verrät, wurde das Foto im Hotel *Regent* in Berlin aufgenommen.

KADEWE ADE

Samstag, 22. Dezember 2012 Das KaDeWe in Berlin bekommt kurz vor Weihnachten einen neuen Besitzer. Der österreichische Immobilieninvestor René Benko bezahlt insgesamt mehr als 1,1 Milliarden Euro für das Luxuskaufhaus und 16 weitere Warenhäuser, die an Karstadt vermietet sind. Medienberichten zufolge zahlt Benkos Unternehmen Signa allein für das KaDeWe 500 Millionen Euro. Verkäufer ist das Vermieterkonsortium Highstreet Holding in London. Betreiber des KaDeWe bleibt weiterhin Karstadt-Eigner Nicolas Berggruen. Er muss nun mit dem neuen Eigentümer eine neue Miete aushandeln.

DIE AKTE RENÉ BENKO

Der Sohn eines Beamten und einer Erzieherin aus Innsbruck hält mit seinem Reichtum nicht hinterm Berg. Am Wochenende lädt der Millionär gern in seine Villa am Gardasee oder zur Pirsch in sein Tiroler Jagdrevier ein. In seiner Villa am Hungerberg im Wienerwald hängen ein paar Warhols an der Wand, in der Garage steht ein Ferrari und am Flughafen ein Privatjet für ihn bereit. Das ist zumindest das, was die österreichische Klatschpresse über Benko zu berichten weiß. Weiter erfährt man, dass er am 2. November 2012 vom Landesgericht Wien gemeinsam mit seinem Steuerberater Michael Passer wegen »versuchter verbotener Intervention« zu einer bedingten Haftstrafe von einem Jahr verurteilt wurde. Passer soll demnach den früheren kroatischen Premierminister Ivo Sanader kontaktiert und ihm 150.000 Euro angeboten haben, um ein in Italien anhängiges Verfahren zu Benkos Gunsten zu beeinflussen. Das Urteil ist aufgrund der eingelegten Berufung allerdings nicht rechtskräftig.

Mittwoch, 25. Januar 2013 Karstadt gerät wegen seiner Geheimniskrämerei unter Druck. Die Unternehmensbilanzen für das Geschäftsjahr 2010/2011 sind bislang nicht offengelegt worden. Sie hätten spätestens bis Ende September 2012 veröffentlicht werden müssen. Das Bundesamt für Justiz leitet ein Ordnungsgeldverfahren gegen Karstadt ein. Das könnte teuer werden. Von Karstadt ist für die Presse zunächst keine Stellungnahme zu bekommen.

Donnerstag, 14. Februar 2013 Karstadt gibt sich optimistisch. Die *Lebensmittel Zeitung* (vom 14. Februar 2013) kommentiert die Bilanz für 2010/2011: »Bei 3,228 Milliarden Euro Umsatz überrascht nicht das Minus von 3,2 Prozent und auch nicht der Jahresfehlbetrag von 20,8 Millionen Euro. Vielmehr zeichnet Karstadt im Ausblick ein ausgesprochen optimistisches Bild für die weitere Entwicklung. Demnach sollen die Karstadt-Warenhäuser 2011/2012 um 0,9 Prozent und 2012/13 noch stärker als der allgemeine Markt wachsen.« Das Bulletin der Karstadt-Geschäftsführung zeichnet dagegen ein ganz anderes Bild. Unternehmenschef Andrew Jennings beurteilt den Januar 2013 als »erneut schwierigen Monat«. Er beruft sich auf die gesamte Branche: »Alle bezeichnen das Geschäft momentan ähnlich schwierig wie wir.« Branchenkenner hegen generell Zweifel, dass es Karstadt tatsächlich gelungen sei, den Umsatz, wie prognostiziert, zu steigern.

Donnerstag, 21. Februar 2013 Der angekündigte Abbau von 2000 Arbeitsplätzen wird zügig vorangetrieben. Konzernchef Andrew Jennings äußert sich gegenüber den Zeitungen der Essener WAZ-Gruppe: »Wir haben Karstadt auf die richtige Größe gebracht.«

Sonntag, 24. März 2013 Nicolas Berggruen hat eine neue Losung kreiert: »Karstadt ist ein deutscher Schatz.« Unter dieser Überschrift bringt *WZ-Newsline* ein Interview mit ihm, in der er folgende Kernaussagen trifft:

- *Das Unternehmen war praktisch tot. Heute lebt es. Wir sind erst seit 20 Monaten in der Phase der Implementierung von Andrew Jennings Strategie ›Karstadt 2015‹.*
- *Die Firma lebt seit 130 Jahren und wird noch viel länger weiterleben. Karstadt ist ein deutscher Schatz – und ich bin glücklich, ihn mitgestalten zu dürfen.*
- *Ich bin immer noch an der Warenhauskette Kaufhof interessiert. Ich glaube an diese Idee: Eine Zusammenarbeit der beiden Unternehmen würde nach wie vor Sinn machen.*

KARSTADT SCHREIBT WEITER ROTE ZAHLEN

Montag, 24. März 2013 Karstadt kämpft mit deutlichen Umsatzeinbußen. *Der Spiegel* macht die negativen Zahlen publik: Die Verkäufe sollen um fast 12 Prozent und die Umsätze um 15 Prozent unter dem Niveau des Vorjahres liegen. CEO Jennings verweist in seiner Stellungnahme auf die Rückendeckung von Eigentümer Nicolas Berggruen. In seinem schriftlichen Interview mit der *Deutschen Presse-Agentur* heißt es: »Dass Umsätze zurückgehen, bevor es dann aufwärts geht, ist völlig normal. Jennings hat eine schwierige Aufgabe, die er bravourös löst. Er macht Karstadt gemeinsam mit den Mitarbeitern zu dem modernen und kundenorientierten Unternehmen, das es sein soll.«

Montag, 8. April 2013 Karstadt nimmt Umsatzprognosen zurück. Wie das Magazin *WirtschaftsWoche Online* berichtet, werden im laufenden Geschäftsjahr 232 Millionen Euro weniger eingenommen als bislang geplant. Unter Problemen leiden offenbar nicht nur die klassischen Karstadt-Häuser, sondern auch die Flaggschiffe und die Sport-Häuser. Wie das Magazin weiter schreibt, kappt Karstadt zudem die Investitionen. Anders als in den Vorjahren geplant, stünden für 2013 nicht 80 Millionen Euro für Investitionen bereit, sondern nur 68,5 Millionen Euro. Auch für 2014 seien die Investitionsbudgets bereits zusammengestrichen worden.

Donnerstag, 25. April 2013, Berlin Welcome back, Mister Karstadt! Nicolas Berggruen stattet Berlin endlich wieder einen Besuch ab. Man hatte bereits befürchtet, dass er mangels weiterer finanzieller Unterstützungen seitens der Stadt und des Bundes für das Museum seines Vaters die deutsche Hauptstadt mit Missachtung strafen würde. Fragen zu Karstadt kann er aber immer noch nicht leiden. Stattdessen zieht es ihn ins Partygetümmel. Die *Bunte* nimmt Notiz davon und berichtet, wie er während des New Faces Awards 2013 im Berliner Tempodrom mit Sony-Boss Martin Bachmann und dem Handballstar Silvio Heinevetter »netzwerkt«.

Dienstag, 28. Mai 2013, Paris »Europe: Next steps« heißt ein Video, das sich auf der Homepage des Berggruen Institute on Governance findet. Die Machart des Clips erinnert an die Nachrichtenbeiträge des französischen Fernsehens. Berichtet wird über das Town Hall Meeting an der Pariser Elite-Universität Sciences Po, das sich mit der hohen Jugendarbeitslosigkeit in Europa befasst hat. Im Beisein von Frankreichs Staatspräsident François Hollande hatte Nicolas Berggruen sein neues Programm für Auszubildende vorgestellt, um der Arbeitslosigkeit unter Jugendlichen entgegenzuwirken. *Die Zeit* berichtet, dass die anwesende Ministerin Ursula von der Leyen vom Rednerpult emphatisch proklamierte: »Endlich wird etwas gegen den Aufschrei von sechs Millionen Menschen getan, die ohne Arbeit und Ausbildung sind. Wir müssen eine ganze Generation retten!«

Die Veranstaltung bildet den vorläufigen Höhepunkt von Berggruens politischen Ambitionen. Kritik wird nicht laut. Allein die Online-Zeitung *Deutsche Wirtschafts Nachrichten* kommentiert nüchtern: »Es entbehrt nicht einer gewissen Ironie, dass Wolfgang Schäuble seine Warnung vor amerikanischen Zuständen bei einer Konferenz des Think Tanks von Nicolas Berggruen äußerte: Berggruen sorgt in Deutschland gerade für Aufsehen, weil er bei Karstadt weitere Opfer der Mitarbeiter verlangt.«

Der Spiegel wird Berggruens Politikambitionen erst Wochen später relativieren: »Berggruen wollte, so erzählt man sich in Berlin, in der Euro-Zone mal eben bis zu hundert Milliarden Euro lockermachen, um fünf Millionen neue Jobs zu schaffen. Die Polit-Profis hätten sich wohl zusammenreißen müssen, um nicht loszulachen.« Aber auch *Der Spiegel* (Nr. 25/2013) bestätigt: »Berggruen ist ein Netzwerker der Extraklasse.«

KARSTADT LEGT EINE TARIFPAUSE EIN

Montag, 13. Mai 2013 Karstadt-CEO Andrew Jennings verkündet in einer Versammlung vor rund 300 Betriebsräten, der Konzern werde eine »Tarifpause« einlegen. Vorerst auf zwei Jahre befristet, soll der Ausstieg aus der gewerkschaftlichen Tarifbindung rund 36 Millionen Euro einsparen. Die Ankündigung treibt die Unzufriedenheit der Mitarbeiter auf die Spitze. In einigen Städten kommt es zu Protesten. Die Wortführer geben sich kämpferisch: »Der reiche Onkel aus Amerika soll endlich seine Schatulle aufmachen.« Dass sich amerikanische Methoden, wie sie sich anhand des Austritts von Karstadt aus der Tarifbindung zeigen, in Deutschland mehr und mehr durchsetzen, ist ein allgemeiner Trend. Der amerikanische Handelsrivale Amazon beispielsweise will erst gar nicht in die Tarifbindung einsteigen. Eine Entwicklung, die einem zu denken geben sollte.

Montag, 3. Juni 2013, Berlin Nicolas Berggruen im Bund mit der Deutschen Bank: Im Friedrichsaal unter den Linden präsentiert Nicolas Berggruen seinen Ratgeber *Klug regieren. Po-*

litik für das 21. Jahrhundert. In der Ankündigung heißt es: »Das Buch liefert einen provozierenden Vorschlag für eine neue politische Weltordnung.« Als Veranstalter firmiert die Alfred Herrhausen Gesellschaft. Das Internationale Forum der Deutschen Bank hat es sich zur Aufgabe gemacht, im Namen des 1989 von der RAF ermordeten Bankchefs Alfred Herrhausen neue Formen des Regierens als Antwort auf Veränderungen im 21. Jahrhundert zu finden. An der anschließenden Diskussion beteiligt sich auch Anna Herrhausen, die Tochter des einstigen Vorstandssprechers der Deutschen Bank. Das Lebenscredo ihres Vaters lautete: »Die meiste Zeit geht dadurch verloren, dass man nicht zu Ende denkt.« Überträgt man dieses Motto auf Nicolas Berggruen, drängt sich immer mehr die Frage auf, wie lange Berggruen als Polit-Messias in Deutschland bestehen bleiben kann, wenn er sich von seinem Karstadt-Engagement trennen würde? Die Verkaufsgerüchte sind nicht aus der Welt zu schaffen, egal, wie stark Berggruen sie auch dementieren lässt.

Bei der Buchpräsentation in Berlin werden derlei Fragen nicht gestellt, auch Karstadt ist kein Thema. Die meisten scheinen zu wissen, dass Berggruen in der Welt der Unternehmensführung, der Sanierung von Unternehmen, nicht zu Hause ist. Oder wie Berggruen gegenüber dem amerikanischen Nachrichtensender Bloomberg selbst einmal gesagt hat: »Ich habe ziemlich früh festgestellt, dass ich vermutlich ein furchtbarer Manager wäre.«

Dienstag, 4. Juni 2013, Essen Karstadt-Aufsichtsratschef Jared Bluestein beruft eine Krisensitzung ein. Was davon nach außen dringt, sind Hiobsbotschaften. »Die Umsätze befinden sich im Sturzflug. Wenn es schlecht läuft, wird Karstadt in diesem Jahr weniger als drei Milliarden Euro umsetzen; die Löcher in der Bilanz werden immer größer«, berichtet die *Süddeutsche Zeitung* (vom 4. Juni 2013) vorab.

KARSTADT-CHEF TRITT ZURÜCK

Mittwoch, 5. Juni 2013 Der Stuhl von Karstadt-Chef Andrew Jennings wackelt. Bereits am Nachmittag wird auf den Korridoren der Firmenzentrale gemunkelt, dass er den Tag wohl nicht überstehen werde. Am Abend steht fest: Jennings gibt seinen Rücktritt bekannt.

Donnerstag, 6. Juni 2013 Gerüchte kursieren, die Presse rätselt: Wer wird der Nachfolger von Andrew Jennings? Die Antwort: Nicolas Berggruen allein hat fortan bei Karstadt die Macht.

Freitag, 7. Juni 2013, Berlin Im Interview mit der britischen Zeitung *The Guardian*, die über die Neueröffnung des Museum Berggruen ausführlich berichtet, sagt Nicolas Berggruen: »Mein Vater hat sich nach dem Fall der Mauer wieder in Berlin verliebt. Indem er seine Sammlung nach Berlin brachte, war es ein Weg, um sie zu erhalten und Berlin zurückzugeben, was es verloren hatte.«

Eine Nacht lang macht Nicolas Berggruen Berlin zur Welthauptstadt der Kunst, wie Rüdiger Schaper über das fünfte Treffen des Berggruen International Council im *Tagesspiegel* schreibt. Auf seine »großzügige Einladung« sind »450 Kunsthungrige« gekommen. Auf der anderen Straßenseite haben sich Mitglieder von Verdi positioniert. Aus den Lautsprechern lärmt Rockmusik, dazu gellen Trillerpfeifen. Die Gewerkschaftler protestieren gegen die »Tarifflucht« und fordern eine Lohnerhöhung. Plötzlich taucht Nicolas Berggruen auf. Es ist ein magischer Moment, der auch später in der Sendung »Frontal 21« (vom 11. Juni 2013) gezeigt wird: Beherzt nimmt Berggruen der Verdi-Sprecherin das Mikrophon aus der Hand. Mit hypnotisierend sonorer Stimme sagt er: »Heute geht es um Kultur, nicht um Karstadt. Meine Mutter ist hier, sie ist 90. Bitte stören Sie nicht, dass wir hier Kultur machen. Für

Deutschland. Dieses Museum ist ein Juwel. Es gehört euch allen.« Wie von Zauberhand löst sich der Protest auf. Einen kurzen Augenblick stehen die Demonstranten noch betreten da, dann trollen sie sich davon. In der Orangerie des Charlottenburger Schlosses strahlen derweil die Kronleuchter. Über »Preußens Glanz und Gloria« wird die *Bunte* berichten: »Wetten, dass der Alte Fritz, Preußens gebildeter König, seine wahre Freude gehabt hätte an diesem Abend.« Gerhard Schröder hält eine große Laudatio auf das Museum und die Familie Berggruen: »Im perfekten Englisch«, lobt die *Bunte* (vom 20. Juni 2013). Klaus Wowereit kommt erst, als das Kamerateam vom ZDF verschwunden ist. Auch er hält eine Rede – über Berlins kulturelle Vielfalt.

KRITIK AN »MISTER KARSTADT« WÄCHST

Sonntag, 9. Juni 2013 Ein schwarzer Tag für Nicolas Berggruen! Geballt schlägt die Presse zu. *Bild am Sonntag* enthüllt sein Firmengeheimnis: »Berggruens Imperium gleicht einer russischen Matroschka-Puppe: Über jede Firma stülpt sich eine weitere.« Der Steueranwalt und FDP-Politiker Wolfgang Kubicki kommentiert: »Durch diese Konstruktion hat der deutsche Fiskus keinerlei Zugriffsmöglichkeiten und die Erträge landen steuerfrei in der Stiftung von Herrn Berggruen in der Karibik.« Nicolas Berggruen ist sich keiner Schuld bewusst: »Die Deutschen verstehen nicht, was Charity ist.« Seine persönliche Referentin Ute K. Kiehn erklärt: »Nicolas Berggruen profitiert in keiner Weise vom Nicolas Berggruen Charitable Trust. Dieser wird das Vermögen noch zu Nicolas Berggruens Lebzeiten vollständig gemeinnützigen Zwecken spenden.« Über das hauseigene Presseportal *karstadtnachrichten.de* lässt Nicolas Berggruen noch am selben Abend eine Stellungnahme abgeben: »Karstadt-Eigentümer Nicolas Berggruen und das Management befinden sich über die Fortsetzung der Karstadt-Strategie in Harmonie miteinander und stimmen bei der langfristigen Nachfolgeplanung für den CEO überein. Der Bericht der *Bild am Sonntag* über einen Konflikt ist nicht korrekt.«

Samstag, 15. Juni 2013 »Kein Liquiditätsproblem!« – diese Meldung lanciert Noch-Karstadt-Chef Andrew Jennings über den bezahlten Nachrichtendienst *presseportal.de*. Allen Medienberichten zum Trotz behauptet er: »Wir liegen nur 3,6 Prozent unter Vorjahr.« Karstadt gehe das Geld nicht aus. »Tatsächlich haben wir jetzt in diesem Moment einen Bargeldbestand von mehr als 210 Millionen Euro. Und: Karstadt hat keine Finanzschulden.« Voller Optimismus prognostiziert der sonst so wortkarge Jennings zu seinem bevorstehenden Abschied: Das Konzept »›Karstadt 2015‹ wird wie geplant fortgesetzt. Ich freue mich auf die zweite Jahreshälfte, wo wir sorgfältig geplante deutschlandweite Marketing-Kampagnen und aufregende, wichtige Marken starten und – das ist sehr wichtig – unsere neue eCommerce Plattform an den Start bringen, um karstadt.de zu stärken.«

Montag, 24. Juni 2013 »Karstadt-Inhaber Berggruen verdient prächtig mit Berliner Immobilien«, meldet *Wall Street Online*. Seit 2005 hat seine Holding rund 300 Millionen Euro in den Erwerb und die Sanierung von rund 100 Wohn- und Geschäftshäusern in Berlin und Potsdam investiert. Deren Wert dürfte inzwischen bei rund 450 Millionen Euro liegen. Die zuletzt veröffentlichten Bilanzen von zwölf Berggruen-Immobiliengesellschaften weisen Ende 2011 ein Anlagevolumen von insgesamt 417,6 Millionen Euro aus. Mitte Mai hatte seine Holding ein weiteres 80 000-Quadratmeter-Grundstück in Berlin-Schöneberg gekauft. Im früheren Stammwerk des Herstellers von Bremssystemen für Schienen- und Nutzfahrzeuge, Knorr-Bremse, das seit August 2012 zu Berggruens Immobilienbesitz gehört, residiert seit kurzem der Onlinehändler Zalando – ein Karstadt-Konkurrent.

»Für Berggruen sind die Probleme mit Karstadt zu klein.« Mit diesem Fazit scheint sich die Karstadt-Belegschaft inzwischen von ihrem vermeintlichen Retter verabschiedet zu haben. Der Betriebsrat in Essen sagt der Gewerkschaft den Kampf an. Nach dem fatalen Irrtum, Berggruen grenzenlos zu vertrauen, formiert sich bei Verdi neuer Widerstand. Stefanie Nutzenberg, die starke Frau im Bundesvorstand und zuständig für den Handel, will Berggruen die Stirn bieten. Im Interview mit der *Süddeutschen Zeitung* (vom 18. Juli 2013) beruft sie sich auf drei Sanierungsverträge, die Berggruen bei der Übernahme abgeschlossen hat: »Jetzt muss er liefern. Wir fordern, dass er endlich investiert, anstatt Geld aus dem Unternehmen zu ziehen.«

Berggruen hat auf die Missstimmung im Unternehmen und die schlechte Presse vorerst mit einem Bauernopfer reagiert. Andrew Jennings als Karstadt-Chef geht zum Jahresende 2013. Sein Erbe wird allerdings seinen Nachfolger schwer belasten: Der schroffe Brite hat die Warenhauskette von einem breiten Artikelangebot auf überwiegend Bekleidung umgestellt. Bis zu 80 Prozent des Gesamtumsatzes stammt bei Karstadt aus der Mode, dem am härtesten umkämpften Markt in Deutschland. Nach Jennings Konzept sollen auch weitere Sparten wie Drogerie, Haushaltswaren, Schreibwaren, in etlichen Filialen noch ausgegliedert werden.

Die Karstadt-Welten sind nach anderthalb Jahren der Ära Andrew Jennings ziemlich englisch geworden. Mit »Feel London« läutet sich auch die nächste Premiere für September 2013 ein. Dem britischen Kultlabel Topman werden in Karstadts Premium-Stores in Berlin (KaDeWe), München (Oberpollinger), Hamburg und Düsseldorf jeweils 150 Quadratmeter eingeräumt. Die Werbekampagne nutzt die Zugkraft von Stars wie Beyoncé, Sienna Miller, Kate Bosworth und Justin Bieber als bekennende Markenfans. Nicolas Berggruen dürfte es gefallen. Seine Hemden mit zerfransten Ärmeln, Sakkos, Hosen und Schuhe kauft er ebenfalls in London.

Für die Gewerkschaft ist dies jedoch nur ein schwacher Trost. Verdi-Spitzenfrau Stefanie Nutzenberger fordert, das bisherige Karstadt-Konzept zu überprüfen. Sie ist überzeugt, »dass Warenhäuser eine Zukunft haben und dass sie ein Magnet sind, wenn sie Kundenwünsche erfüllen. Doch die Kunden verlangen zum Teil in Hamburg etwas anderes als in München.« Die Konsequenz daraus müsse sein, den Führungskräften in den jeweiligen Warenhäusern mehr Entscheidungsbefugnisse für den Wareneinkauf und den Vertrieb zu geben.

Doch in erster Linie will sich die Gewerkschaft auf Lohnforderung einschießen. Stefanie Nutzenberger betont, dass die Beschäftigten die Leidtragenden seien. Die Karstadt-Mitarbeiter hätten ihre Sparbücher plündern müssen, um über die Runden zu kommen. Sie hätten bereits einen Sanierungsbeitrag von über 650 Millionen Euro geleistet, indem sie auf Teile ihres Lohns verzichteten. Jetzt forderten sie zu Recht einen Tarifvertrag.

Der Handel mit den Karstadt-Immobilien aus dem Highstreet-Portfolio läuft indes gewinnbringend auf vollen Touren. Nach dem Besitzerwechsel des KaDeWe sind weitere Karstadt-Häuser verkauft worden. 17 davon hat die österreichische Firma Signa von René Benko bis Juli 2013 erworben. Die Karstadt-Filiale in der Wagnerstadt Bayreuth schnappte sich die holländische Ashkenaz GmbH. Und noch ein alter Rivale von Berggruen ist am Zug: Die Carlyle Group aus New York übernahm am 6. Februar 2013 die Karstadt-Immobilie in Esslingen. Der Preis für die 11 000 Quadratmeter große Fläche belief sich auf 70 Millionen Euro, der Mietvertrag mit Karstadt hat noch eine Restlaufzeit von 13 Jahren. Wie solche Übernahmen finanziert werden, verrät ein Blick hinter die Kulissen. Eigenes Geld investiert auch die Carlyle Group nicht. Für den Kauf wurde ein Fonds (CEREP III) aufgelegt, die Finanzierung stellt die Kreissparkasse Esslingen auf die

Beine. Als Makler wurde Colliers International mandatiert, die Transaktion wurde als Joint Venture mit der Frankfurter Projektentwicklung Baumanagement Gesellschaft mbH (PBG) und 3W Immobilien durchgeführt.

Nicolas Berggruen hält sich zu diesem Zeitpunkt noch heraus, er schwebt in anderen Sphären: »Europa ist zu wenig demokratisch«, beklagt er im Interview mit dem *Tagesspiegel* (vom 10. Juli 2013). Und werden Fragen nach Karstadt gestellt, blockt er wie gewohnt ab: »Ich trenne strikt zwischen den Initiativen des Instituts und meinen Unternehmen. Wir sind Experten für den ›Turnaround‹ von Unternehmen in der Krise: Fast alle Firmen, die ich übernehme, müssen erst saniert werden, um zu überleben.«

Dieses Zitat konnte man bereits als eine kryptische Ankündigung verstehen, dass sich bald bei Karstadt einiges ändern wird. Berggruen ist für seine gut durchdachte strategische Schachzüge berühmt. Sein langer Arm bleibt im Spiel.

KAPITEL XII

DER POLITIKBERATER

»Ich habe mich für Politik und Philosophie interessiert, seit ich ein Teenager war. Die Denkfabrik ist eine enorm spannende Herausforderung, eine viel größere als all meine Geschäfte. Aber ich hätte viel früher damit anfangen sollen. Ich bin für mein Alter spät dran.«

NICOLAS BERGGRUEN

Das Jahr 2013 ist für Nicolas Berggruen von enormer Bedeutung. Seine Obsession für die Politik bricht aus ihm heraus wie ein Vulkan. Was er vorhat, das lässt er uns via Internet wissen: Nachdem er die Rettung Kaliforniens auf den Weg gebracht habe, kümmere er sich nun um die Eurokrise, in Afrika wolle er eine neuartige Warenbörse gründen. Wir können für unsere Zukunft auch von China lernen, schlägt er vor. Wie das gehen soll, kann man in seinem, zusammen mit Nathan Gardels erarbeiteten Politik-Ratgeber *Klug regieren* nachlesen: die Privatisierung der Politik als Ausweg, alle Macht den Eliten, die Milliardäre retten die Welt. Nur drängt sich die Frage auf, wer sie darum gebeten hat. Berggruen weist auf die Fakten hin: Es lasse sich nicht abstreiten, in der Regierungskunst bleiben die Leistungen der Menschheit weit hinter dem zurück, was sie sonst auf allen anderen Gebieten vollbracht hätten. Deshalb sollte man die Führung endlich denen überlassen, die es können, den Milliardären. Schließlich hätten sie bereits bewiesen, dass sie etwas richtig gemacht haben. Geld scheffeln, ohne Limit. Die anderen können es halt nicht. Das ist das eigentliche Problem, dem will Nicolas Berggruen mit seiner Denkfabrik entgegenwirken.

Auf meine Anfrage (vom 1. Juli 2013) antwortet Nathan Gardels, einer der Mitbegründer des Berggruen Institute on Governance, und erklärt, wie die Denkfabrik von Nicolas Berggruen entstanden ist: »Nicolas Berggruen und ich haben uns über Jacques Attali, den französischen Schriftsteller und Gründungsdirektor der Europäischen Bank für Wiederaufbau und Entwicklung sowie Top-Berater von Mitterrand während seiner Präsidentschaft, kennengelernt. Nicolas Berggruen kannte bereits mein politisches Journal *New Perspectives Quarterly*, eine Zeitschrift des sozialen und politischen Denkens, die vom Verlag Blackwell in Oxford herausgegeben wird. Außerdem hat er auch einige meiner früheren Bücher gelesen.« Die Schlüsselfigur in Berggruens Denkfabrik stellt also Jacques Attali dar. Geboren 1943 als Sohn eines Parfümeurs in Algier, siedelte er 1957 mit der ganzen Familie nach Paris über. Der Besuch der Eliteschulen und Universitäten zahlte sich gleich doppelt aus: Attalis Zwillingsbruder Bernard wurde zum Vorstandsvorsitzenden bei Air France, Jacques selbst promovierte in Wirtschaftswissenschaften. Glück hatte er auch: Während der Studienzeit begegnete er François Mitterrand, der in ihm den Visionär und Weltbürger erkannte. Mit Mitterrands Einzug in den Élysée-Palast wurde Attali 1981 zu dessen Sonderberater. Als Professor an der Universität Paris-Dauphine verfügte er über ausgezeichnete Kontakte, von denen der französische Staatspräsident noch zahlreich profitieren sollte. Attali fungierte als Netzwerker, und das zu einer Zeit, als dieser Begriff noch völlig unbekannt war. Ferner zeichnete Attali sowohl für die Organisation der 200. Jubiläumsfeier der Französischen Revolution am 14. Juli 1989 als auch für den im selben Jahr stattfindenden G 7-Gipfel in Paris Verantwortung. Einfluss genug, um die Politik entscheidend zu prägen. So gründete sich 1985 mit Hilfe seiner Kontakte die europäische Forschungsinitiative EUREKA, die es sich zur Aufgabe gemacht hat, Industrie und Wissenschaft einen Rahmen für grenzüberschreitende Kooperationsprojekte zu bieten. Derzeit zählen 40 Staaten zu den Vollmitgliedern. Durch seine charismatische Persönlichkeit verstand es Attali, die unterschiedlichsten hochrangigen Persönlichkeiten aus den verschiedensten Bereichen – von der Finanzwelt bis zur Wissenschaft – für sich zu gewinnen. So war es ihm möglich, unter anderen die Karrieren von jungen Absolventen der École nationale d'administration (ENA) zu fördern. Diese Institution rief einst Charles de Gaulle ins Leben, um eine neue Beamtengeneration auszubilden, unbelastet vom unheilvollen Erbe des Vichy-Regimes, das mit Hitler kooperiert hatte. Der erste Leiter war der Generalsekretär der Kommunistischen Partei, Maurice Thorez. Aus diesem Geist gingen linksgerichtete Regierungskandidaten wie Ségolène Royal oder François Hollande hervor. Damit beantwortet sich auch die Frage, wie es Nicolas Berggruen schaffen konnte, Frankreichs Staatschef für sein Town Hall Meeting zum Thema »Jugendarbeitslosigkeit in Europa« einzuspannen. Es ist ihm mit Attalis Hilfe gelungen. Wie einst für Mitterand zieht Attali nun die Strippen für Berggruen. Es gehört wohl zur Ironie der Geschichte, dass aus kommunistischen Keimen die härtesten Kapitalisten wachsen. Dies kommt auch in Nicolas Berggruens Bewunderung für Chinas totalitäres System zum Ausdruck. Von der Diktatur des Proletariats zur Allmacht des Kapitals – von diesem Fortschritt schwärmt Berggruen. Dass China die Menschenrechte dabei mit Füßen tritt und immer noch weit davon entfernt ist, ein demokratischer Staat zu werden, darüber verliert er kein Wort.

BERGGRUENS VORDENKER

Ebenfalls über Jacques Attila kam der Kontakt zu Nathan Gardels zustande. Wie Berggruen hält auch er den ökonomischen Fortschritt Chinas für das Maß aller Dinge: »Als ich vor 35 Jahren China mit dem kalifornischen Gouverneur

Jerry Brown besuchte, waren dort Abermillionen von Menschen mit Fahrrädern unterwegs. Shenzhen, jetzt die Fabrik der Weltproduktion, war ein Fischerdorf. Nach der Kulturrevolution konnten sich die Menschen kaum selbst ernähren. Jetzt ist China die zweitgrößte Volkswirtschaft mit Hochgeschwindigkeitszügen, die kreuz und quer durch das Land fahren und die Megastädte miteinander verbinden, in denen eine Mittelschicht lebt, die größer als die gesamte US-Bevölkerung ist. Shanghais Schulen zeichnen sich dadurch aus, dass zu ihren Absolventen nur die Besten der Besten zählen. […] Was mich mit Nicolas Berggruen verbindet, ist, dass wir beide davon überzeugt sind, dass richtige Regierungen die Weichen stellen können, ob sich die Gesellschaft vorwärts oder rückwärts entwickelt. Was kluges Regieren erreichbar macht, habe ich in China mit eigenen Augen gesehen.«

Zu Gardels Markenzeichen gehören Kaschmirpullis. Weichgespült sind auch seine publizistischen Artikel. Kein Aufbegehren, keine Empörung, die Vorbilder frei von Widersprüchen – das ist die Welt des Nathan Gardels. Nach seinem Abschluss an der University of California, Los Angeles (UCLA) in den Fächern Vergleichende Politikwissenschaft, Architekturgeschichte und Städteplanung fing er in Kalifornien im Beraterteam für wirtschaftliche Angelegenheiten an. Mit dem Schwerpunkt für öffentliche Investitionen und Handelsfragen erweiterte er seinen Wirkungsbereich auf Mexiko und den pazifischen Raum. Einen Namen hat er sich vor allem als Vielschreiber gemacht. *Wall Street Journal*, *Los Angeles Times*, *New York Times*, *Washington Post*, *Harper*, *US News & World Report* – es gibt kaum ein Medium, für das Gardels noch nicht geschrieben hat. Den Stoff schöpft er aus seiner breitgefächerten Tätigkeit. Von 1983 bis 1985 war Gardels Geschäftsführer des Instituts für nationale Strategie in Washington. In dessen Auftrag führte er Forschungsstudien in Moskau, an dem Volksinstitut für auswärtige Angelegenheiten in Peking, dem Schwedischen Institut in Stockholm und bei der Friedrich-Ebert-Stiftung der SPD in Bonn durch.

Nathan Gardels zählt inzwischen auch zu den Veteranen des World Economic Forums in Davos. 1985 gründete er das Periodikum *New Perspectives Quarterly*, das seit 1999 auch über *www.digitalnpq.org* abrufbar ist und angeblich von 35 Millionen Menschen in fünfzehn Sprachen gelesen wird. Das ist auch das Prinzip, dem Berggruen mit seinem Institut folgt: Ehemalige Staatschefs, Minister und Diplomaten kommentieren das aktuelle Weltgeschehen. Plötzlich tauchten fast vergessene Figuren wie der frühere Chef der UN-Rüstungskontrollkommission Hans Blix aus der Versenkung auf. In *New Perspectives Quarterly* erklärt der inzwischen fast 90-jährige Politiker, welche Gemeinsamkeiten es zwischen Nordkorea und dem Iran gibt. Gardels »Club der weisen alten Männer« will wie der Club of Rome einen Meinungsspiegel zu Konfliktthemen liefern. So gibt sich der frühere US-Außenminister Henry Kissinger, der von 1977 bis 1981 der einflussreichen privaten US-Denkfabrik Council on Foreign Relations vorstand, mit seinen 90 Jahren ebenso klug und weltgewandt wie Helmut Schmidt, Abolhassam Banisadr, der erste gewählte Präsident des Iran, kommentiert für *New Perspectives Quarterly* den Hollywood-Film *Argo* und Madeleine Albright, US-Außenministerin unter Bill Clinton, begründet, warum die arabische Demokratie nicht von amerikanischer Prägung sein kann. Neben der alten Garde lässt Nathan Gardels aber auch Schriftsteller wie den Nobelpreisträger Orhan Pamuk, der in seinem Artikel das Dilemma der Türken zwischen Islam und Moderne beleuchtet, zu Wort kommen.

Mit seiner eigenen Publikationsreihe avancierte Gardels zum gefragten Gastautor. Seine meinungspolitischen Beiträge drucken inzwischen Zeitungen auf der ganzen Welt – vom *Guardian* aus London über *O Estado de S. Paolo* aus Brasilien bis zu *Yomiuri Shimbun* aus Tokio. Auch in den Bücherregalen finden sich viele Werke aus seiner Feder. 1996 erschien *At Century's End: Great Minds Reflect On Our Times*, eine politische Bilanz der Weltlage. Ein Jahr später folgte *The Changing Global Order: A Political Memoir. World Leaders Reflect*, ein Gesprächsband mit Weltpolitikern wie Bush, Mitterand, Thatcher oder Gorbatschow. Die Inhalte gleichen komplexen Doktorarbeiten.

Außerdem ist Gardels dafür bekannt, dass er sich gern mit Menschen umgibt, die prominent sind. Das hat sich auch förderlich auf seine Karriere ausgewirkt. Zu Gardels Freunden zählt beispielsweise Mike Medavoy. Den Filmboss aus Hollywood, der so bewegende Streifen wie *Shutter Island* von Martin Scorsese oder *Black Swan* mit Natalie Portman produziert hat, drängte es irgendwann dazu, seine Meinung zum Weltgeschehen kundzutun. Dies entspricht ganz der amerikanischen Unternehmermentalität, sich in das Weltgeschehen einzumischen, sobald man es zum *key player* gebracht hat. Daraufhin tut sich Medavoy mit Gardels zusammen. Das Ergebnis ihrer Zusammenarbeit trägt den Titel *American Idol After Iraq*. Die 184 Seiten handeln von den Mohammed-Karikaturen, die von einer dänischen Zeitung veröffentlicht wurden, davon, wie China Videos von protestierenden tibetanischen Mönchen im Internet zensierte und wie der Vatikan zum Boykott gegen den Film *Da Vinci Code* aufrief. Gardels Verbündete Arianna Huffington hievte das schmale Büchlein in ihrer *Huffington Post* auf die Liste der wichtigsten Neuerscheinungen des Jahres 2009. In der Begründung heißt es: »Das Buch appelliert an Hollywood, mit einer leistungsstarken Herausforderung anzutreten, um seiner Verantwortung als einer der Hauptakteure im Kampf um Amerikas moralischen Einfluss in der Welt wiederherzustellen und zur weltweiten Akzeptanz zu führen.« Alles, was über *Huffington Post* beworben wird, findet in Amerika Resonanz. So erfuhr auch Berggruens Denkfabrik ein großes Medienecho, bei deren Gründungssitzung im Hotel *Peninsula* selbstredend Arianna Huffington zugegen war. Wie Gardels verrät, spielt sie als Medienexpertin eine tragende Rolle in Berggruens Denkfabrik, die in Struktur, Aufbau und Besetzung an *New Perspectives Quarterly* angelehnt ist.

EIN ABLEGER DES COUNCIL ON FOREIGN RELATIONS

In Sachen Denkfabrik zeigt sich Berggruen äußerst spendabel. Eine Seite, die Karstadt bislang nicht kennengelernt hat. Das liegt sicherlich daran, dass Berggruen mit seiner Denkfabrik ein anderes Ziel verfolgt. Mit Hilfe von Gardels kann Nicolas Berggruen jene politische Glaubwürdigkeit erlangen, die ihm bislang gefehlt hat. Mit Gardels sichert er sich auch gegen den Vorwurf der politischen Naivität ab, obwohl seine Aktivitäten in diesem Bereich mehr als deutlich davon gekennzeichnet sind. Egal, was er an Ideen, Plänen, Vorschlägen unterbreitet, theoretisch sind sie von Gardels Elaboraten unterfüttert. Dabei stellen die Erfahrungen, die Berggruen über 30 Jahre in der Investmentbranche gesammelt hat, ein Kapital dar, von dem auch Gardels profitiert. Darüber hinaus ist es sein Verdienst, dass Berggruens Institut bereits nach drei Jahren ein Dutzend internationaler Gipfel vorweisen kann – mit Arbeitspapieren, Beschlüssen und Direktiven, wie bei den echten G8- oder G20-Gipfeln. Die Schattenspiele gleichen einer Vorstellung im Puppentheater. Zu diesen lustigen Spielen gibt es ernste Mienen. Die hochrangige Besetzung für die Rollen ergab sich fast wie von selbst. Auf meine Nachfrage, wie es gelang, so viele Mitglieder für Berggruens Denkfabrik zu gewinnen, teilte mir Nathan Gardels mit: »Wir schlossen unsere Netzwerke zusammen. Das ist der Grund, weshalb wir so viele Persönlichkeiten rekrutiert haben.« Der Gründerstamm ergab sich aus dem Council on Foreign Relations (CFR), 1921 in New York entstanden und somit zu Amerikas ältesten zählende Studien- und Beratungsinstitution. Sowohl Nathan Gardels als auch Nicolas Berggruen sind eingetragene Mitglieder der Gesellschaft, und es ist sicherlich kein Zufall, dass zahlreiche Teilnehmer des CFR auch Nicolas Berggruens Denkfabrik in Los Angeles beigetreten sind. Fast könnte man meinen, Berggruens Think Tank sei ein Ableger des CFR, vergleichbar mit einem Tochtergremium, das sogar noch mehr Aktivität entfaltet als das Stammhaus. Neben Berggruens Reichtum ist es vor allem seiner mitreißenden Dynamik zuzuschreiben, dass er zum Netzwerker par excellence wurde – dadurch sind ihm Anhänger, Getreue und Mitläufer sicher.

Für seine Thesen greift Berggruen gern auf Einschätzungen und Ideen seiner Vorbilder zurück. So ist seine Meinung zur Euro-Krise auf eine Aussage seines Mentors Jacques Attali zurückzuführen. In der Diskussion zum europäischen Föderalismus erklärte Berggruen: »Ohne Föderalismus wird der Euro verschwinden. Deutschland wird in zwanzig Jahren wegen mangelnder langfristiger Ziele der ›kranke Mann‹ Europas werden.« Was Berggruen Deutschland vorhält, hatte bereits Attali so ähnlich formuliert: Man messe die Schwäche einer Nation an der Demographie und »an der Fähigkeit zu langfristigen Strategien.« »Deutschland hat keine langfristige Strategie. [...] Vielmehr gilt es zu versuchen, unseren deutschen Freunden klar zu machen, dass europäischer Föderalismus in ihrem eigenen Interesse liegt. Wenn sich die Krise ausweitet, wenn Griechenland den Euro verlässt, wenn Spanien und Italien gleiches tun, dann würde der Euro sehr hoch steigen, er ist schon jetzt zu stark, und das auf Export ausgerichtete Deutschland geriete demzufolge in eine tragische Situation.«

Der Verbindung Berggruen-Attali haftet etwas Verschwörerisches an. Attali ist kein Mitglied von Berggruens Denkfabrik, wenn man aber den Fäden, die aus der Berggruen Holdings mit allen ihren Subinstitutionen abgehen, folgt, ergeben sich bemerkenswerte Knotenpunkte. Dazu gehören auch Berggruens Finanzaktivitäten in Afrika. Bei der Recherche stößt man auf die PlaNet Finance Group. Seit 2008 hat sich diese internationale Nichtregierungsorganisation (NGO) zum Ziel gesetzt, die weltweite Armut durch Mikrofinanzierung zu bekämpfen. Der Gründer und Präsident ist kein anderer als Jacques Attali. In rasendem Tempo aufgebaut, operiert dieses Finanznetzwerk in über 75 Ländern und beschäftigt mehr als 500 Angestellte. Eine Denkfabrik benötigt der Wirtschaftsexperte Attali nicht mehr. Er ist sozusagen der Überchef aller Think Tanks. Wenn er etwas zu sagen hat, dann tritt er gleich vor die UNESCO, wie beispielsweise im Februar 2013, als er während seiner Rede sagte: Pessimismus oder Optimismus seien die Haltungen von Zuschauern, die auf Tribünen säßen und denen drunten nur die Daumen hielten. Wir Menschen aber, führte er weiter aus, seien in unserem Leben keine Zuschauer, sondern die Spieler. Und wie alle guten Spieler sollten wir lieber kämpfen und arbeiten bis zum Abpfiff, statt uns mit Hoffen oder Bangen aufzuhalten. Eine Sichtweise, die auch Nicolas Berggruen vertritt. Deshalb verbietet er sich jegliche Kritik an seinem Tun und Handeln, ob es nun um seine Denkfabrik oder Karstadt geht. Sein nächstes Ziel, so scheint es zumindest, dürfte es sein, zu einem Über-Attali zu werden, so wie sich sein Vater einst anschickte, sich zu einem Über-Kahnweiler, Picassos Hausgaleristen, zu stilisieren. Darüber hinaus lässt sich der Eindruck nicht verwehren, als sei Gardels für Nicolas Berggruen so etwas Ähnliches wie Klee für seinen Vater. Das Berggruen Institute on Governance wäre dann sein Museum, in dem die klassischen »Altmeister der Politik« zur Schau gestellt werden.

KAPITEL XIII

DER SOROS-PLAN

»Geld ist nur totes Kapital, solange man nichts daraus macht. Tatsächlich ist es wichtiger, eine Art Berufung zu verspüren und auch genügend Engagement aufzubringen.«

NICOLAS BERGGRUEN

Ein anderer, der die Welt nach seinen Plänen verändern möchte, ist George Soros. Der US-Großinvestor hat im Frühjahr 2012 den Goldwert auf Talfahrt geschickt. Das war keine große Sache für ihn, der 84-Jährige musste nur die Hälfte seines weltweit größten Goldinvestments SPDR Gold Trust im vierten Quartal 2012 auf einmal abstoßen und schon brach der Goldpreis um etwa 30 Dollar ein. Innerhalb der nächsten Woche rutschte die Marke um weitere 70 Dollar nach unten. Im September 2011 hatte der Preis für die Feinunze noch ein Rekordhoch von 1.920 Dollar betragen.

An dem gebürtigen Ungarn, Jahrgang 1930, scheiden sich die Geister. Die kanadische Kapitalismuskritikerin Naomi Klein nennt ihn einen »Räuberbaron«, Deutschlands führender Reichenforscher Hans-Jürgen Krysmanski bricht für ihn dagegen die Lanze: Soros habe 1998 eine Lobbygruppe namens ›MoveOn‹ gegründet, die sich unter anderen gegen den Irak-Krieg engagierte. Soros ist einer der reichsten Männer der Welt, über 20 Milliarden Dollar schwer.

Zu George Soros hat Nicolas Berggruen enge Beziehungen. Seine rechte Hand Samuel Czarny, der Geschäftsführer seiner Berliner Immobilienholding, war zwei Jahre lang (2003–2005) als Akquisitionsleiter der Apellas Property Management GmbH tätig, der deutschen Plattform von George Soros Beteiligungsunternehmen Real Estate Investors. Spezialisiert auf Berliner Objekte beträgt das Investmentportfolio circa vier Milliarden Euro. Auf der Firmenhomepage heißt es werbeträchtig: »Den Standort unserer neuen Niederlassung an der Oberwallstraße, östlich des Gendarmenmarktes, zählen wir zu den elegantesten Bürolagen Berlins, der städteräumlich an Gewicht gewinnen wird. Mitten in Mitte und doch fast in Paris.« Der Sitz von Berggruens Immobilienverwaltung in der Fasanenstraße 77 dagegen bildet eine nüchterne Etagenflucht in einer architektonisch standardisierten Glasstahlkonstruktion – ein Büroneubau von der Stange.

DER WELTGESTALTER

Der Ungar mit dem amerikanischen Pass hat etwas Unheimliches an sich. 1992 zerstörte er mit einem Börsenstreich den Mythos der britischen Zentralbank, 1997/1998 setzte er die Währungskrise in Asien wie eine Lawine in Gang. Thailand, Malaysia, Indonesien, Japan waren die Verlierer, China der Gewinner. Damit ist Soros unmittelbar der Drahtzieher des globalen Finanz- und Wirtschaftsaufstiegs der Volksrepublik. Mit den Gewinnen – und dies ist kein Widerspruch, sondern das Ziel seiner Spekulationen – finanziert Soros die Gestaltung seines Weltbildes. Mit Millionen von Dollar für die osteuropäischen Dissidenten im Kampf gegen den Kommunismus war er mit seinem Open Society Institute maßgeblich am Zusammenbruch des Ostblocks beteiligt. Nach eigener Aussage trug er zu der Revolution bei, die das Sowjetsystem wegfegte. Undurchsichtig bleiben seine »Nachbesserungen«, mit denen er die Altkommunisten beim Einstieg in die parlamentarischen Demokratien unterstützte. Auf die US-Politik versucht er keinen Einfluss zu nehmen, dennoch kritisiert er heftig den Afghanistan-Krieg und prangert die Iran-Phobie des konservativen Lagers an. Bei seinen vielen Facetten scheinen die positiven Seiten dennoch zu überwiegen. Mit der Soros Foundation fördert er schwarze südafrikanische Studenten, damit diese die University of Cape Town, eine Eliteuniversität, besuchen können. Die Nichtregierungsorganisation Reporter ohne Grenzen erhält von ihm regelmäßig Zuwendungen in Millionenhöhe. Die Gesamtsumme seiner Spenden schätzte das *Time Magazine* 2007 auf über sechs Milliarden Dollar. Aufgrund seiner Wohltätigkeiten zollt man ihm in konservativen Kreisen uneingeschränkten Respekt als globalen Robin Hood. Darüber hinaus hat es sich Soros zur Aufgabe gemacht, den Drogenkrieg zu beenden. Im Oktober 2010 spendete Soros eine Million Dollar für eine Marihuana-Legalisierungskampagne in den USA. Er vertritt einen Standpunkt, dem sich immer mehr Politiker, Ökonomen, Militärs, Regierungsberater und Experten anschließen. Der Grund, weshalb der Drogenhandel blühe, sei die Prohibition. Der Krieg gegen die Drogen kann nur durch eine geregelte Legalisierung beendet werden. Als Argument dafür wird das Ende der Alkoholprohibition in den 1930er Jahren in Amerika angeführt.

SOROS' DROGENKAMPF

Wer so viel Geld hat wie er, dem hört man zu. Würde man Soros Rat befolgen und die Drogen kontrolliert freigeben, sollte dies das Ende einer globalen kriminellen Industrie bedeuten – mit 500 Milliarden Dollar Jahresumsatz. Das Recht der freien Bürger auf ihr Gift würde zudem den Staaten aus der Finanzkrise helfen: So wie die Alkoholsteuer könnte auch die Drogensteuer der Staatskasse neue Milliardeneinnahmen bescheren; Obamas US-Regierung würde darüber hinaus jährlich 15 Milliarden Dollar einsparen, so viel kostet allein der Drogenkrieg in Kolumbien. Denkt man den Soros-Plan konsequent weiter, winkt auch für die Verbraucher ein Vorteil: Die freien Märkte könnten die Drogenpreise senken. Der

Soros-Ökonomie folgend könnten die Preise für Marihuana, Kokain, Opium eines Tages genauso im Keller sein wie die Kaffee-Preise. Dann könnten sich die kolumbianischen Kokabauern und afghanischen Mohnbauern überlegen, statt Rauschpflanzen doch besser Kaffeebohnen anzubauen, wofür sie auch staatliche Subventionen erhalten würden, so wie das in den EU-Ländern in der Landwirtschaft üblich ist. Es klingt absurd, aber auch solche Wirtschaftskonzepte werden in Denkfabriken entwickelt. Dass sich in Deutschland ausgerechnet die Piratenpartei für die Freigabe der Drogen einsetzt, gehört zur Ironie des Politgeschäfts. Mit der Farbe Orange hat Nicolas Berggruen allerdings nichts am Hut, obwohl er sich gern als Anarchist und Rebell bezeichnet. Berggruen lässt es bislang bei Worten bleiben, wenn es um seine Politik für das 21. Jahrhundert geht. Nur George Soros, der Global Player, der imstande ist, an der Börse die Währungen von ganzen Ländern mit einem Klick zu ruinieren, scheint etwas im Schilde zu führen. Bei Berggruens Town Hall Meeting in Berlin hat Soros seine Vorschläge zur Lösung der Eurokrise ausgeführt. Es ist eine Art neuer Marshallplan, um das Ungleichgewicht zwischen den einzelnen EU-Ländern auszubalancieren. Seine Empfehlung für Deutschland lautet: den »Gemeinschaftsanleihen zustimmen oder aus dem Euro austreten.« Der Ökonom Holger Schmieding widerspricht ihm am 11. April 2013 auf *Spiegel Online*: »George Soros redet völligen Unsinn.« Euro-Bonds würden fatale Anreize setzen und könnten zur nächsten Krise führen.

KAPITEL XIV

DIE STRIPPENZIEHER

»Singapur ist unglaublich gut geführt. Es wurde in den Sümpfen mit einer starken emotionalen Idee erbaut: einen sicheren Ort vornehmlich für Chinesen zu schaffen, aber dabei auch andere Kulturen und Nationalitäten zu akzeptieren.«

NICOLAS BERGGRUEN

Der Journalist Jeremy Kahn vom *Bloomberg Markets Magazine* beziffert den Jahresumsatz der Nicolas Berggruen Holdings auf fünf Milliarden Dollar. Den Gewinn schätzt er auf etwa 250 Millionen Dollar jährlich. In einem Interview gab Nicolas Berggruen an, dass er sich um seine Denkfabrik keine Sorgen zu machen brauche, es gäbe auch Spenden. Über die Höhe der Zuwendungen schwieg er sich aus. Aber Geld spielt keine Rolle, schließlich produziert Berggruens Institute on Governance das Wichtigste überhaupt: den Ideenstoff für die Zukunft, also die Grundlage dafür, wie wir künftig leben, arbeiten und konsumieren sollen. Und das geht nur, wie Berggruen glaubt, wenn es uns gelingt, die Leistungskraft der Wirtschaft zu steigern. Das sei die Grundvoraussetzung für politische Stabilität und allgemeinen Wohlstand.

Vorsprung erreicht man bekanntlich durch Information. An den globalen Finanzmärkten tobt ein gnadenloser Investitionskampf. Geld zu haben allein reicht nicht mehr aus. Man muss auch die Chance bekommen, sein Kapital richtig investieren zu können. Das Netzwerk von Nicolas Berggruen hat

Zugang zu solchen Quellen. Wenn zum Beispiel Erdoğans Regierung beschließt, die Flüsse der Türkei zu privatisieren, erfährt Nicolas Berggruen davon, noch bevor es zu den ersten Vier-Augen-Gesprächen gekommen ist. Die ehemaligen Politiker erhalten ihre gutbezahlten Posten in Aufsichtsräten schließlich nicht umsonst. Ihre Netzwerke arbeiten wie Geheimdienste und öffnen jede Tür. Über das türkische Regierungsprogramm für »grünen Strom« erfuhr Nicolas Berggruen dann auch vorab, wer die Lizenzen für die vier Wasserkraftwerke an den dafür geeigneten Flüssen erhalten wird: das Energieunternehmen BND Elektrik Üretim A.Ş. Mit seinen Verbindungen gelang es ihm, in die Projektentwicklung einzusteigen. In dieser frühen Phase hatten 35 Millionen Euro genügt. In Anbetracht der Größe und der Tragweite des Projekts kann man durchaus von einem Schnäppchen sprechen. Solche Kapitalinvestitionen werden durch den wiederbelebten Trend begünstigt, mit den Geldströmen auch politische Interessen durchzusetzen. Eigentlich ist es die Finanzstrategie aus den Zeiten des Kalten Krieges. Damals als Wirtschaftshilfe deklariert, waren mit den Milliarden auch politische Interessen verbunden gewesen.

Gesprengt hatte dieses System die New Economy. Die Folge war, dass eine Finanzwelle über die Welt hereinbrach, in der es nur noch um eines ging: Profite – egal woher, egal von wem! Nachdem die Blase geplatzt war, war es schließlich die Ära Bush, die wieder damit begann, die Kapitalströme mit politischen Absichten zu verknüpfen. An diesem System orientiert sich auch Nicolas Berggruen, und so verrückt es auch klingen mag, er ist dabei, mit Hilfe seiner Denkfabrik seine eigene Staatlichkeit zu etablieren. Milliardäre wie Berggruen verfolgen nur ein Ziel: Sie wollen die Welt beherrschen.

SPENDER UND FÖRDERER

Wer an Berggruen spenden will, muss sich an sein kalifornisches Headquarter wenden. Hans-Jürgen Krysmanski hat recherchiert, dass »500 Spender die Arbeit dieses Institutes bereits fördern sollen.« Keine kleinen Fische, sondern richtig große Kaliber wie zum Beispiel die Bechtel Corporation in San Francisco. Der Gründer Stephen Bechtel baute in den 1930er Jahren die Hoover-Talsperre am Colorado River hinter Las Vegas. Außerdem verlegten die Bechtel-Bulldozer die Pipelines im Sand von Saudi Arabien und errichteten 1951 das erste Atomkraftwerk in den USA.

Die Bechtel Corporation ist heute das Synonym für amerikanische Baustellen überall auf der Welt. Bohrtürme für Öl- und Erdgasförderung, Raffinerien, Flughäfen und Werften, Agrarmühlen, Hüttenwerke, Kühlanlagen, Brücken und Klärsysteme. Im Jahr 2011 wurde ein Rekordumsatz von 32,9 Milliarden Dollar erzielt. Der zuletzt ausgewiesene Gewinn lag bei knapp fünf Milliarden Dollar.

Die Reihe der Förderer von Nicolas Berggruen setzt sich mit der Union Bank, South California Edison und der Unternehmensberatung McKinsey & Company fort. Der Topmanager Eric Schmidt, bis April 2011 Chef beim Suchmaschinengigant Google, zählt zu den Gründungsmitgliedern von Berggruens kalifornischer Denkfabrik, genauso wie Reid Hoffman. Als studierter Informatiker rief er das weltweit größte soziale Netzwerk LinkedIn ins Leben, das inzwischen mehr als 200 Millionen Namen, Adressen und Links von professionellen Geschäftskontakten zählt.

Sie alle treibt die Flucht aus der Staatlichkeit an. Die Politik versage tagtäglich, ist man sich einig, dabei spielt es auch keine Rolle, ob der eine mit Barack Obama oder der andere mit Mitt Romney sympathisiert. Gefragt ist die Privatinitiative. Was Nicolas Berggruens Think Tank letztlich wirklich leistet, bleibt im Ungewissen. Aus allen YouTube-Kanälen fluten bunte Bilder, wabern leere Worthülsen, strömen inhaltslose Floskeln. Besonders häufig wird der Begriff »Challenge« genannt. Man bekommt den Eindruck, als ob die Aufforderung zur Herausforderung als Kampfansage verstanden werden soll.

DIE AKTE MOHAMED A. EL-ERIAN

Eine entscheidende Rolle für Berggruen spielt auch der in New York geborene Sohn eines ägyptischen Diplomaten, Mohamed A. El-Erian. Der Oxford-Absolvent ist Chef der Pacific Investment Management Company, kurz PIMCO. Diese Investmentgesellschaft, die einen Gesamtwert von beinah 1.000 Milliarden Dollar verwaltet, hat sich auf festverzinsliche Wertpapiere spezialisiert. PIMCO gehört zur deutschen Allianz Group, dem weltgrößten Versicherungskonzern.

Die inzwischen wegen zu hohen Verlusten eingestellte Wirtschaftszeitung *Financial Times Deutschland* (vom 22. Dezember 2008) beschrieb den knallharten PIMCO-Strategen wie folgt: »Schon wenige seiner Worte genügen, um die Börse aufzumischen. El-Erian teilt die Welt wie mit dem Seziermesser in wichtig und unwichtig, in gut und schlecht, in brauchbar und überflüssig. Es fällt nur kaum auf, weil er dabei immer lächelt.« Der smarte El-Erian zählt zu Berggruens wichtigsten Vordenkern, der für seine eiserne Disziplin bekannt ist. Schon gegen 20 Uhr geht er schlafen, um zwischen zwei und drei Uhr morgens aufzuwachen und seinen prominenten Blog für die *Huffington Post* fortzuführen. Aus El-Erians Blog-Beiträgen bekommen die Reporter »Hunderte von Ideen« für ihre Artikel, verrät Arianna Huffington. Für die deutsche Seite der *Huffington Post*, die seit Anfang Oktober online ist, wird sicherlich auch Nicolas Berggruen bald schreiben.

Der Einfluss, den Nicolas Berggruen als Mehrheitseigner auf Prisa, Spaniens größtem Medienhaus, ausübt, ist evident: Im Oktober 2010 hievte er seine Vertraute Arianna Huffington in den Aufsichtsrat. Ähnliches geschah, als durch Berggruens Hand überraschend Doris Schröder-Köpf Mitglied des Karstadt-Aufsichtsrats wurde. Doch während man darin nur eine nette Geste von Berggruen gegenüber seinem »Freund Gerd« sah, misst man Arianna Huffington als Mitglied des Berggruen Institute on Governance eine viel größere Bedeutung bei. Ihre Online-Zeitung *The Huffington Post* zählt zu den globalen Meinungsbildern. Neben Arianna Huffington, die in der *Forbes*-Liste auf Platz 12 der einflussreichsten Frauen Amerikas geführt wird, gibt es vier weitere Mitglieder, die zu den tragenden Säulen des Berggruen-Imperiums gehören:

- Richard Meier: Stararchitekt und Prestigeträger der Nicolas Berggruen Investments;
- Nathan Gardels: Journalist, Kolumnist und Chefideologe des Berggruen Instituts;
- Gerhard Schröder: früherer Bundeskanzler und Galionsfigur von Berggruens Denkfabrik;
- Heinz Berggruen: Nicolas' Vater, dessen Legende als Kunstsammler und »Picasso-Freund« den Grundstein des Imperiums bildet.

Es gibt aber noch weitere Stützen, auf denen das Machtgebilde Berggruens ruht. Zum Beispiel hat Nicolas Berggruen in dem weitverzweigten Prisa-Konzern einen Verbündeten, auf den er sich verlassen kann. Der Mitbegründer und langjährige Chefredakteur der Zeitung *El Pais*, Juan Luis Cebrián, ist Mitglied des Berggruen Institute on Governance. Cebrián scheint gleichfalls der Wunsch anzutreiben, sich in die Weltgestaltung einzubringen. Als Angehöriger der Königlichen Spanischen Akademie hat er unzählige Ehrenpreise und Würden erworben, bei Berggruens Denkfabrik mimt er die Rolle des engagierten Linken. Was Berggruen mit seinem Institut anstrebt, erklärt er mit einem Zitat des großen Humanisten der Renaissance, Erasmus von Rotterdam: »Könige werden weise durch den Verkehr mit weisen Männern, zumal unter den vielen Reichsgeschäften, ja, ›Welthändlern‹, mit denen Du zu tun hast, kaum ein Tag vorübergeht, an dem Du nicht etwas Zeit auf Bücherlesen verwendest und gerne mit jenen alten Weisen ins Gespräch kommst, die am allerwenigsten Dir nach dem Munde reden.«

Die Lektüre seines Buches *Klug regieren. Politik für das 21. Jahrhundert* löst dagegen über weite Strecken Kopfschütteln aus. Eine Kostprobe aus Berggruens Denkproduktion: »Es gibt immer noch jede Menge Atomwaffen. Mit einer Weltbevölkerung von sieben Milliarden braucht genau der Wohlstand, den wir durch die Industrialisierung erreicht haben, die begrenzten Ressourcen auf und droht, das ökologische Gleichgewicht zu zerstören, das es der Menschheit ermöglicht hat, in den lebensfreundlichen Klimazonen der Erde zu gedeihen.« Das ist bestenfalls Smalltalk, ein Konzept, das die Probleme unserer Zeit zu lösen weiß, hält er nicht bereit. »Es gibt kein Allheilmittel für all unsere Probleme«, stellt Berggruen fest. »Wir haben nur das, was sich im Laufe der Geschichte bewährt hat – sowohl das bemerkenswert beständige chinesische Beamtensystem als auch die kurze, aber strahlende Phase der liberalen Demokratie. [...] Vom Einsturz des Turms von Babel bis zur Auflösung der Sowjetunion lehrt uns die Geschichte, dass Vielfalt in der Natur des Menschen liegt.« Vermutlich um dieser Vielfalt entgegenzuwirken, fordert er schließlich sein Recht auf Führung ein. Er will nicht nur Einfluss auf die Politik ausüben, sondern konkrete Gesetze vorschlagen. Nicht mehr die Stärksten sollen überleben, sondern die Klügsten. Mit anderen Worten: Alle Macht den Eliten!

KAPITEL XV

EIN MUSEUM ALS HOBBY

»Meine Bilder betrachte ich alle als meine Kinder. Manchmal ärgert sich ein Picasso, Klee ist mehr zurückhaltend, Matisse ist sehr streng. Aber ich komme mit allen sehr gut aus.«

HEINZ BERGGRUEN

Nicolas Berggruen versichert den Journalisten, dass er als amerikanischer Staatsbürger seine Steuern in Amerika entrichte. Er besitzt auch keine monströse Yacht. So etwas überlässt er den russischen Oligarchen. Mit ihnen redet er allenfalls über Kunst. In dubiose Transaktionen verstrickt er sich nicht, in Geldsachen vorsichtig zu sein, schärfte ihm bereits sein Vater ein. An dieses Vermächtnis hält er sich. Nicolas Berggruen ist kein Abenteurer. Wenn er in Deutschland frisches Geld tankt, dann – soweit das bekannt ist – nur für seine Immobilienkäufe. Für eine Objektgesellschaft der Nicolas Berggruen Holdings zum Beispiel finanzierte er den Erwerb und die Modernisierung des ehemaligen Verwaltungsgebäudes der Knorr Bremse AG in Berlin über die Deutsche Pfandbriefbank (pbb). Das Volumen der Transaktion, die am 17. September 2012 abgeschlossen wurde, betrug rund 21 Millionen Euro. Mit dieser Gesellschaft steht er seit Jahren in geschäftlicher Verbindung. Vertraulich versteht sich. Meine Anfrage nach mehr Transparenz wird mit einer Standard-E-Mail beantwortet: »Bitte haben Sie Verständnis, dass wir uns zu Kunden und Geschäftspartnern grundsätzlich nicht äußern.«

Nicolas Berggruen ist in dieser Hinsicht auskunftsfreudiger. Das Pensum der Interviews, das er bewältigt, ist erstaunlich groß. Die Aussagen gleichen sich, es ist wie bei einem Schauspieler, der stets in seiner Rolle bleibt und seine Monologe wiederholt. Was fast allen Journalisten auffällt, ist Berggruens Handymania. Kein Artikel, in dem sein Umgang mit dem BlackBerry nicht beschrieben wird.

Vom Tankerkönig Aristoteles Onassis, seinem Rivalen Niarchos, den Milliardären Gulbenkian und Zaharoff ist bekannt, dass sie schon vor dem Mobiltelefon-Zeitalter wussten, wie man die Geschäfte via Telekommunikation regelt. Um ständig erreichbar zu sein, ließen sie sich sogar in Restaurants das Fernsprechgerät vom Kellner an den Tisch bringen.

Mit Onassis hat Nicolas Berggruen neben der Vorliebe fürs Telefonieren noch zwei weitere Dinge gemeinsam: die Lust nach Weltführung und die Sehnsucht nach ständig blauem Himmel. Mehr Zeit als in New York verbringt er deshalb in Los Angeles. Es ist die zweitgrößte Stadt der USA. Im Großraum Los Angeles leben fast 18 Millionen Menschen, die Stadtfläche ist ungefähr zweimal so groß wie das Ruhrgebiet. Ein Drittel davon sind die sogenannten No-go-Areas. Dort regieren die Bandenbosse, und verfeindete Gangs liefern sich offene Schießereien auf der Straße. Die Polizei hat kapituliert und fährt nur noch auf den umliegenden Stadtautobahnen Streife. Die Gegensätze könnten kaum größer sein. Los Angeles ist zugleich das Mekka der Kinofans, und wer nach Amerikas Reichen und Schönen pirschen will, kommt an der »Stadt der Engel« nicht vorbei. Nicolas Berggruen gehört zu dieser Garde. Was er selbst an Los Angeles am meisten schätzt: Die Megastadt hat statistisch mehr Museen und somit mehr Exponate pro Einwohner als jede andere Stadt auf der Welt. Im Los Angeles Country Museum of Art (LACMA), seit seiner Gründung 1910 auf eine Sammlung mit über einer Million Werke gewachsen, ist Nicolas Berggruen eingetragenes Mitglied im Kuratoriumsvorstand, ebenso wie Barbra Streisand (140 Millionen verkaufte Tonträger), Milliardärin Lynda Resnick (besitzt das Lifestyle-Produkt Fiji Water) oder Stil-Ikone Daria »Dasha« Zhukova (Tochter des russischen Öl-Multis Alexander Radkin und Dauerfreundin des Oligarchen Roman Abramowitsch). Nicht ganz unwesentlich ist, dass auch Tom Gores zum Kuratorium gehört. Laut Experten soll der Leveraged-Buyout-Milliardär, der als Spezialist auf dem Gebiet der fremdfinanzierten Firmenübernahmen gilt, bei einigen Deals von Nicolas Berggruen als stiller Partner beteiligt gewesen sein.

Verifiziert ist der über den Stiftungsrat der LACMA entstandene Kontakt zu Eric Schmidt. Der Google-Chef, der zum Beraterteam des US-Präsidenten Barack Obama gehört, ließ sich als Vordenker in Berggruens Denkfabrik anwerben. Zudem folgte er im Oktober 2012 Nicolas Berggruens Einladung nach Berlin, um auf dessen Town Hall Meeting seine Sorgen mitzuteilen: »Was machen wir mit den nächsten fünf Milliarden Menschen auf der Erde?«

Zu solchen elitären Kreisen wie dem LACMA dazuzugehören, lässt sich Nicolas Berggruen gern etwas kosten. Neben der Mitgliedschaft in Höhe von 50.000 Dollar jährlich macht er sich mit seinem Engagement auch noch abgabenpflichtig. Die USA haben nämlich für ihre Staatsbürger, die als »heimatlose Überflieger« dem Finanzamt entfliehen wollen, eine ganze Liste von Kriterien, nach denen die Steuerpflichtigkeit festgelegt wird. Ein Kriterium ist die Mitgliedschaft in lokalen Vereinen oder Museumsgremien. Doch die anfallende Steuer betrifft nur das persönliche Einkommen. Welches Jahresgehalt sich Nicolas Berggruen von seiner Holding überweisen lässt, ist nicht bekannt. In der Bloomberg-Talkshow Charlie Rose meinte er: »Ich arbeite nur noch für meine Stiftung« – das könnte auch heißen: ehrenamtlich ohne Honorar.

ZWEI MILLARDENSCHWERE NETZWERKE

Nicolas Berggruen ist ein Mann der großen Worte und Versprechungen. Der Direktion des LACMA hat er eine neue Abteilung der realistischen Postmoderne und der deutschen zeitgenössischen Avantgarde in Aussicht gestellt. Sie soll aus der Dauerleihgabe seiner Bilder bestehen, die angeblich auf Rhode Island in einem Depot eingelagert sind. In dieser Sammlung sollen sich Werke von Pablo Picasso, Paul Klee, Andy Warhol, Joseph Beuys, John Baldessari, Chris Burden, Jeff Koons, Sigmar Polke, Gerhard Richter, Ed Ruscha, Thomas Schütte befinden. Einige der Objekte hat Nicolas Berggruen allerdings auch schon dem Museum of Contemporary Art (MOCA) versprochen. Bei dieser avantgardistischen Großgalerie, die sich in einer ehemaligen Werkstatt für Polizeifahrzeuge befindet, steht Nicolas Berggruen ebenfalls auf der Sponsorenliste. Ein Drahtseilakt, denn zwischen LACMA und MOCA herrscht eine erbitterte Rivalität. Das Magazin *Vanity Fair* (Nr. 10/2010) brachte unter dem Titel »Los Angeles, City of Warring Angels« einen launischen Lagebericht über die »Stadt der kriegerischen Engel«. Es ging um Kunst und Prestige, Image und Intrigen, aber auch darum, welche Millionärsgattin mit dem Chauffeur ihres Mannes schläft und welcher Magnat seine Ehefrau mit deren bester Freundin betrügt.

Die reichlich mit Klatsch gefärbte Sittengeschichte findet sich auch auf der privaten Homepage von Fred Sands, einem der größten Immobilien-Tycoons von Kalifornien. Er sitzt im Präsidiumsrat von MOCA, Jahresbeitrag 750.000 Dollar oder 1.275.000 Dollar, wenn man für zwei Jahre im Voraus bezahlt. Nicolas Berggruen kennt Fred Sands seit seinem 22. Lebensjahr. In Philadelphia fing er 1982 bei Bass Enterprises seine berufliche Laufbahn an. Die Stelle besorgte ihm wieder sein Vater, bei dem sich die drei texanischen Öl-Brüder Lee, Ed und Sid Bass im New Yorker *Carlyle* als Kunden vorstellten. Gekauft haben sie auch. Sie interessierten sich aber weniger dafür, ob es sich dabei um einen Klee oder einen Chagall handelte, für sie war allein der Kurswert entscheidend, also ob sich die Wertanlage für die Zukunft rentiert. Während des Verkaufsgesprächs soll Berggruen senior beiläufig erwähnt haben, dass er nicht nur Picasso, Cézanne, Braque, Kandinsky auf

Lager habe, sondern auch einen Sohn namens Nicolas. Auf diese Weise pries er Nicolas Berggruen an, der gerade sein Studium in New York abgeschlossen hatte. Die Bass-Brüder nahmen den Frischling unter ihre Fittiche. So stellte Heinz Berggruen für seinen Junior die Weichen fürs Leben. Das besagt zumindest die Legende.

Zu den Fakten gehört: Ihre Öl-Milliarden pumpten die Bass-Brüder überwiegend in Immobilien, bevorzugt in Kalifornien, Nicolas Berggruen durfte dabei zusehen, wie das funktioniert. Dallas ist in Amerika überall, Fred Sands ist der »J.R.« von Los Angeles. Anfang der 1980er Jahre gründete er die Vintage Real Estate und das Vintage Fund Management. Er gilt als Pionier der »Heuschrecken«, die in den USA als *movers and shakers* bezeichnet werden. Als solche rangiert Sands unter den Top 13. Marodierende Firmen, Fabriken, Bürokomplexe, Shoppingmalls kaufte er wie andere Semmeln beim Bäcker. An seinem Geschäftsprinzip konnte Nicolas Berggruen leicht Maß nehmen: Kaufe, was du kriegen kannst. Am besten mit dem Geld der Öl-Magnaten, Filmproduzenten, Immobilienmultis, Superstars. Auch dafür gewann Nicolas Berggruen rechtzeitig gute Kontakte. Bei Sands lernte er zudem, was Los Angeles für Amerikas Oberschicht bedeutet: das Tal der Könige. Deshalb ist Los Angeles mit der Vielzahl, Bedeutung und Dimension der Museen in Amerika auch weltweit führend. Die Museen sind die modernen Pyramiden unserer Zeit, in denen sich die Superreichen ihren Platz für die Ewigkeit sichern, umgeben von Kunstobjekten von unschätzbarem Wert, auf denen ihr Name als Sponsor gleichwertig mit dem des Künstlers prangt. Nicolas Berggruen thront in diesem babylonischen Pharaonenreich bereits auf einem goldenen Stuhl. So wie Fred Sands. Der Unterschied ist lediglich, dass Sands als Vize-Vorstand Millionen in die Museumssammlung des MOCA in Los Angeles steckt.

Der mythische Kunstparnass von Los Angeles liegt auf einem Berg hoch über Santa Monica. Dort steht das Paul Getty Center. Eine weiße Akropolis für Kunst und antike Sammlungen des verstorbenen Öl-Tycoons J. Paul Getty. Über 50000 Objekte wie Gemälde, Skulpturen, Zeichnungen, Fotografien und Manuskripte hat der spleenige Milliardär zusammentragen lassen. Das meiste von seinem Vermögen vermachte er der eigenen Museumsstiftung. Allein 733 Millionen Dollar davon verschlangen die Baukosten für das Paul Getty Center. Das Projekt hatte positive Auswirkungen auf die Wirtschaft von Los Angeles. Abseits des Museumsgeländes brachten die rund eine Million Besucher laut einer privaten Studie jährlich einen Umsatz von 1,4 Milliarden Dollar. Darin enthalten sind auch die Kosten für Übernachtungen sowie für all die anderen Dinge, für die Touristen eben Geld ausgeben. Der Eintritt in das Museum ist hingegen kostenlos. Als starker Besuchermagnet erweist sich die Architektur. Was der Stararchitekt Richard Meier auf den Hügel von Brentwood hinzauberte, muss man einmal im Leben gesehen haben.

Auch Nicolas Berggruen liebt diesen weißen Hügel und schwärmt für Richard Meiers Baukunst. In dieser Hinsicht erscheint er, zumindest zeitweilig, als ein Träumer – und mit seinen Milliarden auch wie ein Pharao, der der Nachwelt etwas hinterlassen will. So eingestimmt, neigt er mit seinen Monologen auch die Journalisten zu erstaunen. Dem *Focus* (vom 18. Oktober 2010) gegenüber gesteht er beispielsweise: »Der Tod, der Verlust machen mir keine Angst«, und entgegnet: »Was ist der Sinn unseres Lebens? […] Ich will mit Geld Ideen verwirklichen, soziale Projekte unterstützen. Manche Engagements können und sollten zu hundert Prozent philanthropisch sein. Grundsätzlich müssen sich meine Investitionen rechnen, nur so kann ich weitere Aufgaben in Angriff nehmen. Nehmen wir Berlin: Ich investiere langfristig in Berlin. Diese Stadt ist großartig mit einem kreativen und internationalen Geist. Wie mein Vater Heinz Berggruen will ich diesen Geist stärken!«

Womit Nicolas Berggruen wieder einmal bei seinem Lieblingsthema ist: Museen, Galerien, Sammlungen. Er hat noch Großes vor, weiß allerdings noch nicht, wo genau er seinen

Traum verwirklichen soll. Berlin? Los Angeles? Es wird noch etwas dauern, bis er sich endgültig entschieden hat. Auch hängt die Entscheidung davon ab, wie das Karstadt-Abenteuer ausgehen wird. Nicolas Berggruen im *Spiegel*: »Ein Scheitern würde zweifellos der Reputation meiner Holding schaden.« So ist er auch, ein Investor zwischen Kunst und Karstadt, hin- und hergerissen, ein Milliardär der Widersprüche. Mitunter bekennt er sich dazu selbst.

KAPITEL XVI

ARIANNA HUFFINGTON, DIE KÖNIGIN DER BLOGGER

»Mindestens neun Leben hat sie schon geführt ...«

MICHAEL KINSLEY

»Die zehn dümmsten Städte der USA?« Auf solche Rankings ist sie spezialisiert. Meldungen wie »Eva Longoria verrutscht in Cannes ihr Kleid« können nur wenige Leser ihrer Online-Zeitung *Huffington Post* widerstehen. Die Kontakte von Arianna Huffington gelten als exzellent. Die ehemalige US-Außenministerin Hillary Clinton ist ihre Busenfreundin, mit Condoleezza Rice und Barack Obama versteht sie sich blendend. Außerdem fällt die Medienfrau Arianna Huffington als eine treue Begleiterin von Nicolas Berggruen auf. Ob beim Weltwirtschaftsforum in Davos oder als Gastgeberin seiner Buchpräsentation in ihrem Haus – eine gut geschmierte PR-Maschine läuft für den Milliardär stets mit. Die attraktive Frau reiferen Alters ist mit ihren blonden, voluminösen Haaren der griechischen Sängerin und Schauspielerin Melina Mercouri wie aus dem Gesicht geschnitten. Auch sie hat es seinerzeit vom Showbusiness in die Politik geschafft und wurde Kulturministerin, doch Arianna Huffington will mehr erreichen. Unermüdlich ist sie in Sachen eigener PR und Werbung unterwegs. Auf Galas stets auffällig gekleidet, tritt sie im Fernsehen meist weniger schrill auf und äußert sich beflissen zur Lage der Nation. Ihre Präsenz ist fast allgegenwärtig. Vernissagen, Modenschauen, Millionärspartys. Los Angeles,

New York, Washington. Silvester 2012 feierte sie in St. Barth, mit der Clique des russischen Oligarchen Roman Abramowitsch auf seiner 163 Meter langen Superyacht *Eclipse*. Der skandalumwitterte Kunsthändler Larry Gagosian war ihr Begleiter. Im Januar 2013 machte sie einen Abstecher nach Davos zum World Economic Forum. In München begrüßte sie Hubert Burda. Sie zählt seit Jahren schon zu den regelmäßigen Teilnehmerinnen der »Digital-Life-Design«-Konferenz des Burda Verlags. Zielstrebig eilt sie von einem Gesprächspartner zum anderen, meist mit einer neuen Geschäftsidee im Gepäck, für die sie nach Finanziers sucht. Ihre Investition ist ihr Name. Wenn Berggruen mit ihr fotografiert wird, sieht man ihn fast immer lächeln, und sie strahlt.

Energie plus Ehrgeiz, heißt es in den USA, ergebe Erfolg. Dafür steht die Karriere von Arianna Huffington. Geboren wurde sie 1950 als Arianna Stassinopoulos in Athen. Der Vorname entstammt der griechischen Mythologie, als Tochter des Sonnengottes steht er für eine geheiligte Göttin. Wer so heißt, in dessen Leben kann nichts schiefgehen, meint der griechische Volksmund. Als Arianna elf Jahre alt ist, trennt sich ihre Mutter von ihrem Vater, einem Zeitungsverleger, wegen dessen angeblicher Untreue. Die Mutter geht mir ihrer Tochter nach England, lässt sie dort an der University of Cambridge studieren. Mit einem Magisterdiplom in Ökonomie kann sich Arianna aber noch für keinen Beruf entscheiden, stattdessen treibt sie sich in London herum und lernt einen Journalisten kennen, der sie letztlich zum Schreiben bringt. Einige ihrer einspaltigen Artikel über Kunstthemen werden sogar von der Londoner Presse gedruckt.

Die Beziehung zu dem Journalisten geht in die Brüche, Arianna zieht nach New York. Dort beginnt sie für das Magazin *Vanity Fair* zu schreiben. Querbeet über Mode, Kunst, Musik, Partys, Politik. Ihr literarischer Einstand, eine Biographie über die ebenfalls in Griechenland geborene Operndiva Maria Callas, endet mit einem handfesten Skandal. Nicht weil sie an der Callas kein gutes Haar lässt, sondern weil sie des

Plagiats bezichtigt wird. Ihr wird vorgeworfen, dass sie bei der bereits erschienenen Callas-Biographie von Gerald Fitzgerald massiv abgeschrieben habe. Der Autor klagt. Vor Gericht gibt die Abschreiberin klein bei. Aber, verteidigt sie sich, es sei versehentlich geschehen, ohne Absicht. Es kommt zum Vergleich, das Urteil fällt äußerst milde aus: Arianna – noch heißt sie mit Nachnamen Stassinopoulos – zahlt an den nachsichtigen Kollegen eine geringfügige Entschädigung. Nun schreibt sie etwas vorsichtiger, doch der Skandal hat geholfen: Sie ist berühmt. 1986 veröffentlicht sie noch eine weitere Biographie, mit der sie sich als Expertin den Künstlerkreisen empfehlen will: *Picasso – Genie und Gewalt. Ein Leben*. Auffallend ist, dass auf den 526 Seiten Berggruens Vater Heinz weder als »Picasso-Freund« noch als sein Galerist Erwähnung findet.

EINE FRAU MIT VIELEN TALENTEN

Im selben Jahr reist sie im Auftrag von *Vanity Fair* nach Dallas, um den Senator Michael Huffington zu interviewen. Es funkt zwischen den beiden. 1986 heiratet der Öl-Millionär, Filmproduzent und republikanische Politiker die griechische Femme fatale. Die Ehe, aus der zwei Töchter hervorgehen, hält elf Jahre, so ähnlich war es auch schon bei Ariannas Mutter. 1997 kommt es zur Scheidung. Der Grund wird später bekannt, und ist derselbe, der schon bei der Mutter zum Ende der Ehe geführt hatte: Untreue. Pikanterweise outet sich Michael Huffington als bisexuell. Arianna trennt sich daraufhin von ihm und erhält nach der Scheidung ein kleines Vermögen. Sie beschließt, von ihrem prominenten Namen zu profitieren und politisch aktiv zu werden. Dem voraus geht ein Gesinnungswechsel: Sie schwenkt von den Republikanern ihres Ex-Ehemannes zu den Demokraten über. In diesem Lager versucht sie neue einflussreiche Freunde und Verbündete zu gewinnen. Sie weiß auch wie: indem sie sich publizistisch bemerkbar macht. Arianna fängt an, ein Blog zu führen. Sie teilt kräftig aus und trifft mit ihren populistischen Ansätzen stets ins Schwarze. Engagiert, progressiv und dennoch mitfühlend – eine eingängige Mischung, die viel Zuspruch findet und in ihr den Wunsch heranreifen lässt, Gouverneurin von Kalifornien zu werden. Und es ist nicht einmal unrealistisch, dass sie ihr Ziel erreichen kann. Letztlich kommt es auf die Sponsoren an. Irgendwie schafft es Arianna Huffington, einige Millionen einzusammeln. Sie wagt die Nominierung, das Resultat überrascht sie selbst: Als Gegenkandidatin von Arnold Schwarzenegger erreicht sie bei den Vorwahlen 2003 das fünftbeste Ergebnis. Strategisch klug zieht sie beim Recall ihre Kandidatur mit dem Aufruf zurück: »Die Kalifornier sollen Schwarzenegger nicht wählen!« Sie verspottet den Terminator nach Kräften, aber vorerst ohne Erfolg. Aber wie heißt es so schön: Dabei sein ist alles. Der Politik auf den Geschmack gekommen, legt sie erneut los. Im Präsidentenwahlkampf 2004 rebelliert sie gegen den Republikaner George W. Bush. Ihre ganze Unterstützung gilt dem demokratischen Gegenkandidaten John Kerry. Bei etlichen Fernsehauftritten setzt sich Huffington, die inzwischen zur einflussreichen Kolumnistin avanciert ist, flammend für den Vietnam-Veteran mit dem kantigen Kinn ein. Sollte Kerry tatsächlich die Wahlen gewinnen, solle sie das Amt der US-Außenministerin übernehmen, so munkelt man zumindest damals im demokratischen Lager. Der etwas spröde Kerry jedoch unterliegt dem Haudegen Bush. Aber wie man heute weiß, täuschte Arianna Huffington ihr Instinkt nicht: Seit dem 1. Februar 2013 ist John Forbes Kerry der 68. Außenminister der Vereinigten Staaten, unter Barack Obama. Auch ihm, dem ersten schwarzen Präsidenten der USA, hat sich Arianna Huffington rechtzeitig als Wahlhelferin angeschlossen. Für die Medienpower besitzt sie ein starkes, immer einflussreicher werdendes Instrument: ihre Online-Zeitung *The Huffington Post*, abgekürzt *HuffPo*.

Gegründet hat sie die *Huffington Post* zusammen mit dem Medieninvestor Kenneth Lerer, der zuvor *executive director* bei Time Warner war. Sie hatte die Idee, er das Geld. 2005 ging die Seite online. Als reine Online-Zeitung trifft sie den Puls der Zeit. Ohne Printausgabe bringt sie vereinfachte, leicht und schnell lesbare Artikel sowie suchmaschinenoptimierte Inhalte, die immer ganz oben angezeigt werden. Eine Handvoll festangestellter Journalisten hält den Betrieb der Seite aufrecht. Neben eigenen Berichten findet sich auch ein Forum für Gast-Blogger. Außerdem wird auf Beiträge anderer Medien verlinkt. In sechs Jahren hat die *Huffington Post* so rund 44 Millionen Leser in den USA gewonnen. Anfang 2011 kaufte der Kommunikationsriese AOL die Seite für 315 Millionen Dollar. Seitdem wächst die *Huffington Post* rasant weiter.

Inzwischen betreuen mehr als 300 Angestellte – von der Redaktion bis zum IT-Bereich – ein »Medium, das die Leidenschaften der Menschen anspricht«, wie Arianna Huffington als Chefredakteurin ihr Erfolgskonzept erklärt. Dazu gehört auch eine Seite für Schwule und Lesben, die sich *Gay Voices* nennt und innerhalb von eineinhalb Monaten nach der Einführung zur Nummer eins der USA aufgestiegen ist. 4,8 Millionen einzelne Besucher registriert die Seite jeden Monat. Das Angebot, inzwischen auf 50 Rubriken erweitert, deckt alle Seiten des Lebens ab. Angereichert mit Videos hat es einen gefälligen Unterhaltungswert. Und noch ein Faktor ist entscheidend: Bisher wurden über 130 Millionen Leserkommentare veröffentlicht. Das macht Arianna Huffington zur »Königin der Blogger«.

Seit 2012 setzt die *Huffington Post* auch auf andere Länder über. Kanada, Großbritannien, Frankreich, Italien und Spanien. Nur in Deutschland fand sich lange Zeit kein Partner. Der Grund dafür dürfte am Geschäftsmodell des Portals liegen. Einsteiger können zwar die vorhandenen Ressourcen, Räume und das Personal nutzen, müssen aber alle sonstigen Kosten selbst tragen. Kommt es zu einem Gewinn, wird dieser hälftig geteilt. Ein lukratives Geschäft, aber wahrscheinlich nur für Arianna Huffington. Zu ihren großen Erfolgen gehört auch der PR-Feldzug für ein exotisches Quellwasser, das auch Nicolas Berggruen bevorzugt: Fiji Water.

In Deutschland trat Arianna Huffington ebenfalls in Erscheinung. Zwischen 2007 und 2008 veröffentlichte sie auf *Focus Online* Kolumnen, aber einen Leserstamm konnte sie sich nicht erschreiben. Wer in Deutschland politische Kommentare verfolgt, gibt sich mit Analysen auf dem Niveau von Kochrezepten nicht zufrieden. In Amerika ist das anders. »Wir bringen die Themen der Menschen – Politik, Kunst, Bücher, Essen oder Sex –, das, worüber man im Büro oder beim Abendessen miteinander spricht«, erklärte Arianna Huffington einer *Focus*-Journalistin im Interview. Die Oberflächlichkeit ihrer Berichte preist sie als Vorteil an: Die *HuffPo* mache süchtig. »Wir flößen allem, insbesondere unseren Überschriften und Unterzeilen, überraschende, lustige oder spielerische Elemente ein. Wir veranstalten für unsere Leser eine kleine Show.«

Dieses Infotainment kommt zudem noch preisgünstig ins Haus. Im Gegensatz zu den meisten amerikanischen Online-Zeitungen, die ihre Leser die vollen Artikel nurmehr gegen Bezahlung weiterlesen lassen, ist die Nutzung der *HuffPo* in vollem Umfang kostenlos. Möglich wird dies, weil ein Großteil der Artikel inzwischen in Indien fabriziert wird, von Billig-Redaktionen, die mit ihrem Infotainment auf den amerikanischen Online-Markt spezialisiert sind.

Deutsche Medienkonzerne wie Burda, Gruner & Jahr oder Springer reagierten auf diese Art von Pressedienst zunächst zurückhaltend. Sie wollten zunächst abwarten, welche Resonanz die *HuffPo* in Frankreich auslöst, wo es bereits eine Kooperation mit *Le Monde* gibt. Arianna Huffington setzte 2013 ihre Akquisition in Deutschland fort. Im Gepäck hatte sie einen Trumpf: den Pulitzer-Preis, Amerikas höchste Anerkennung für journalistische Recherche, Sorgfalt und Qualität. Diese Prämie erwarb sich die *Huffington Post* 2012 mit einer zehnteiligen Serie über die amerikanischen Veteranen, die als Kriegsinvaliden aus Afghanistan und dem Irak zurückkamen. Der Preis zeigte Wirkung. Die deutsche Seite ist seit dem 10. Oktober 2013 online. Dem *Handelsblatt* (vom 29. Mai 2013) sagte Arianna Huffington: »Jetzt arbeiten wir mit Tomorrow Focus und der Burda-Familie zusammen und sind sehr glücklich.« Obwohl Arianna Huffington eine »ganz andere Leserschaft zu erreichen« verspricht – »nicht nur jüngere Leser, sondern auch Leser, die unsere spielerische Art mögen, wie wir Geschichten präsentieren« –, bleiben deutsche Medienexperten skeptisch. Denn dieses Feld bedient längst *Bild Online*. Die Experten bezweifeln, dass der Name Huffington genug Zugkraft hat, um mit der deutschen Nummer eins in Konkurrenz treten zu können.

EIN UNSCHLAGBARES STRATEGIETEAM

Arianna Huffington wohnt in Brentwood, einem Stadtteil von Los Angeles. Nicolas Berggruen ist Dauermieter im *Peninsula* in Beverly Hills. Beide sind Präsidiumsmitglieder im Kuratorium des LACMA und begeisterte Sammler von Ed Ruscha, einem Eigenbrödler aus Nebraska, der im Smog der Nacht seine menschenleeren Bilder malt. Tankstellen, Gebäudeprofile, Schriftzüge in grellen Neonfarben. Wann und wo sie Nicolas Berggruen zum ersten Mal leibhaftig begegnet ist, daran kann sich Arianna Huffington nicht mehr erinnern. Nicolas Berggruen geht es ebenso. Auch er weiß es nicht mehr; beiden kommt es so vor, als würden sie sich schon ewig kennen.

Als Nicolas Berggruen sein Projekt Council for the 21st Century ins Leben ruft, gehört die Nummer 12 der einflussreichsten Frauen Amerikas selbstverständlich zu den Patinnen. Man kennt und versteht sich schließlich. Die Bloggerkönigin macht ihre *HuffPo* zu Berggruens Medienairport. Dort wird über alle Aktivitäten berichtet, werden alle Artikel weiterverlinkt und Videos von Berggruens Konferenzen eingefügt.

Auch Gerhard Schröder profitierte von dieser Symbiose. Mit seiner Rede über Europas Zukunft eroberte er mit Hilfe der *Huffington Post* die amerikanische Medienöffentlichkeit. Einen derartigen Webauftritt konnte er während seiner ganzen Regierungszeit nicht verbuchen, was auch damit zu tun hat, dass sein Verhältnis zur US-Politik zwar als respektvoll, aber nicht gerade glänzend bezeichnet werden kann. Die Gründe hierfür beleuchtet George W. Bush in seinen Memoiren: Schröder sei für ihn, einer der »am schwierigsten zu durchschauenden Staatsmänner« gewesen, was für das transatlantische Verhältnis nicht gerade förderlich gewesen sei.

Berggruen strebt eine Kurskorrektur an: Schröders Renommee soll über die durch die *Huffington Post* verbreiteten Videobotschaften wieder steigen. In diesem Verbund der medialen Synergien wurde auch dem türkischen Ministerpräsident Erdoğan eine denkwürdige Ehre zuteil. Nach seinem Auftritt bei Berggruens Town Hall Meeting 2012 in Berlin bloggte er eine Zeitlang für die *Huffington Post*: *»This blog is part of a series on ›Europe: Beyond the Crisis,‹ produced by The Huffington Post and the Berggruen Institute. For more information on the Berggruen Institute on Governance, visit berggruen.org«* Der Link führt direkt zu Berggruens Politportal – eine bessere Werbung kann man sich nicht wünschen.

Arianna Huffingtons Wille, Politik mitzugestalten, manifestiert sich auch in Berggruens Projekt »A Blueprint to Renew California«. Eine langfristige Agenda, die unter anderem die Reform des kalifornischen Wahlsystems vorsieht und sich für eine Online-Abstimmung stark macht. Der Vorteil sei die Vereinfachung der Registrierung, die zu einer größeren Wahlbeteiligung führen soll. Auf diesem Wege könnten – wie Berggruen vorrechnet – für die nächste Gouverneurswahl 2016 rund 1,4 Millionen Wähler zusätzlich mobilisiert werden. Theoretisch hätte so auch Arianna Huffington eine Chance, sich als Kandidatin für das höchste Amt in Kalifornien durchzusetzen. Über das Berggruen Institut kann sie bereits im Vorfeld praktikable Vorschläge – angefangen bei der Administration über Steuern bis zum Umweltschutz – einbringen und so auf sich aufmerksam machen, was einem Schattenwahlkampf des eigentlichen Vorwahlkampfes gleichkommt.

In Berggruens Schicksalsjahr 2013 erweist sich Arianna Huffington zudem als eine gute Freundin. Ihr Schützling steht unter Druck, sein Buch muss ein Erfolg werden. Dafür hat er sogar seine jährlich stattfindende Pre-Oscar-Party ausgesetzt. Für ihn arrangiert Arianna Huffington am 22. Februar 2013 in ihrer Villa unweit des Getty Centers einen Empfang. Ein kleiner Kreis von Freunden heißt ihn mit herzlichem Beifall willkommen. Er greift zum Mikrophon, bedankt sich leise. Schüchtern wie immer und den Blick gesenkt, freut er sich, sein Buch präsentieren zu dürfen. Auf dem runden Tisch liegen fein säuberlich gestapelt die rotblauen Bücher, Berggruen signiert und schreibt jedem Gast eine persönliche Widmung hinein. Rund 90 Bilder von dem Ereignis erscheinen am nächsten Tag auf der Webseite der Fotografen David Crotty und Patrick McMullan. Auf einigen wenigen Bildern ist auch der Co-Autor Nathan Gardels zu sehen. Man darf gespannt sein, auf welche Art und Weise Arianna Huffington Berggruen in Sachen Karstadt unterstützen wird, wenn die *Huffington Post* erst einmal auf Deutsch erscheint. Feststeht, Arianna Huffington und Nicolas Berggruen bilden zusammen ein starkes Strategieteam – zumindest in Amerika.

Bis 2018 soll Huffingtons Portal zu den fünf führenden Nachrichtenseiten in Deutschland gehören. Bis dahin will Nicolas Berggruen nur noch als Philanthrop tätig sein und hofft, seine Wohltaten werden so überzeugend sein, dass sich eine PR für ihn erübrigt. Wie er das erreichen will, bleibt vorerst sein Geheimnis.

KAPITEL XVII

EIN PRÄSIDENT FÜR EUROPA

»Nur gemeinsam können wir Europäer unsere Wertvorstellungen und Interessen in der internationalen Staatengemeinschaft zur Geltung bringen.«

GERHARD SCHRÖDER

Eine Woche vor dem Weltwirtschaftsforum in Davos im Januar 2013 befindet sich Nicolas Berggruen auf Werbetour für sein Buch *Klug regieren. Politik für das 21. Jahrhundert*. Zwei Tage in Barcelona und zwei Tage in Madrid empfängt er spanische Journalisten und TV-Reporter am laufenden Band. Die Medienvertreter kommen zahlreich, als wäre es ein Pflichttermin, bei dem niemand fehlen darf. Für Vorschusslorbeeren hat Nicolas Berggruen gesorgt. Die Rückseite des Schutzumschlages enthält eine geballte Ansammlung von Jubelstimmen. Was aber auf den ersten Blick wie Pressezitate wirkt, sind in Wahrheit Lobeshymnen, die von Mitgliedern des Berggruen Institute on Governance verfasst wurden:

- *»A brilliantly insightful and provocative book«* – Ein besonders aufschlussreiches und provokantes Buch, urteilt Michael Spence, Nobelpreisträger für Wirtschaftswissenschaften 2001;
- *»A brilliant starting point in an urgently needed discussion«* – Ein ausgezeichneter Ausgangspunkt in einer dringend benötigten Diskussion, kommentiert Arianna Huf-

fington. Ihre Online-Zeitung *The Huffington Post* erwies sich auch für das Buch von Nicolas Berggruen als eine werbewirksame PR-Plattform;
- *»Truly a thought-provoking book«* – Ein wahrhaft zum Nachdenken anregendes Buch, gratuliert Pascal Lamy, Generaldirektor der Welthandelsorganisation WTO, Mitglied des Berggruen Instituts;
- *»A thoughtful and attention-grabbing view«* – Wohlüberlegte und aufmerksamkeitserregende Ansichten, lobt Zhang Weiwei. Der Professor an Chinas führender Funda-Universität in Shanghai ist inzwischen auch als Gastmitglied für das Berggruen Forum aktiv.

Solche kritikfreien Lobpreisungen sind nur mit dem Hintergrund von Berggruens Milliarden zu verstehen. Geld bedeutet Macht. Berggruen ist nicht der einzige Superreiche, der sich bemüßigt, der Welt seine hanebüchenen Theorien und Weisheiten zu verkaufen. Für den Soziologen Hans Jürgen Krysmanski, emeritierter Professor an der Universität Münster, sind Bücher wie Berggruens *Klug regieren* ein Beispiel dafür, wie die exzentrischen Milliardäre als Hobby-Weltverbesserer die »fundierte Politikforschung aus öffentlichen Institutionen ruinieren«. Universitätsprofessoren und Wissenschaftler werden nicht ernst genommen, weil die Medien über die Wirtschaft und Politik in ähnlicher Art und Weise berichten, wie über den Spitzenfußball oder den Starrummel im Showgeschäft. Was mehr als Kompetenz zählt, sind die Namen der Prominenten, egal, wie banal ihre Meinungen auch sein mögen.

Zum Auftakt von Berggruens PR-Buchtour lässt sich sogar die angesehene britische *Financial Times* zu einem schwer begreiflichen Superlativ hinreißen: »Es ist eines der besten Bücher des Jahres 2012.« Die Erwartungen der spanischen Journalisten sind hoch, schließlich steht ihr Land vor einer schweren Zerreißprobe. Die Banken sind pleite, die Wirtschaft lahmt, fast die Hälfte der Jugend ist ohne Arbeit, zudem ist das Land durch seine korrupten Politiker in Verruf geraten. Also fragt man Berggruen bei den Interviews um guten Rat. Berggruen antwortet der konservativ-monarchistischen Tageszeitung ABC (vom 21. Januar 2013): »Das Problem Europas ist nicht wirtschaftlich, es ist politisch. Und das politische Problem hat keine Flagge, weder links noch rechts. Meine Diagnose ist, dass das europäische Projekt nicht abgeschlossen ist. Es wurde ein gemeinsamer Markt geschaffen, eine gemeinsame Währung, aber es gibt noch zwei wichtige Dinge zu erledigen: Die Schaffung einer Zentralregierung und eine finanzielle und steuerlich einheitliche Verwaltung. Europa als politisches Projekt ist nicht schlüssig und so haben wir die aktuellen Probleme. Europa braucht einen Präsidenten, der für die Interessen aller europäischen Länder handelt.«

Martin Bianchi, der die Frage für ABC gestellt hat, kann nicht ahnen, wer hier eigentlich aus Berggruens Mund spricht. Ein europäischer Präsident nach amerikanischem Vorbild? Für Bundesfinanzminister Wolfgang Schäuble ist dies keine abwegige Idee. Sogar einen Machtverlust der einzelnen EU-Staaten würde er dafür in Kauf nehmen. Der europäische Präsident solle direkt von allen Völkern der EU-Gemeinschaft gewählt werden, sagte er im Oktober 2012 während Berggruens Town Hall Meeting in Berlin. Sozusagen ein Testballon, um die Reaktionen auszutesten. Zu diesem Zweck hat Nicolas Berggruen eine Versammlung einberufen, deren Tradition aus England stammt: Town Hall Meeting. Für Deutschland stellt dies politisch ein Novum dar. In amerikanischen Städten ist diese Forumsart längst etabliert. Die Mitglieder einer Gemeinschaft kommen zusammen, um neue Themen zu diskutieren, und haben die Möglichkeit, Bedenken und Wünsche zu äußern. Jeder hat die Chance, in einem entspannten Umfeld persönlich vorzusprechen. Für sein Town Hall Meeting wählte Nicolas Berggruen das Allianz Forum am Pariser Platz neben dem Brandenburger Tor. Ein symbolträchtiger Ort. Der Allianz Versicherungskonzern trat zudem als Sponsor der Veranstaltung auf.

Berggruen übernahm Organisation und Führung des Events. Für die Schirmherrschaft gewann er Altkanzler Helmut Schmidt. Dieser unterhielt sich auf dem Podium mit Jean-Claude Trichet, dem ehemaligen Vorsitzenden der europäischen Zentralbank (EZB). Nicolas Berggruen fungierte als Moderator. Anschließend kam Peer Steinbrück als Kanzlerkandidat zu Wort und tauschte sich über das Thema Jobs und Chancen mit Ursula von der Leyen aus. Außerdem hielt Wolfgang Schäuble einen Vortrag, in dem er der Frage nachging, »wie eine politische Union gestaltet sein könnte – und wie sie erreicht werden kann«, für Europa braucht man schließlich alle Parteien. Die Bürger, auch dafür sorgte Berggruen, hatten die Möglichkeit, über elektronische Medien an der Versammlung teilzunehmen. Alle Reden und Diskussionen wurden aufgezeichnet und auf allen bekannten Internetplattformen zur freien Verfügung gestellt. Zusätzlich erhielt die Deutsche Presse-Agentur (dpa) von Berggruen den Auftrag, die Domäne *myeuropa.de* einzurichten. Mit dieser sollte die mediale Reichweite für Berggruens Denkfabrik in Deutschland vergrößert werden. Sein Institute on Governance könnte man auch mit einer politischen Stiftung Warentest vergleichen, die Schäubles Vorschlag testen soll: »Wenn wir Europäer einen von uns direkt zum Präsidenten machen könnten, in einer demokratischen Wahl, das wäre doch was, meine ich!«

Aber mit Schäubles Plädoyer kann Berggruen in Spanien nicht punkten. Zu diesem Zeitpunkt haben die Spanier andere Sorgen. Sie interessiert einzig und allein, wie lange die spanische Wirtschaft noch darben muss. Die Journalisten löchern Berggruen mit Fragen wie: »Was würden Sie Premier Mariano Rajoy raten?« Oder: »Gibt es eine Patentlösung?« Berggruens Antwort lautet: »Ich bin nicht in der Lage, ihm Ratschläge zu geben. Aber ich denke, Rajoy sagt zwei Dinge, die absolut wahr sind und wo er nicht falsch liegt. Er muss

Reformen machen, weil er keinen anderen Ausweg hat. Er muss den Arbeitsmarkt modernisieren, um das Land wettbewerbsfähiger zu machen. Diese Reformen kann er nicht ohne eine Finanzierung zu einem vernünftigen Preis durchführen. Der schwierige Teil, der sein eigentliches Dilemma ist: Billiges Geld kann auf Kosten von Spaniens wirtschaftlicher Unabhängigkeit und Freiheit gehen.« Auf die Frage, welche Art der Rettung er sehe, erwidert er: »Es ist ein Dilemma. Er muss eine Finanzierung ohne Risiko finden, sonst ist die Situation unhaltbar. Ich weiß nicht, ob als Rettungsaktion für Spanien eine Umschuldung in Frage kommt, ob die Europäische Zentralbank überhaupt zu einer solchen Lösung in der Lage ist, um mit solchen massiven Maßnahmen die souveränen Staaten praktisch aufzukaufen. Aber eine solche Maßnahme oder die Kombination mehrerer Mechanismen könnte helfen, Spanien zu retten. Es gibt mehr als einen Ausgang.«

Das sind die Ansichten eines Milliardärs. Den Finanzexperten stehen bei solchen dilettantischen Analysen die Haare zu Berge. Die Frage, ob sich seine Gedankenblasen auf Experten wie Wolfgang Schäuble, Helmut Schmidt, Gerhard Schröder oder Joseph E. Stiglitz, den Nobelpreisträger der Wirtschaftswissenschaften, stützen, ist dabei nebensächlich. Gewicht bekommen seine Worte erst durch das, was ihnen vorangestellt wird: »Der Besitzer von Burger King und der deutschen Kaufhauskette Karstadt sagt …« – Das ist sein eigentlicher Triumph! Für den Reichenforscher Hans-Jürgen Krysmanski, emeritierter Soziologe an der Universität Münster, sind solche verbalen Extempores ein Beispiel dafür, wie die Milliardäre mit ihren vollen Taschen die »fundierte Politikforschung aus öffentlichen Institutionen ruinieren«. Universitätsprofessoren und Wissenschaftler werden nicht ernst genommen, weil die Medien über die Wirtschaft und Politik in ähnlicher Art und Weise berichten wie über den Spitzenfußball. Was zählt, sind die Stars, egal, wie banal ihre Meinung letztlich auch sein mag. Einem Nicolas Berggruen wird als »Doktor Burger King« und »Mister Karstadt« Kompetenz zugeschrieben, schlichtweg, weil er geschäftlich ein »Tor« nach dem anderen schießt und dafür Millionen kassiert. Das ist eine Referenz, die heute mehr wert ist, als die Einschätzung eines Politikwissenschaftlers oder Wirtschaftsexperten.

Was Berggruen in Spanien über China sagt, klingt fürwahr nach Fußballer-Logik. Im gewohnten Pluralis majestatis verkündet er: »Wir schlagen nicht vor, die Chinesen mit ihrem System zu umarmen, sondern nur das Beste daraus zu lernen. Was der Westen braucht, ist, die besten Methoden aus China zu importieren, um eine Leistungsgesellschaft mit dem Steuerungssystem einer Demokratie zu schaffen.«

DAS SORGENKIND EUROPA

Auf Deutsch ist sein Politik-Ratgeber im Juni 2013 erschienen. Im achten, mit »Europa« überschriebenen Kapitel nimmt er einleitend Bezug auf Hans Magnus Enzensberger, der die Europäische Union mit einem »sanften Monster« vergleicht, das ganze Konstrukt sei darüber hinaus ein »Geburtsfehler«. Berggruen greift Enzensbergers Ansatz auf und erklärt, dass das »sanfte Monster« sich zu sehr in die Wirtschaft einmische – zum Beispiel, um »die Längen von Kondomen zu diktieren, die Wettbewerbsbedingungen zu überwachen und die Haushaltsbestimmungen zu regulieren«. Es bewege sich »in Richtung Mikromanagement des sozialen Lebens und der Makroökonomie der Mitgliedstaaten.« Enzensberger hat es immerhin etwas schlüssiger formuliert: »Die EU hat als Institution, die in der Vergangenheit angetreten war, um sich an wirtschaftlichen Erfolgen messen zu lassen, heute also auch ihre ursprüngliche Legitimation verloren.« Doch Berggruens Hausautor, Nathan Gardels, der für den Inhalt des Buches verantwortlich zeichnet, ist Amerikaner. Wie die Führung einer erfolgreichen Europäischen Union aussehen soll, belegt er mit einer Liste der Politiker, die bereits auf dem richtigen Weg zu einer neuen Wirtschaftsstruktur Europas waren. Bis auf wenige Ausnahmen alles ehemalige Premiers, die mit Schimpf und Schande von den Wählern abgestraft und aus dem Amt gejagt worden sind.

DIE AKTE TONY BLAIR

Mit an der Spitze von Berggruens Polit-Kohorte marschiert Tony Blair. Seine Amtszeit kennzeichneten marktorientierte Reformen, die Einführung des Mindestlohns und der Schulgebühren. Die Einkommensteuer für Spitzenverdiener hatte er jedoch nicht erhöht. In diesem Punkt verhielt er sich konservativ, obwohl er dem liberalen Lager angehört. Seinen Ruhm als Architekt von *»Cool Britannia«* mitsamt den smarten Siegern vom Financial District mehrte die optische Veränderung Londons. Die kühnen Türme der Stararchitekten Jean Nouvel und Norman Foster sollten stolz Englands Rückkehr zum Weltimperium markieren. Die Londoner Innenstadt gehört inzwischen zu Europas teuerstem Pflaster. Monatsmieten für Luxuswohnungen von 10.000 bis 15.000 Euro die Woche (!) sind keine Seltenheit. Der Bauboom unter Blair hat London zu einem sicheren Immobilienhafen für Investments gemacht. Die neuen Luxustürme sind allerdings Geisterburgen, nur die wenigsten von ihnen sind wirklich bewohnt. Die Folge dieser Luxusexpansion war zudem, dass sich das soziale Elend in anderen Stadtteilen vergrößerte. Aber nicht nur halb London war von den Veränderungen betroffen, die halbe britische Nation hatte unter den Einschnitten zu leiden. Aber derlei Diskrepanz scheint den ehemaligen Premier heute nicht mehr zu belasten. Auf den Fotos des Berggruen Instituts strahlt er mit Schröder, Papandreou, Prodi und Berggruen um die Wette. Dem »coolen Tony« geht es gut, seine Einkünfte sind mehr als fürstlich. Zum einen ist er Berater bei der Schweizer Finanzholding Zürich Financial Services (ZFS), Redner für den Hedgefonds Lansdowne Partners und Vorsitzender des Internationalen Beraterstabs von JPMorgan Chase. Zum anderen steht er nach Angaben der britischen Presse dem lupenreinen Diktator Nursultan Nasarbajew in Kasachstan mit Rat zur Seite. Sein Jahreshonorar für die Despoten-Hilfe wird auf neun Millionen Euro beziffert.

Außerhalb dieser monetären Erfolgskreise weht dem Großverdiener Blair allerdings ein rauer Wind entgegen. Die britische Tageszeitung *The Telegraph* (vom 15. Februar 2013) griff den früheren Premier in ungewöhnlich scharfer Form an. Die Schlagzeile lautete: »Tony Blairs Irak-Krieg war eine abscheuliche Gräueltat. Zehn Jahre nach der Invasion ist es Zeit für ihn, um es zuzugeben.« Auch der *Guardian* übte heftige Kritik: »Das Verhalten von Tony Blair gegenüber dem Irak war falsch. Völlig, total, katastrophal falsch. Sein Versagen als Tatsache anzuerkennen und sich öffentlich dafür zu entschuldigen, dass er seine Wähler, seine Partei, das Parlament belogen hat, wäre das Mindeste, was man von ihm erwarten könne.« Wegen seiner unrühmlichen Rolle beim Irak-Krieg 2003 wurde Blair als *»Bush's Poodle«* (Bushs Pudel) verspottet. Doch Blairs Rolle nur darauf zu reduzieren, wäre falsch. Der südafrikanische Friedensnobelpreisträger und Held der Anti-Apartheids-Bewegung Bischof Desmond Tutu schrieb in einem Gastbeitrag für die englische Wochenzeitung *The Observer*: »Mehr als 110000 Iraker haben in diesem Konflikt seit 2003 ihr Leben verloren, Millionen sind vertrieben worden. 4500 amerikanische Soldaten sind getötet und mehr als 32000 verletzt worden. In einer gerechten Welt würde das allein ausreichen, um diejenigen, die dieses Leid und diesen Verlust an Menschenleben verursacht haben, dazu zu bringen, denselben Weg zu beschreiten wie manche ihrer afrikanischen Kollegen, die sich für ihre Taten in Den Haag verantworten mussten.« Tony Blair und George W. Bush als Kriegsverbrecher vor Gericht? Wenn Bischof Tutu solche Vorwürfe erhebt, appelliert er an das Gewissen der Welt. Welche Pläne Nicolas Berggruen mit Blair verfolgt, lässt sich bislang noch nicht absehen. Es drängt sich jedoch die Frage auf, wen er mit seiner Truppe unterstützen will. Professor Claus Leggewie, Leiter des Kulturwissenschaftlichen Instituts in Essen, der Stadt, in der sich auch die Karstadt-Hauptverwaltung befindet, hält Berggruens Denkfabrik für bedenklich: »Berggruen ruft ausgerechnet jene Kreise als Berater zusammen, die die aktuelle Krise ausgelöst haben. Wer die Demokratie retten möchte, bringt nicht Ex-Politiker, Wirtschaftskapitäne und Prominente zusammen, die in geschlossenen Zirkeln die besten Lösungen aushecken, die das Volk irgendwann fressen, akzeptieren und demokratisch legitimieren soll.« Diesem Statement, das der ZDF-Dokumentation »Mister Karstadt – Der rätselhafte Nicolas Berggruen« entnommen ist, wurde bisher nicht widersprochen. Nicolas Berggruen meidet eine kontroverse Diskussion und umgibt sich nur mit Leuten, die seinen Feldzug, Politik unter das Primat der Wirtschaft zu stellen, mit Beifall quittieren.

Ob er mit Tony Blair auf das richtige Pferd für seine Europa-Politik setzt, ist fraglich. In England werden Blairs offen geäußerte Gelüste, für das Amt des Europa-Präsidenten zu kandidieren, hitzig diskutiert. Die britischen Tageszeitungen sind sich einig: Sollte Blair tatsächlich EU-Präsident werden, wird das die Beliebtheit der EU bei den Briten nicht fördern. Oder wie es die Zeitung *The Guardian* auf den Punkt gebracht hat: »Als ob Großbritannien Europa nicht bereits genug hassen würde …«

Nicolas Berggruen hat sich bislang auf keinen bestimmten Kandidaten festlegt. Dafür ist er zu diplomatisch.

Berggruen gefällt die Idee eines Europa-Präsidenten, wie er im Interview mit dem *Handelsblatt* (vom 23. Januar 2013) bestätigt: »Ein föderales Europa mit einem Oberhaupt und Institutionen mit hoher Legitimation, durch Wahl bestimmt; und strukturell durch die Verwirklichung des in Europa seit langem diskutierten Subsidiaritätsprinzips. Das heißt, die oberen Ebenen übernehmen die Verantwortung nur für Aufgaben, die auf tieferer Ebene nicht erfüllt werden können.«

Berggruens Buch wird auch auf Chinesisch erscheinen, die Übersetzung ist bereits angekündigt. Dann werden die Chinesen lesen, wofür sie im Reich der Mitte und angrenzenden Gebieten für den Westen als Vorbild dienen können.

Was der Westen von China lernen kann, darauf weist er auch in einem Interview für das Magazin der Bertelsmann Stiftung *Change* hin: »Im Westen steht das Individuum im

Vordergrund. Im Osten, damit meine ich den asiatischen Raum, ist es die Gemeinschaft. Die Menschen arbeiten besser miteinander. Sie teilen ihre Werte, aber auch ihre Opfer. Im Westen ist das schwieriger, da sind alle Einzelkämpfer. Diese zwei Parteien hadern miteinander. Dabei sollten sie die Herausforderung annehmen, Missverständnisse beseitigen und kooperieren.« Um aus der Krise herauszukommen, müsse sich der Westen ändern. »Wenn wir in den nächsten 20 Jahren unseren Lebensstandard und unsere Freiheit behalten wollen, müssen wir auch dazu bereit sein, Verluste zu teilen. Wir müssen mehr arbeiten, mehr investieren und vielleicht weniger konsumieren.« Wenn das alles sein soll, ist der Preis gar nicht so hoch – zumindest aus der Sicht eines Milliardärs.

KAPITEL XVIII

KEINE SCHULEN FÜR NEWARK

»Sieht man sich die Innenstadt von Newark an, ist sie ziemlich häßlich; so häßlich, dass man sich nicht vorstellen kann, wie man hier etwas Neues aufbauen soll. Aber die Stadt kann eine Zukunft haben. Wenn wir die Ersten sein können, um zu helfen, dann sollten wir es versuchen.«

NICOLAS BERGGRUEN

Manchen Milliardären wird der eigene Mythos schon zu Lebzeiten unheimlich. Sie flüchten sich in die Philanthropie. Nicht immer geschieht dies uneigennützig. Wichtiger, als noch mehr Millionen zu raffen, erscheint ihnen der Ruhm, der ihnen als »Menschenfreunden« zufliegen wird. Auch daran lässt sich Geld verdienen. Dem Rockefeller Center in New York nachempfunden, schwebt Nicolas Berggruen ein ähnliches Großprojekt in Newark vor. Der kleine Nachbar von New York ist arm, aber gerade deshalb kommt ihm eine wichtige Rolle zu.

Die Stadt hat inzwischen Symbolwirkung für ganz Amerika. Bis vor kurzem war sie noch die Stadt mit der höchsten Kriminalitätsrate der Vereinigten Staaten. Bei der Mordquote lag Newark in den 1980er und 1990er Jahren zeitweise an erster Stelle. Von den bislang sieben Bürgermeistern in dieser Zeit wurden fünf wegen Korruption vor Gericht gestellt und zu Gefängnisstrafen verurteilt. Seit 2009 zeichnet sich eine Wende ab. Bei der Mord- und Überfallstatistik ist die Stadt, in welcher der Schriftsteller Philip Roth lebt, auf den 20. Platz zurückgefallen. Seitdem heißt es: Wenn Newark seine Wiedergeburt geschafft hat, kann es auch ganz Amerika schaffen. Wieder einmal keimt die Hoffnung auf: *Yes, we can!*

EIN BILDUNGSSATELLIT FÜR NEW YORK

Newarks Hoffnungsträger heißt Cory Booker. Seit 2006 ist er Bürgermeister der 270 000 Einwohner zählenden Stadt. Zum zweiten Mal wiedergewählt, treibt der Lokalpolitiker, der eine verblüffende Ähnlichkeit mit dem Action-Helden Vin Diesel hat, ein ehrgeiziges Projekt voran: Ein neues Schulzentrum, South of Market Street, kurz SoMa. Mit dieser Bildungsoffensive will er endgültig die Kriminalität besiegen. Um aus Newark eine Vorzeigestadt zu machen, wirbt er in allen Kanälen für seinen Plan. Sein Promibonus hilft ihm dabei. Bookers erster Wahlkampf 2002 wurde von einem Kamerateam begleitet. Der Dokumentarfilm *Street Fight* wurde sogar für einen Oscar nominiert. Fortan galt er als Quotengarant. Seit 2009 ist Booker zudem in »Brick City« zu sehen. Die Doku-Serie zeigt seine Arbeit als Bürgermeister. Als im April 2012 in der Straße, in der er wohnt, ein Haus brannte, rettete Booker seine Nachbarin aus den Flammen. Seitdem ist der Demokrat auch im wahren Leben ein Held.

Das neue Schulzentrum soll sein Meisterstück werden. Das Gelände steht bereits für ein neues Bildungsquartier mit Unterrichtsstätten, Wohnheimen für Schüler und Lehrer bereit. Das Areal schließt an die Central Avenue zwischen Washington, Warren und Norfolk Street an. Dort liegt die Station der PATH-Linie, die eine direkte Verbindung nach Manhattan herstellt. Von hier zur Pennsylvania Station sind es 19 Kilometer. Diese örtliche Beschreibung ist insofern wichtig, weil sie die Tragweite von Bookers Projekt aufzeigt. In New York, wo die Mietpreise ins Unermessliche gestiegen sind und der kostbare Boden nur noch für Luxuswohnungen und prestigeträchtige Bürotürme reserviert ist, bleibt für neue Schuleinrichtungen kein Platz mehr. Newark soll aus dieser Misere helfen und als Bildungssatellit von New York installiert werden.

Der Demokrat Booker packt mit voller Kraft an. Dabei führt er beispielhaft vor, wie man für eine Vision in Amerika seine Popularität einsetzt und die Medien einspannt. Der Schlüssel, um Träume wahr werden zu lassen, liegt in dem Zauberwort Fundraising, was nichts anderes meint, als Geld einzusammeln. Amerikas Prominente sind Profis auf diesem Gebiet, und wenn einer wie Booker einlädt, kommen sie alle. Am 3. Oktober 2012 findet im Ballsaal des Luxushotels *Manhattan Mandarin Oriental* unter dem Motto »Newark muss leben!« ein Gala-Dinner statt. Auch Steven Spielberg ist an diesem Abend anwesend. Zusammen mit Amerikas Talk-Queen Oprah Winfrey hat er schon Bookers Wahlkampf mit rund sieben Millionen Dollar unterstützt. Auch Nicolas Berggruen ist gekommen. Neben Booker spielt er die wichtigste Rolle an diesem Abend, hat er doch für das SoMa-Projekt die urbane Planung übernommen.

BERGGRUENS TRIUMPHKARTE

Um den Auftrag zu bekommen, trumpfte er mit seinem Freund, dem Stararchitekten Richard Meier, auf. Meier wurde einst in Newark geboren – es gebe also keinen Besseren für dieses Projekt als ihn, hatte Berggruen verdeutlicht. Meiers Vision stellt eine gläserne, lichtdurchflutete Stadt dar, deren Aluminium-Fassaden wie Mondstaub funkeln. So zumindest zeigten es die Computeranimationen, die an die Stirnwand des Ballsaals geworfen wurden. Als Höhepunkt wurde noch die stilprägende Farbe für das SoMa vorgestellt. Das »Getty-White«, ein Spezialweiß, eigens für das Museum in Los Angeles gemischt. Nun sollte es zum zweiten Mal Verwendung finden – als Lichtpause für die künftigen Schüler des SoMa-Campus.

Die Reaktionen konnte man am nächsten Tag nicht nur in allen New Yorker Zeitungen, sondern auch in vielen überregionalen Medien nachlesen. »Der Raum ist bis auf den letzten Platz mit den wichtigsten Vertretern der Hedgefonds- und Private-Equity-Branche gefüllt«, hieß es beispielsweise im *Bloomberg Markets Magazine* »Booker zieht die Gäste in seinen Bann, als er die hebräische Redewendung ›tikkun olam‹ ausspricht«, was so viel bedeutet wie Weltverbesserung.

Nach der jüdischen Kabbala hat die Formel eine magische Wirkung, ähnlich wie »Simsalabim«. Man muss diesen magischen Spruch nur ein paarmal wiederholen und schon geht der Wunsch in Erfüllung. Auch in der Synagoge hört man diese Beschwörung häufig. Dort steht dieser Kollektivausruf für die messianische Hoffnung. Booker als erfahrener Zeremonienmeister wusste, wie man die Werbetrommel rührt. Um das Portemonnaie der Leute zu öffnen, ließ er nach der glanzvollen Präsentation an die Rassenunruhen von 1967 in Newark erinnern, bei denen 27 Menschen umkamen.

KEINE PARTNER, KEIN GELD

Doch die Wirkung blieb aus. Das Projekt stagniert, seit Jahren hapert es an der Finanzierung trotz der Milliardäre, die sich mit ihrer Aktion »Giving Pledge« selbst feiern. Ihre Schatulle für Schulen öffnen sie aber nicht. Die Bauarbeiten für das Lehrerdorf, einem Komplex, der in der ersten Phase mit 150 Millionen Dollar veranschlagt wurde, mussten somit zurückgestellt werden. Nicolas Berggruen stellte mit der Goldman Sachs Urban Investment Group erst 102 Millionen Dollar zur Verfügung. Die Panasonic Corp. of North America ist zwar gewillt, als Sponsor auch mit 102 Millionen Dollar einzusteigen, verlangt dafür aber entsprechend langfristige Steuererleichterungen vom Bundesstaat New Jersey als Gegenleistung.

Washington sah sich wegen radikaler Etatkürzungen gezwungen, den staatlichen Zuschuss auf 32 Millionen Dollar zu reduzieren. Bill Ackman, Chef von Pershing Square Capital Management und ein Dauerabonnent von Berggruens Aktivitäten, versprach einzuspringen und prüft nun die Möglichkeiten. Das Gesamtvolumen für das SoMa bewegt sich bei 444 Millionen Dollar. Eine magische Zahl, im Moment offenbar ohne Fortune. Während auf staatlichen Ebenen über »Steuerpausen« für die Investoren verhandelt wird, findet sich auf der Homepage von Richard Meier kein Hinweis mehr. Auf meine Anfrage vom 28. Februar 2013, wie es mit dem Projekt vorangehe, erhielt ich folgende Antwort:

> *Lieber Thomas Veszelits,*
> *wir freuen uns über Ihr Interesse an der Arbeit von Richard Meier & Partners.*
> *Zum gegenwärtigen Zeitpunkt haben wir nur den Spatenstich für das Lehrerdorf in Newark, NJ, durchgeführt:*
> *http://www.richardmeier.com/www/#/projects/architecture/visual/2/606/0/*
> *Das Projekt befindet sich zurzeit im Aufbau, die Fertigstellung ist für Ende des nächsten Jahres, 2014, geplant.*
> *Mit freundlichen Grüßen*
> *Edgar Almaguer*

Mit anderen Worten: Anstatt, wie ursprünglich geplant, den ganzen Komplex zu bauen, der aus acht Gebäuden bestehen sollte, beabsichtigt man nun, nur noch einen kleinen Teil davon umzusetzen. Das neue Konzept sieht vor, dass neben 8000 Wohneinheiten auch 150000 Quadratmeter für Geschäfte und Büros eingeplant werden sollen, so dass das insgesamt 1,5 Kilometer große Areal zu einem Drittel für gewerbliche Zwecke genutzt werden kann. Bei den von Richard Meiers entworfenen Objekten sind die Mieten bekanntlich immer hoch. Das wird auch in Newark nicht anders sein. Der Name Meier dürfte die Rendite des SoMa Newark Development profitabel absichern, falls es doch noch zur Realisierung kommen sollte.

KAPITEL XIX

EIN BÖRSENNETZ FÜR AFRIKA

»[Ruanda] hat jetzt mehr als nur eine Müllabfuhr. Es gibt einen monatlichen Reinigungstag im ganzen Land, wo jeder auf die Straße geht, einschließlich des Präsidenten und den Kabinettsministern, um sauber zu machen. Der Standort funktioniert tatsächlich, die Kriminalität ist unglaublich niedrig. […] Der Umschwung nach dem Bürgerkrieg mit Völkermord zum heutigen Frieden ist mehr als bemerkenswert.«

NICOLAS BERGGRUEN

»Neuer Kapitalmarkt für Afrika, das neueste Vorhaben des Multi-Milliardärs Nicolas Berggruen«, meldet die *Financial News* (vom 11. Februar 2013). Mit der Lizenz der südafrikanischen Börse (EAX) in Johannesburg ist eine neue panafrikanische Börsenplattform im Entstehen begriffen, nach dem Vorbild der amerikanischen NASDAQ. An diesem elektronischen Wertpapiermarkt in New York werden täglich rund zwei Milliarden Aktien gehandelt. Um sich weiterzuentwickeln, sollen sich künftig afrikanische Unternehmen im Bedarfsfall auf ähnliche Weise Geld besorgen können. Den Nutzen sieht Berggruen darin, dass bei Afrikas Reichtum an Rohstoffen und dem landwirtschaftlichen Potential die internationalen Anleger direkt in den afrikanischen Markt ohne Zwischenhändler einsteigen können.

Laut *Financial News* schiebt Jendayi Frazer als Netzwerkerin dieses visionäre Projekt für Nicolas Berggruen an. Die ehemalige Afrika-Beauftragte des US-Außenministeriums stützt sich dabei unmittelbar auf Präsident Obamas Reformplan. Dieser sieht vor, im Kampf gegen die Korruption künftig amerikanische Investitionen in Afrika auf direktem Wege in Wirtschaft, Technologie und Bildungsinstitution zu verteilen und nicht wie bisher über die in Korruption verstrickten Regierungen.

Allerdings gibt es bereits eine ähnlich geartete Kapitalbörse in Ghana, was für Nicolas Berggruen ein Problem werden könnte. Zwar wird diese auch von amerikanischen Finanzkreisen mitgetragen, aber Chinas finanzieller Einfluss vergrößert sich zunehmend. Welches Potential dahinter steckt, macht eine Zahl deutlich: 3.200 Milliarden Dollar hortet Chinas Zentralbank in ihren Pekinger Tresoren. Kein anderes Land der Welt bunkert Devisenreserven in dieser Höhe. Damit geben die Chinesen an der neuen Börse in Ghana den Ton an. Dort werden vorrangig Öl-Investments getätigt. Für neue Bohrlizenzen, Fördertechnologie, Pipelines und Tankanlagen. Ein Geschäftsfeld, das Nicolas Berggruen meidet. Er geht lieber seinen eigenen Weg. Im Wettrennen um Afrikas profitversprechende Zukunft plant Berggruen mit der Lizenz von East Africa Exchange (EAX), ein zusammenhängendes Börsennetz mit Niederlassungen in Ruanda, Uganda, Kenia, Tansania, Mosambik und Burundi zu etablieren. Mitgetragen wird dieses Netzwerk von der Quote Africa Group (QAG), einem Finanzunternehmen in Kapstadt. Für die Börsenaktivitäten wurde eine Niederlassung auf den Seychellen nach dem internationalen Offshore-Recht installiert. Mit einem Depot von 3,4 Milliarden Dollar (Bloomberg-Finanzdatenbank, 2013) ist diese Gesellschaft nach Meldung von *Financial News* voll in Berggruens Projekt involviert: »Hand in Hand mit der Johannesburg Stock Exchange.«

EINE VISION OHNE VISION

Unabhängige Nichtregierungsorganisationen kritisieren die Machtkonzentration der internationalen Finanzmonopole in Afrika als gleichbedeutend mit Neokolonialismus. Zu diesem Vorwurf äußert sich Nicolas Berggruen nicht. Was er aber davon hält, lässt sich anhand seiner Reaktion während eines Interviews auf Bloomberg TV (vom 22. Februar 2013) erkennen. Nicolas Berggruen erklärt dem Moderator Charlie Rose seine Geschäftsphilosophie: »Ich gehe zu meiner ersten Liebe zurück, ich gehe in die Politik. Dafür war ich vorher in der Finanzwirtschaft tätig. Cash-Flow ist mein bester Freund, ich produziere Geld, um es in das beste System zu investieren.«

Was er unter dem besten System versteht, erklärt er in seinem Ratgeber *Klug regieren*. An der Umsetzung arbeitet er noch. Laut *Financial News* soll auch bald die erste Niederlassung in Afrika die Arbeit aufnehmen. Der Sitz der neuen elektronischen Börse soll sich in Kigali befinden, der Hauptstadt des zentralafrikanischen Landes Ruanda. Sie liegt knapp südlich des Äquators. Bedingt durch die Höhenlage ist das Klima ganzjährig mild, etwa wie in Los Angeles. Das Hotel *Kigali Serena* mit seinen fünf Sternen ist das beste der Stadt. Es gehört der Stiftung von Aga Khan, einem ehemaligen Schüler des Institut Le Rosey in der Schweiz, Berggruens erster Ausbildungsschmiede.

Die Projekte von Aga Khan in Afrika weisen durchaus eine Vorbildfunktion auf. In Mosambik zum Beispiel werden die Schäden des sozialistischen Raubbaus mit seiner Hilfe Schritt für Schritt beseitigt. In Äthiopien werden Projekte für die Trinkwasserversorgung vorangetrieben. Dennoch hält sich die Skepsis, denn größtenteils kommen die internationalen Projekte in Afrika der Bevölkerung nur eingeschränkt zugute. Profite bringen sie meist nur den ausländischen Investoren und ihren Firmen. Der Vorwurf des Neokolonialismus ist vielerorts berechtigt. Inwieweit die Pläne von Berggruen zum Beispiel für die Umstrukturierung der Landwirtschaft in Ruanda auch altruistisch oder nur gewinnbringend sind, lässt sich noch nicht abschätzen. Jedenfalls spricht er im Interview mit *Bloomberg Newsweek* (vom 22. Januar 2013) begeistert über Ruandas lukrative Produkte: »Sehr viel Kaffee«. Das lässt seine wahren Absichten erahnen. Konkreter ist er nicht geworden. Stattdessen bemüht er, wie es seiner Art entspricht, wieder einmal den Pluralis Majestatis und holt zu einem theoretischen Exkurs aus: »Die meisten Länder in Afrika haben die Voraussetzung, große landwirtschaftliche Erzeuger zu werden, aber sie produzieren nur für den Eigenbedarf. Eine Familie versorgt sich mit ihren Anbauprodukten selbst und produziert nichts darüber hinaus. Warum? Weil das System dafür fehlt: die organisierten Großmärkte. Also dachten wir uns: Wie können wir helfen? Wir haben beschlossen, dass wir es versuchen werden, Rohstoffbörsen aufzubauen.«

KAPITEL XX

VOM RETTER ZUM GERETTETEN

»Nicolas Berggruen [...] ist höflich, nachdenklich, kultiviert und modisch – mit seinen hochgekrempelten Manschetten und chaotisch aufgeschlagenem Hemdkragen bis zu seinen Mokassins.«

BLOOMBERG NEWSWEEK

Rauchschwaden vernebeln die Straße, Schaufenster gehen zu Bruch, Läden werden geplündert, Brandsätze gelegt. Durch dieses Chaos bahnt sich eine weiße Stretchlimousine ihren Weg. Sie gehört dem Milliardär Eric Packer. Er fährt zum Haarstyling, telefoniert unentwegt, lässt zwischendurch halten. Es steigen Anwälte, Asset Manager, Banker, Berater, Lokalpolitiker, Kunsthändler ein. Mitunter auch schöne Frauen für flüchtigen Sex. Niemand bleibt lange neben ihm sitzen, alle steigen wieder aus – der Milliardär bleibt einsam zurück. Mit seinem Smartphone zockt er zwischendurch an der Börse. Dann passiert es: In Bruchteilen von Sekunden verliert er bei einer Fehlspekulation mit dem chinesischen Yuan einen Großteil seines Vermögens. Er führt eine neue Währung ein, mit einer Ratte als Zahlungseinheit. Die dramatische Wende folgt kurz darauf: Auf das Leben des Milliardärs wird ein Anschlag angekündigt. Eric Packer fährt trotz einer Warnung – nachdem seine Haare effiliert und gegelt sind – zu dem Gebäude, in dem der mutmaßliche Killer auf ihn wartet. Es handelt sich um einen seiner früheren Angestellten. Mit dem Tod einer »Heuschrecke« will er seinem Leben »einen

Sinn geben«, sagt er und zielt mit einer Pistole auf Packer. Mit dieser Szene endet der Film *Cosmopolis* des kanadischen Regisseurs David Cronenberg nach dem gleichnamigen sozialkritischen US-Roman von Don DeDillo.

EIN LEBEN WIE IM FILM

Die Wirklichkeit übertrifft dieses Szenario sogar noch um ein Vielfaches. Im Falle von Nicolas Berggruen kreist der Milliardär in seinem Superjet über giftigen Müllhalden und qualmendem Elektroschrott vor Afrikas Küste in Ghana, gründet mit Fremdkapital eine Börse in Ruanda, fliegt weiter über Völker, die kein Wasser haben, lässt Luxuswohntürme in Tel Aviv bauen, telefoniert und fliegt weiter, um schneeweiße Nobelvillen in der Türkei und gläserne Bürozentren in Indien zu errichten. Auf dem Rückflug – immer noch pausenlos telefonierend – kauft er eine kaputte Handelsikone in Deutschland. Die Belegschaft jubelt, mancher hat sogar Tränen in den Augen: »Der Himmel hat uns erhört, Robin Hood ist gekommen!«

Für Überraschungen ist Nicolas Berggruen immer gut. Unberechenbar ist er obendrein. Agiert er in London, New York, Los Angeles, Mumbai recht unauffällig, kann es passieren, dass er plötzlich mit Fanfaren im Ruhrgebiet auftaucht. Nicht zum Haare schneiden, sondern um eines seiner Karstadt-Häuser in Recklinghausen zu besuchen. Ohne Krawatte, kein Sakko, die Ärmel des weißen Hemdes hochgekrempelt, will er ein wenig shoppen. Danach stellt er sich mit einer Plastiktüte vor die demonstrierende Belegschaft, die eine baldige Schließung des betagten Warenhauses fürchtet. Die Angst ist nicht unbegründet: Ein paar Meter weiter entsteht ein 30000 Quadratmeter großer neuer Einkaufstempel. Nicolas Berggruen winkt jedoch cool ab: »Wir werden damit zurechtkommen … Wir bleiben hier.«

Das Problem ist aber nicht Nicolas Berggruen. Es ist das System, für das er steht. Die Namen sind letztlich austauschbar – René Benko, Blackstone Group oder Benny Steinmetz. Letzterer, ein israelischer Multimilliardär, der sein Geld vor allem im Diamanten- und Rohstoffgeschäft gemacht hat, aber auch mit Büro- und Shoppingcentern groß im Geschäft ist, hat sich bei Berggruens KaDeWe eingekauft. Mit fünfzig Prozent, aber das reicht ihm noch nicht. »Über das Joint Venture mit Signa wird sich Steinmetz somit auch am Münchner Traditionskaufhaus Oberpollinger beteiligen«, meldet die österreichische Zeitung *Die Presse* (vom 26. Januar 2013).

KaDeWe oder Oberpollinger, letztlich spielt das keine Rolle, als Immobilie sind die Karstadt-Häuser mehr Wert als die Menschen, die in ihnen arbeiten. Kaufen und Verkaufen – darum geht es. Der Immobilienhandel bringt mehr Profit als ein maroder Warensektor. Also wird weitergebaut. An der Leipziger Straße in Berlin wächst ein neues Shoppingcenter der Superlative. Mit rund 76 000 Quadratmeter so groß wie sechs Fußballfelder und ausgestattet mit dem größten Foodcourt Deutschlands, handelt es sich um eine Investition in Höhe von 800 Millionen Euro. Am Kurfürstendamm, schräg gegenüber von Karstadt, wird es ebenfalls bald neue Luxusshopping-Möglichkeiten geben. Neue Arbeitsplätze werden dadurch entstehen, gewiss, aber wie der Fall Amazon zeigt: Tarifverträge sind überflüssig. Und Berggruen macht mit Karstadt vor, wie man 650 Millionen einsparen kann – nämlich indem man Mitarbeiter entlässt.

Nach Wirtschaftwunder, Wohlstand und sozialer Sicherheit kündigt sich nun das Zeitalter der sozialen Ungerechtigkeit, der Kündigungen, Stellenstreichungen und der unbezahlbaren Mieten an. Betriebsangehörige werden durch Leiharbeiter ersetzt. Billiglöhner aus ganz Europa schuften auf den Baustellen und errichten die neuen Shoppingparadiese. Sie sind das Sinnbild für das 21. Jahrhundert. Aber allmählich macht sich – von Berlin über Istanbul bis Rio de Janeiro – Wut breit in der Bevölkerung, und die Straße erhebt sich gegen diese rücksichtslose Vermarktung des Lebensraumes.

Der Mythos seiner Milliarden übt eine große Faszination auf die Menschen aus. »Man kann es sich gar nicht vorstellen, wie viele Leute von Nicolas Berggruen etwas wollen, wenn er da ist«, heißt es aus seinem Berliner Büro. Darüber hinaus scheinen sich fast alle von der Legende seines Vaters blenden zu lassen. Wie Ende der 1990er Jahre Deutschlands Kulturväter dem Kunsthändler Heinz Berggruen aus Paris hinterherliefen, so, als ginge es darum, für Berlin einen neuen Schutzpatron einzufangen, gehört zu den Dingen, die sich nicht ganz erklären lassen. Dabei hat sich Heinz Berggruen eigenhändig auf den Denkmalsockel gehievt. Um seine Kunstsammlung gewinnbringend an den deutschen Staat zu verkaufen, musste er nur an seinem selbstgezauberten Ruhm polieren. Sein Sohn profitiert bis heute davon. Ohne das Picasso-Museum seines Vaters und der fast schon manischen Verehrung seiner Person hätte wohl kaum jemand mit Nicolas Berggruen als Investor über Karstadt verhandelt. Doch mit dem Prestigebonus einer »formidablen Sammlung mit heute kaum mehr ermittelbarem Wert« (Der *Tagesspiegel* vom 9. Juni 2013) hatte Nicolas Berggruen das Tauziehen um Karstadt spielend gewonnen. Mit Karstadt ging Nicolas Berggruen kein Risiko ein. Schreibt die Warenhauskette weiterhin rote Zahlen, kommt Plan B ins Spiel – eine Lösung, die beispielsweise der Versandhändler Otto schon einmal durchexerziert hat. Als die Frankreich-Tochter, die Versandabteilung 3Suisses, zum dauerhaften Sorgenkind wurde, begann man den Markt dahingehend zu sondieren, welche Teile davon sich noch am gewinnbringendsten veräußern ließen. Die schwelende Vermutung, auch Nicolas Berggruen werde ähnlich verfahren und in aller Stille das Terrain bei den Banken, Investoren und sogar seinen Rivalen sondieren, bestätigt sich schließlich wie ein Blitz aus heiterem Himmel. Am Montag, den 16. September 2013 bringt die »Tagesschau« um 20 Uhr die Meldung: »Nicolas Berggruen verkauft 75,1 Prozent seiner besten Stücke von Karstadt. Die Premium-Gruppe und die Sporthäuser übernimmt ein österreichischer Investor.« Um 22.10 Uhr analysiert der Börsenkommentator der ARD die überraschende Wende: »Beides eilt ihm als Ruf voraus: Ist Nicolas Berggruen ein strategisches Genie oder ein eiskalter Spekulant? Er verkauft Karstadts Tafelsilber, um den verbleibenden Rest der klassischen Warenhäuser nun doch rentabel zu machen. Eigenes Kapital hat er nach bisherigen Informationen nicht investiert. Was er mit 300 Millionen Euro als Verkaufserlös erreichen will, wird sich bald zeigen.«

Vor rund einem Jahr ließ Nicolas Berggruen die kursierenden Verkaufsabsichten noch vehement dementieren. Die im *Spiegel* (vom 6. August 2012) verbreitete Vermutung, Berggruen habe »offenbar andere Pläne, er lässt den Verkauf der sogenannten Karstadt-Premiumhäuser vorbereiten«, wehrte der betroffene Jared Bluestein als Aufsichtsratsvorstand mit einer Gegendarstellung ab: »Hierzu stelle ich fest: Ich verhandle nicht mit der Qatar Holding oder auch dem kanadischen Familienunternehmen George Weston Limited über einen Verkauf der Karstadt-Premiumhäuser. New York, 1. Oktober 2012, Jared Bluestein.«

Auch Berggruen reagierte auf die *Spiegel*-Behauptung, »Berggruen will Karstadt aufspalten … Weil das Geschäft nicht läuft, plant Investor Berggruen einen Teilverkauf« mit einer Gegendarstellung: »Hierzu stelle ich fest: Ich will Karstadt nicht aufspalten. Ich plane auch keinen Teilverkauf. Los Angeles, 6. August 2012, Nicolas Berggruen.« Der Abdruck erfolgte damals erst im Oktober 2012 mit zweimonatiger Verspätung. Wie bereits erwähnt, hätte Berggruen laut Aussage von Jan Siegel vom *Spiegel* für die sofortige Veröffentlichung eine eidesstattliche Versicherung abgeben müssen, was er aber nicht getan hat. Das ist insofern interessant, weil er sich bei einem nachweislichen Wortbruch unter Umständen hätte strafbar machen können. So leicht lässt sich ein Berggruen aber nicht einfangen. Er agiert in selbst geschaffenen Freiräumen.

Wie souverän er dies beherrscht, führt er unter anderen Anfang September 2013 vor: Nachdem er seinen Karstadt-Chef Andrew Jennings entlässt, wechselt er auch den Aufsichtsratsvorsitzenden aus. Sein Vertrauter Jared Bluestein muss seinen Stuhl für Stephan Fanderl räumen. Der Sohn eines bayerischen Lebensmittelhändlers war 2007 als Vorstandsmitglied aus der Rewe-Handelsgruppe ausgeschieden. Berggruens bewährter Strippenzieher, Wolfgang Weber-Thedy, hatte ihn für den Vorsitz gewinnen können. Zuletzt war Fanderl für den Schweizer Discounter Denner tätig. Auch als Schlecker-Retter war er im Gespräch, war damals aber nicht zum Zuge gekommen. Sein Vorzug: Laut der *Lebensmittel Zeitung* soll er weltweit über gute Verbindungen zu Investmentbanken verfügen, unter anderen auch nach Russland, wo für Gazprom die Milliarden aus der Erde sprudeln.

BENKO ÜBERNIMMT KARSTADT

Nicolas Berggruen übt sich in Zuversicht, Karstadt auf die Gewinnseite bringen zu können. Er taktiert, wie der ARD-Börsenkommentar bestätigte, sehr geschickt. Trotz Verkauf behält er an den drei Premium- und 28 Sporthäusern einen Anteil von 24,9 Prozent. Seiner Position wird es weiterhin von Vorteil sein, dass die Signa Holding Group, der neue österreichische Miteigentümer, zugleich als mehrheitlicher Vermieter der klassischen Karstadt-Warenhäuser fungiert. Damit mindert sich gegenüber dem früheren Mehrheitseigner Highstreet, der nur auf hohe Mieterlöse erpicht war, die Gefahr der Interessenkollision. Denn die bisher aufs Investment spezialisierte Signa will sich um den Handelsbereich erweitern, mit Immobilien und Kaufhäusern eine Einheit bilden. Benko kündigt die Kooperation mit Berggruen an: »Gemeinsam für beide Karstadt-Unternehmen einkaufen, ja sogar ein gemeinsames Management und Aufsichtsratsgremium haben«, so das *Handelsblatt* (vom 23. September 2013). Aus den Medien erfuhr man inzwischen, mit wem der Signa-Chef Benko eng zusammenarbeitet: mit Ex-Porsche Chef Wendelin Wiedeking und Hans Peter Haselsteiner, dem Hauptaktionär des österreichischen Baukonzerns Strabag. Auch die Falcon Private Bank, welcher dem Staatsfonds des Emirats Abu Dhabi angeschlossen ist, zählt zu Benkos einflussreichen Verbündeten. Benkos Plänen scheinen keine Grenzen im Wege zu stehen. Der erst 36-jährige Self-Made-Millionär aus Innsbruck strebt in die Milliardärsklasse. Um einige Kratzer an seinem Image wegzupolieren, wurde ein Profi aus der Extraliga – Benko spricht gern im Sportjargon – verpflichtet. Der ehemalige *Bild*-Chefredakteur Hans-Hermann Tiedje, der einst Bundeskanzler Helmut Kohl im Wahlkampf gegen den SPD-Kandidaten Schröder beraten hat, kennt alle Tricks, wie man mit Pressearbeit den schönen Schein herbeizaubert. Unter Tiedjes anhänglichen PR-Kunden ist aktuell auch Thomas Middelhoff zu finden. Einige Experten halten seine Rückkehr in die Führung der Karstadt-Premiumhäuser für nicht ausgeschlossen. Immerhin war es Middelhoff, der aus dem Oberpollinger das Einkaufsmekka für arabische Touristen in München kreierte.

Dass Nicolas Berggruen seine Fahne über Karstadt streichen wird, erscheint den Kennern seiner Natur unwahrscheinlich. Die Gründe sind einleuchtend. Erstens, Berggruen hasst schlechte Nachrichten, zu solchen würde sein Scheitern mit Karstadt zweifellos zählen. Zweitens, ein Investment gegen die Wand zu fahren, würde sein Image schwer beschädigen, was er auf jeden Fall zu vermeiden sucht. Drittens, eine Lösung zu finden, die zumindest halbwegs den Berggruen-Mythos unbeschädigt lässt, ist er dem Andenken seines Vaters schuldig. In seinem Berliner Museum will Sohn Nicolas nach wie vor als Philanthrop seine Jahresfeste feiern. Aber es besteht Hoffnung: »Rund 42 von 83 Filialen sind jeweils mit Investitionen in sechsstelliger Höhe saniert«, wird im Karstadt Newsroom gemeldet. Verdi-Sprecher Andreas Splanemann hält für 2014 die Rückkehr in den gekündigten Tarifvertrag für realisierbar. Frische und Optimismus verstrahlt auch Lena

Gercke als das neue Karstadt-Gesicht. Die Siegerin der ersten Staffel von »Germany's next Topmodel« sitzt ab September in der Jury des »Supertalents« neben Dieter Bohlen. Auch von solchen Synergien will Karstadt in Zukunft profitieren. Oder wie die *Bunte* (vom 19. September 2013) kommentiert: »Es muss nicht immer Kate Moss sein.«

IM NAMEN DER ELITE

Seine politischen Aktivitäten sieht Berggruen als Teil seines Versprechens in der Milliardärsinitiative »Giving pledge«. Aber anstatt Geld für Impfungen und Schulungen einzusammeln, wie dies beispielsweise die Stiftung von Bill und Melinda Gates seit Jahren tut, begnügt sich Nicolas Berggruen damit, Empfehlungen abzugeben. Guter Rat ist, wie allgemein bekannt, ziemlich teuer, manchmal sogar unbezahlbar. Dass er sich aber der Weisheit letzten Schluss ausgerechnet bei ausgedienten Politikern wie Gerhard Schröder oder Tony Blair holt, bringt mitunter die Betroffenen selbst in Verlegenheit. Im Rahmen des Town Hall Meetings 2011 in New York erklärte dazu ein gutgelaunter Altkanzler: »Wir können nur Denkanstöße geben.« Weiter sagte er: »Man soll sich auch nicht so wichtig nehmen. Außensicht zu einem oder anderen Dingen zu liefern, und zwar so, dass kein Ehrgeiz damit verbunden ist. Den haben wir alle in dieser Runde nicht mehr.« Allerdings verkennt Schröder dabei die Ambitionen, die Berggruen mit seiner Denkfabrik hegt. Hartnäckig peitscht er seine Idee, ein Schattenkabinett der G20 zu bilden, durch, um die entscheidenden Themen der Weltpolitik anzugehen. Was er und seine Unterstützer dabei verkennen, ist die weltökonomische Erkenntnis: Nicht eine global herrschende Eliteklasse regiert die Welt – im Kapitalismus hat der Markt die Macht. Der einzige Herrscher ist die Kaufkraft. Solange die Milliardäre ihr Vermögen haben, können sie Achsen und Allianzen bilden. Und das tun sie auch, indem sie Geld zu einem System machen. Es ist nur noch fiktiv, digital, virtuell vorhanden.

Das Berggruen Museum in Berlin steht all dem diametral entgegen: In ihm lebt die Legende von Heinz Berggruen weiter, dem talentierten Sohn eines Berliner Schreibwarenhändlers, der in die Welt hinausging, um zu einem »Überkünstler« zu werden, indem er die Kunst anderer verkaufte. Womit er am Schluss auch Millionär wurde und mit seinem Ruhm die Karriere für seinen Sohn sicherte.

ANHANG

DIE INVESTMENTS VON A–Z

»Karstadt gehört zu meiner internationalen Firmengruppe, die von einer sogenannten Holding gesteuert wird. Für ihre Tätigkeit, z. B. Verwaltung, bekommt die Holding jährlich einen Betrag. Ich selbst verdiene daran keinen Cent.«

NICOLAS BERGGRUEN

Accentia Technologies, Indien, VAE, USA Die technischen Ausstattungen in Krankenhäusern werden immer komplizierter. Dieser Anbieter verkauft medizinische Lösungen und Dienstleistungen in Mumbai, Bhubaneshwar, Hyderabad, Bangalore, Cochin, Trivandrum, Dubai und ist auch in Amerika vertreten: in Portland/Washington State, Newark/New Jersey und Fort Lauderdale/Florida. Ein Anruf genügt.

Astrum Towers, Haramidere, Istanbul Wohnen, wo scheinbar das Geld nie ausgeht. Türme mit insgesamt 359 Apartments. Auch für wohlhabende Stundenten geeignet.

Berggruen Car Rentals, Indien Das Angebot reicht vom Smart bis zum Rolls-Royce. Der 2007 gegründete Car Club verfügt in Indien über 975 eigene und 1500 zusätzlich abrufbare Wagen. Das Stationsnetz soll durch Franchising von bisher 21 auf 41 indische Städte bis Ende 2013 ausgeweitet werden. Der Autoverleiher beschäftigt derzeit etwa 500 Mitarbeiter.

Berggruen Farming, Australien Ein Unternehmen, das seit 2008 eine Agrarfläche von 12 000 Hektar im Investorenbesitz bewirtschaften lässt. Die Firmenhomepage verspricht: »Mit Management-Expertisen wird für das Anlegerkapital eine hohe Rendite erreicht.«

Berggruen Gümüşlük Houses, Türkei Schwedische Dörfer an der türkischen Riviera. Von den schwedischen Stararchitekten Thomas Sandell und Gert Vinghardh im minimalistischen Bauhaus-Stil entworfen. Der ehemalige Bundeskanzler Gerhard Schröder hat eine der weißen Villen gekauft – mit blauem Pool und Blick auf die Halbinsel Bodrum.

Berggruen Hotels, Indien Funktionell bis luxuriös – die Marke Keys Hotels hat für jeden Gast das passende Zimmer. Für Hochzeiten bietet sich das Ressort in Mahabaleshwar an – dort fühlt man sich, als ob man bei einem Maharadscha zu Gast wäre.

Bodrum Houses, Türkei Beverly Hills für osmanische Millionäre. Weiße Traumvillen des Stararchitekten Richard Meier in den grünen Bergen über dem Mittelmeerhafen Bodrum. Das türkische St. Tropez – ein Tummelplatz der türkischen Prominenz.

Bondet Kayit Sistemleri A.Ş., Türkei Eine Firma, die Ordnung im Büro schafft. Von Leitzordnern bis zur Lagerung – Bondet organisiert's.

Burger King Worldwide, New York Zusammen mit zwei Geschäftspartnern hat sich Berggruen die Fast-Food-Kette für 1,4 Milliarden Dollar einverleibt. Die Hamburger sollen demnächst auch gesünder werden, verspricht Berggruen.

Celloglas, England Glamour für Magazine und Prospekte. Eine englische Spezialfirma, die Druckprodukte veredelt. Die

Vogue oder Harrods gehören zu den Kunden – die Cover glänzen und sind praktisch abwaschbar.

Commercial Development, Hitech City, Hyderabad, Indien Eine Boom-Town der indischen IT-Branche. Der Bedarf an ultramodernen Büros wächst. Berggruen lässt bauen – aus Glas, Edelstahl und Sichtbeton, dass es einem nur so vor den Augen flimmert.

Elit Plaza, Şişli, Istanbul Hoch, höher, Berggruen. Dieser zylinderrunde Wohnturm zählt zu den neun Wolkenkratzern, die das Panorama von Istanbul zu einem neuen Manhattan verwandeln. 40 Stockwerke, 61 Luxusresidenzen zwischen 170 bis 532 Quadratmeter groß. Vollklimatisierte Zufluchten für die Oberschicht.

Elitkent, Esentkent-Bahçeşehir, Istanbul Eine neue Satellitensiedlung, die aussieht, als wäre man in Shanghai. Dichtgedrängte, zehn bis 20-stöckige Wohnburgen. Ein Luxusblock zählt seit 2007 zu Berggruens Immobilienreich: Er umfasst 722 Apartments mit einer Gesamtfläche von 34 500 Quadratmeter. Der Blick geht auf einen Park mit einem künstlichen See.

Equipwell, Mumbai, Indien Systeme mit Hydraulik, Lagertechnik, Logistikfahrzeuge – Berggruen hat das indische Geschäft des weltweit vertretenen Konzerns übernommen. In der Gabelstapler-Branche sorgt der boomende Internethandel für einen weiteren Schub. Die Aktionäre steigen begeistert ein, überzeugt von einem einzigen Argument: »Jedes Mal, wenn im Internet etwas bestellt wird, bewegt sich später ein Gabelstapler.«

Gemini Equipment and Rentals (GEAR), Indien Bagger, Buldozer, Betonmischer vermittelt diese 2007 gegründete Dispozentrale eines indischen Bauriesens. Kein Risiko, die Geräte kommen von anderen Firmen. Die 600 Mitarbeiter an über 100 Standorten wissen, wie man wo was besorgt. Hauptsache es ist kostengünstig.

Global Supply Chain Finance (GSCF), Schweiz Ein Finanzunternehmen, das sich Familie nennt. Es besorgt Kredite, hilft bei Firmengründungen, berät Geschäftsführungen. Das Hauptquartier befindet sich in Zug. Beim Wettrennen im Steuersenken hält diese Schweizer Hochburg einen bisher kaum einholbaren Rekord – mehr als 27000 Aktiengesellschaften sind in Zug registriert.

Für den britischen *Guardian* stellt das beschauliche Städtchen eine »Haupthimmelsrichtung der globalen Wirtschaft« dar. Der Weg zur Berggruen Holdings führt über einen holländischen Umweg, dessen Anschrift interessierte Investoren auf Berggruens Homepage finden können: IMS Benelux Holding Coöperatieve U.A., Markt 6, 4112 JS Beusichem. Mit 2000 Einwohnern ein noch viel, viel kleineres Städtchen als Zug.

Hoover Treated Wood Products, USA Holz ist in den USA das Baumaterial Nummer eins. Die 1955 gegründete Firma mit Sitz in Georgia gehört zu den größten Holzlieferanten der Welt. Als sie in Schieflage geriet, richtete sie Berggruen wieder auf. Die Besonderheit des Unternehmens: Es wird von dem gleichen Profi geführt, der auch dem Karstadt-Aufsichtsrat vorsteht: Jared Bluestein aus New York.

Hydropower, Türkei Bei Berggruens Town Hall Meeting 2012 in Berlin als Redner beklatscht, ließ Ministerpräsident Erdoğan die türkischen Landesflüsse privatisieren. Berggruen stieg mit 35 Millionen Dollar bei dem türkischen Energieproduzenten BND Elektrik Üretim A.Ş. Owns ein, um künftig grünen Strom zu produzieren. Bislang fließt allerdings nur Ärger aus der Steckdose. Dieses Projekt, gesteht Berggruen inzwischen, zählt zu seinen Fehlschlägen. Der Verlust ist für Berggruens Verhältnisse aber kaum der Rede wert.

IMS Group, Fürstentum Liechtenstein International Möbel Schieder, aber der volle Name wird ausgespart, um keine Erinnerungen an Insolvenz und Bilanzbetrug wach werden zu lassen. Die Firma hat seit 1974 ihren Sitz im Fürstentum Liechtenstein. Den 8000 Quadratmeter großen Showroom und das moderne Hochregallager mit mehr als 30000 Kubikmeter Fassungsvermögen in Bendern nahm Nicolas Berggruen bei der Firmenrettung 2007 in seine Obhut. Der einstige Marktführer Europas ist weiterhin immer noch in 25 Ländern erfolgreich vertreten.

IT SEZ Project, Coimbatore, Indien Gut informiert, ist halb gewonnen. Für die richtige Finanzstrategie verkauft diese Projektfirma richtungsweisende Informationen. Indien wächst, die Geldflüsse steuert Nicolas Berggruen mit.

Integrated Township and IT-Park, Mohali, Indien Eine Palmenoase in Punjab. Das Heilige Land des Hindukultes an der Grenze zu Afghanistan. Auch hier gibt es Reiche, die im Bollywood-Stil wohnen möchten. Nicolas Berggruen ließ für sie eine Luxuswohnanlage mit Hochhäusern entwickeln. Zum Cricket-Stadion, einst von den Engländern gebaut, sind es zu Fuß nur 20 Minuten.

International Education Corporation, Kalifornien Wer Geld hat, lernt besser. Eine Kette von Privatschulen, auf denen Kinder betuchter Eltern ihren Collegeabschluss machen können. Danach geht es weiter mit Karrieregarantie, auch hier ist der neue Karstadt-Chef, Jared Bluestein, federführend.

Karstadt, Essen Die Spur führt in ein Möbellager. Gut, auch Karstadt verkauft Matratzen. Aber warum Karstadt als Konzern in Essen ansässig und zugleich als Berggruen Holdings c/o IMS Benelux Holding Coöperative U.A. in dem kleinen holländischen Städtchen Beusichem registriert ist, ergibt für Laien keinen Sinn. IMS ist wiederum jener Möbelfirmenteil, der aus der Schieder-Insolvenz von Berggruen herausgefischt und in Liechtenstein fortgesetzt betrieben wurde. Mit der Angabe »c/o« in Beusichem setzt sich der Pfad direkt zur Investmentfirma GSCF in Zug fort, das Paradies mit dem milden Steuerklima.

Für diesen komplizierten Weg in der Buchhaltung eines deutschen Handelskonzerns gibt es nur eine Erklärung. Der *Bild*-Zeitung (vom 4. Juni 2013) sagte Nicolas Berggruen, dass er Karstadt für die Verwaltung durch seine Holding eine Gebühr berechne. Die Höhe ist strenges Betriebsgeheimnis. Bei einem Umsatz von immer noch knapp über drei Milliarden Euro könnte der Prozentsatz für die Abwicklung doch ein paar Milliönchen ausmachen. Diese Summe wird an Berggruens neue Firma Karstadt Holding aus der Zentrale in Essen zuerst nach Beusichem in Holland überwiesen. Bis nach Beusichem sind es nur 170 Kilometer, wenn es nötig ist, kann Karstadts Finanzchef auch mit dem Auto dorthin fahren. Aber wie schon Berggruen der *Bild*-Zeitung sagte: »Ich selbst verdiene daran keinen Cent.«

LeYa, Alfaguara Der 2008 gegründete Verlag gehört zu den führenden Kinder- und Jugendbuchverlagen in Portugal. Weil in Portugal, Angola und Mosambik nur rund 54 Millionen Menschen Portugiesisch sprechen, wurden die Verlagsaktivitäten 2009 auf Brasilien mit seinen 193 Millionen Einwohnern erweitert. Es ist das kinderreichste Land der Welt, welches Nicolas Berggruen mit Lektüre versorgen lässt. LeYa heißt phonetisch auch Lesen. Immerhin hilft es im Kampf gegen den Analphabetismus.

Meier on Rothschild, Israel Der weiße Turm von Tel Aviv. Die Dimensionen sind berauschend. Die Eingangshalle ist drei Stockwerke hoch. Die Immobilie wird über Sotheby's vertrieben. Selbst wenn das als Kapitalanlage gekaufte Luxusapartment leer bleiben sollte, ist es gut gesichert: Die Pförtnerloge mit kompletter Videoüberwachung des Objekts ist 24

Stunden besetzt. Nachts kommt noch ein bewaffneter Wachdienst zur Verstärkung.

Millenium Park, Kurtky, Istanbul Wohnen wie bei den Öl-Scheichs in Dubai. Im Einzelnen klein und fein, im Ganzen dennoch gewaltig: ein Park mit Springbrunnen und Teichen, 219 Villen und noch weiteren 19 Superbungalows. Bereits fertiggestellt.

Nicolas Berggruen Holdings GmbH, Berlin »Berlin ist für mich eine Vision«, sagt Nicolas Berggruen. Sein Vater sammelte Bilder, der Sohn hortet Immobilienwerte. Mehr als 60 »Gebäude mit Charakter« hat er bereits für seine Berliner Sammlung erstanden. Mit Klinkerfassaden aus Gründerzeit, Neurenaissance im Kaiserstil, Beton des Konstruktivismus und Käfigpavillons des Sozialismus.

Oreko Mining, Türkei Klingt gut, ist aber noch Zukunftsmusik: Schürfrechte für Zink, Blei, Kupfer, Chrom und Baryt-Quarze. Zu den auf der Berggruen Homepage angeführten 24 türkischen Bergbaulizenzen, die 2007 erworben wurden, kann *Bloomberg Businessweek* in ihrer Liste über Metalle und Bergbau noch keine betriebswirtschaftlichen Daten angeben. Womöglich ist aber Berggruen auf eine echte »Goldader« gestoßen. Der Mineralkristall namens Baryt erfährt als wichtiger Zusatz beim Fracking eine starke Nachfrage. Verflüssigt und in die Bohrlöcher gepumpt, zerbröselt diese Substanz die tiefen Gesteinsschichten.

Phoenix Group Holdings, London Versicherungen aller Art. Leben, Rente, Unfall, Trauerfall, Begräbnis, jeweils mit Policen abgedeckt, hat sich in diesem Konzern ein Fonds von 68,6 Milliarden Pfund angesammelt. Im Zuge der Restrukturierung wurden aus der Phoenix Group einige Segmente verkauft. Zusammen mit Partnern hat Nicolas Berggruen das Asset Management abgelöst und dazu noch weitere Sparten übernommen: Pearl Assurance and Phoenix Life, London

Life, Phoenix & London Assurance, Phoenix Pensions, NPI, National Provident Life and Scottish Mutual International. Die Phoenix Group ist an zwei interessanten Orten registriert: Grand Cayman und auf der britischen Kanalinsel Jersey. Hierbei handelt es sich um zwei Hochburgen der Steuerfreiheit, von denen Versicherungsanstalten gern Gebrauch machen. Schließlich bleiben nur staatliche Anstalten steuerfrei, alle anderen müssen aus ihren Einnahmen den Obolus an den Staat entrichten. In Zeiten des Niedrigzinses wären die Versicherungen ruiniert. Es hilft also nichts: Nur wer Steuern spart, überlebt!

Promotora de Informaciones SA (Prisa), Spanien, Portugal, Brasilien, USA In genau 33 Ländern der Welt wird Spanisch gesprochen. In 22 von diesen ist der Medienkonzern Prisa bereits vertreten. Mit der hispanischen Gemeinschaft in den USA kommen noch einmal 700 Millionen potentielle Rezipienten hinzu. An den Gewinnen sind Nicolas Berggruen und sein Partner Martin Franklin beteiligt. Trotzdem muss die zur Prisa gehörende Tageszeitung *El Pais* bald noch mehr Journalisten und Redakteure entlassen.

Renewable Energy Source Projects, Türkei Die Windmessungen laufen. Bis Ende 2013 soll die Projektierung fertig sein, dann werden die Propeller auf die Betonpfeiler gesetzt. Mit vier Lizenzen an der ägäischen Küste soll Berggruen zum wichtigen Stromversorger werden. Damit die Wasserkraft Berggruens Turbinenwerke antreiben, sollen drei Flüsse in Zentralanatolien mit Staudämmen gebändigt werden. Aber wie gesagt, alles noch in der Planungsphase.

Residential Development, Vishakhapatnam, Indien Diese Hafenstadt am Golf von Bengalen gehört zu den am schnellsten wachsenden Agglomerationen Indiens. Zu den 1,7 Millionen Menschen kommen täglich Tausende vom kargen Umland hinzu, weil es hier eine Erdölraffinerie, Dünger-, Stahl- und

Werftindustrie gibt. Und bald auch noch einen neuen Business Park von Berggruen.

Residential Township Project, Mysore, Karnataka, Indien Eine Kulturwiege der Menschheit. Die ersten Funde aus der Eisenzeit gehen auf 1200 Jahre vor Christus zurück. Bereits jetzt platzt die Region mit 61 Millionen Bewohnern aus allen Nähten. Berggruen will bei der urbanen Planung mit Wohnungen, Büros und Shoppingzentren helfen.

SoMa Downton Newark Development, New Jersey Ein gläsernes Atlantis der Neuzeit, vom Stararchitekten Richard Meier entworfen. Ob die visionäre Utopie jemals in die Tat umgesetzt wird, ist ungewiss. Nicolas Berggruen hält sein Geld zurück und es findet sich niemand, der das Risiko übernimmt. Die Kosten könnten in die Milliarden gehen. Die Tragweite des Projekts lässt sich nicht mehr abschätzen. Die Projektbetreuung hat wieder Karstadt-Chef Jared Bluestein inne.

UEI Global, Agra, Indien Die Gastronomie und Hotellerie auf dem indischen Subkontinent wächst in rasendem Tempo, der Bedarf an Köchen, Food & Beverage- sowie Hotelmanagern ist immens. Berggruen lässt sie an zwölf verschiedenen Fachschulen ausbilden. Auch in England wurde das Nationalgericht Fish-and-Chips inzwischen durch Massaman Curry abgelöst. London sucht dringend indische Köche!

Warehouse Land, Silivri, Istanbul *»Babasi Picasso'nun arkadaşi ve Frida Kahlo'nun«*, stellte der türkische Ableger von *Forbes* den neuen Investor Nicolas Berggruen vor. Selbst in der Türkei scheint es nicht ohne den Verweis auf seinen Vater zu gehen. Die Pläne für ein neues Shoppingcenter sind bereits fertig: 130 000 Quadratmeter Fläche in der Vorstadt Silivri. 120 000 Menschen leben hier – eine gute Basis für eine zukünftige Rentabilität.

Wind Power, Türkei Windig ist es in der Marmararegion, vom Schwarzmeer fegt es über den Bosporus. Mit 13 Betreibern will Nicolas Berggruen rund 18 Windenergie-Projekte durchführen. Es gibt noch Optionen für weitere neun Powerstationen.

Wie schafft Nicolas Berggruen es bloß, das alles unter Kontrolle zu halten, fragen sich viele und staunen: »Er besitzt nicht mal eine Uhr.« Die Zeit tickt dafür auf seiner Firmenhomepage in verschiedenen Zonen: Amsterdam – Berlin – Istanbul – Tel Aviv. Mumbai ist längst schon aufgestanden, wenn in New York gerade erst das Nachtleben beginnt. Und einer schläft nie, wenn es um Geschäfte geht: Nicolas Berggruen. Der wird ständig geweckt. Weil das Geld niemals schläft!

QUELLEN

Die Quellen für Zitate aus den Medien sind im Text jeweils mit Titel und Datum angegeben. Der wesentliche Teil der Informationen stammt aus Hintergrundgesprächen. Der Autor verschickte E-Mails mit Anfragen und führte während der acht Monate Arbeit an diesem Buch zahlreiche Interviews. Soweit die Informationen verwendet wurden, sind sie ebenfalls im Text vermerkt. Als ergiebige Quelle erwies sich das Internet: Die elektronischen Datenspeicher sind die neuzeitlichen Pyramiden der Informationen, voll mit überraschenden Funden. Der Schlüssel zum Firmengeflecht von Nicolas Berggruen liegt bei der US-Börsenaufsicht Securities Exchange Commission (SEC), die für die Kontrolle des Wertpapierhandels in den Vereinigten Staaten zuständig und für jedermann unter *www.sec.gov* öffentlich zugänglich ist.

Der Autor war nach bestem Wissen und Gewissen bemüht, alle Daten und Fakten zu überprüfen, etwaige Fehler zu vermeiden und bewusst keine Falschinformationen zu verbreiten. Der Autor ging stets nach dem Prinzip Pro und Kontra vor. Negativen Beurteilungen über Nicolas Berggruen stehen positive Meinungen und Stimmen gegenüber. Soweit Angaben aus den Webauftritten der Unternehmen und Organisationen verwendet wurden, sind auch diese Quellen im Text vermerkt.

Aust, Stefan und Adrian Geiges: *Mit Konfuzius zur Weltmacht. Das chinesische Jahrhundert.* Berlin 2012.

Berggruen, Heinz: *Hauptweg und Nebenwege. Erinnerungen eines Kunstsammlers*. Frankfurt a.M. 1999.

Berggruen, Heinz: *Monsieur Picasso und Herr Schaften*. Berlin 2001.

Berggruen, Heinz: *Die Kunst und das Leben. Erinnerungen, Portraits, Schnurren.* Berlin 2001.

Berggruen, Nicolas und Nathan Gardels: *Intelligent Governance for the 21st Century*. Cambridge 2013.

Krysmanski, Hans-Jürgen: *0,1%. Das Imperium der Milliardäre*. Frankfurt a.M. 2012.

Roubini, Nouriel und Stephan Mihm: *Das Ende der Weltwirtschaft und ihre Zukunft.* Frankfurt a.M. 2010.

Seidel, Hagen: *Arcandors Absturz*. Frankfurt a.M. 2010.

Schaper, Rüdiger: *Moissi. Eine Schauspielerlegende*. Berlin 2000.

Stassinopoulos-Huffington, Arianna: *Picasso. Genie und Gewalt.* München 1988.

Stein, Vivien: *Heinz Berggruen. Leben & Legende*. Zürich 2011.

DANKSAGUNG

Zuerst möchte ich Nicolas Berggruen danken. Ich war als Zaungast dabei, als er im Charlottenburger Schlossareal auf die Straße ging, um die Karstadt-Demonstranten mit einer Zauberformel zu beschwichtigen. Er sagte: »Das Museum ist ein Juwel. Es gehört euch allen.« – Wunderbar, ich freue mich sehr! Nur möchte ich anmerken: Schenken amerikanische Milliardäre wie Jean Paul Getty oder John und Dominique de Menil ihren Landsleuten ein Museum, wird dort gewöhnlich kein Eintritt verlangt. Das Paul Getty Center in Los Angeles und die Menil Collection in Houston sind nur zwei Beispiele, an deren Eingang man den Hinweis findet: *Free Admission.*

Wenn Sie aber, lieber Herr Berggruen, die Eintrittsgelder im Museum ihres Vaters – von Januar bis Juni 2013 gab es rund 60000 Besucher, also betrugen die Einnahmen rund 600.000 Euro – dazu nutzen würden, das Elend auf dieser Welt zu lindern, indem Sie beispielsweise neben einer Börse auch Trinkwasser für Afrika beschaffen würden, wäre ich gern mit jenen zehn Euro Eintritt dabei – und stifte sogar noch mehr!

Mehr als hilfreich war für mich der Kontakt zu Vivien Stein in Paris. Neben den vielen E-Mails und flankierenden Informationen, die sie zu diesem Buch beitragen konnte, war es vor allem ihre Biographie über Heinz Berggruen, die für mich als Vorbild der akribischen Recherche diente. Man kann sogar als erfahrener Autor immer noch dazu lernen, dafür möchte ich mich, liebe Frau Stein, bei Ihnen bedanken.

Bedanken möchte ich mich zudem bei den amerikanischen

Kollegen, vor allem den Journalisten von *Bloomberg* für ihre Unterstützung. Auf die meisten meiner E-Mails bekam ich eine Antwort im formvollendet-höflichen Stil. Die Auskünfte entsprachen der amerikanischen Gepflogenheit, die Arbeit und das Leben des anderen zu respektieren; also auch einen Autor, der für ein Buch recherchiert.

Auf welche Atmosphäre des Mauerns, Misstrauens und Schweigens ich dagegen bei meinen Recherchen in Deutschland gestoßen bin, erstaunte mich sehr. Selbst bei der Gewerkschaft Verdi hieß es auf meine Anfrage nur: »Wir haben Ihre Mail weitergeleitet.« Gemeldet hat sich niemand. Die Agenturen, Berater, Wirtschaftsanwälte beriefen sich stets auf die »Diskretion gegenüber unseren Kunden und Mandanten« – es schien fast so, als würden sie einen langen Arm fürchten, der sie belangt, wenn sie sich etwas zu sagen trauen würden, das nicht der »Unternehmenslinie« entspricht. Weil ich ursprünglich aus Prag stamme, fühlte ich mich sehr oft an Kafkas *Schloss* erinnert.

Großen Dank schulde ich meiner Frau Liane, die ein halbes Jahr auf alle gemeinsamen Wochenenden verzichten musste. Ich sagte immer: »Ich muss Berggruen schreiben.« Meine Frau war meine erste Testleserin. Ohne ihre Anmerkungen (und Nachbesserungen als Finanzexpertin) wäre ich wahrscheinlich in Berggruens komplexen Universum verlorengegangen.

Abschließend fällt mir noch ein: Als ich 1968 nach dem gescheiterten »Prager Frühling« nach Deutschland emigrierte, ging ich alsbald am Oberpollinger in München vorbei. Am Personaleingang las ich auf einer großen Tafel: *Plakatmaler gesucht.* In jedem Prager steckt ein Stück Künstler, also habe ich mich gemeldet. Ich konnte zwar kaum Deutsch und hatte auch keine Bewerbungsunterlagen dabei, aber ich bat um einen Stift. Mit ein paar Strichen zeichnete ich einen Clown, der Ähnlichkeiten mit Picassos Harlekin hatte. Daraufhin bekam ich den Job. An dieser Stelle möchte ich in Erinnerung an solche schönen Zeiten sagen: Danke, Karstadt!